ISBN 978-0-428-15231-4
PIBN 11250039

1 MONTH OF
FREE
READING

at
www.ForgottenBooks.com

By purchasing this book you are eligible for one month membership to ForgottenBooks.com, giving you unlimited access to our entire collection of over 1,000,000 titles via our web site and mobile apps.

To claim your free month visit:
www.forgottenbooks.com/free1250039

L'ENSEIGNEMENT

SUPÉRIEUR

DEVANT LE SÉNAT

PARIS. — IMPRIMERIE L. POUPART-DAVYL, RUE DU BAC, 30.

L'ENSEIGNEMENT

SUPÉRIEUR

DEVANT LE SÉNAT

Discussion extraite du *Moniteur*

AVEC PRÉFACE & PIÈCES A L'APPUI

———

PARIS

LIBRAIRIE J. HETZEL, 18, RUE JACOB

ET

CHEZ TOUS LES LIBRAIRES

—

1868

PRÉFACE

Au mois de juin 1867, le Sénat enregistrait une pétition relative à l'enseignement supérieur; l'auteur principal était M. Léopold Giraud, rédacteur du *Journal des villes et des campagnes*.

Cette pétition avait un double objet : 1° appeler l'attention du Gouvernement sur l'enseignement de certaines de nos Facultés; 2° demander, comme le seul remède à la propagation de funestes doctrines, la liberté de l'enseignement supérieur.

Les pétitionnaires déclaraient ne vouloir nommer personne; mais ils se reconnaissaient le droit de « dénoncer les doctrines, » et citaient, comme preuves de l'existence d'un enseignement matérialiste à l'École de Médecine de Paris, *trois* phrases et *deux* faits; puis ils réclamaient la liberté de l'enseignement supérieur, en invoquant à la fois l'intérêt de la morale publique, de l'ordre social, de la liberté de conscience et du progrès scientifique.

Cette pétition demeura quelque temps inaperçue; mais au moment où un grand nombre de membres de l'épiscopat prenaient prétexte des cours de jeunes filles pour engager contre le Ministre de l'instruction publique une guerre ouverte, elle devint, aux mains du parti clérical, une arme nouvelle; un évêque la prit sous son patronage; les feuilles ecclésiastiques l'appuyèrent de leur publicité; aussi, enregistrée avec 719 signatures, elle arrivait un an après à la discussion avec 2132 adhérents, parmi lesquels on compte 300 prêtres, au dire de M. le comte de Ségur d'Aguesseau.

Les pétitionnaires espéraient rencontrer dans la haute assemblée de vives adhésions : ils ne se trompaient pas complétement. Le 11 mars 1868, M. le comte de Ségur d'Aguesseau se plaignait qu'on laissât si longtemps en souffrance une pétition « aussi importante que celle de M. Giraud. » L'honorable sénateur eut bientôt satisfaction : le 28 mars, en effet, M. Chaix d'Est-Ange déposa son rapport; mais après un remarquable et minutieux examen des faits allégués et des vœux exprimés, ce rapport concluait à l'ordre du jour pur et simple. Les amis des pétitionnaires ne se découragèrent pas; le 21 avril, M. de Ségur d'Aguesseau trahissait la pensée secrète de quelques-uns en demandant que M. le Ministre de l'instruction publique fût spécialement désigné pour soutenir la discussion.

La polémique s'engagea vivement dans les journaux. M. Léopold Giraud publia, dans la *Revue du monde catholique*, un article qui parut bientôt en brochure et fut distribué, par ses soins, à un grand nombre d'exemplaires. Il s'y faisait fort de démontrer, preuves en mains, que « l'enseignement de l'Université est traditionnellement mauvais, » et, avec un art que la discussion a mis en lumière, attribuait à d'émi-

nents professeurs les opinions les plus déraisonnables.
Ceux-ci s'en défendirent, et M. Giraud s'attira, notamment de la part de M. Franck, professeur au Collége de France et membre de l'Institut, des démentis,
qui furent considérés comme le châtiment mérité
d'une incroyable outrecuidance.

Par deux fois, M. l'évêque d'Orléans intervint dans
la lutte. Sa brochure, les *Alarmes de l'épiscopat*, vaste
réquisitoire contre notre système d'enseignement à
tous ses degrés, et où ne se retrouve plus ce scrupule
qui empêchait M. Giraud de nommer les personnes,
paraissait et était distribuée à MM. les sénateurs au
moment où l'on croyait que la discussion allait s'ouvrir;
mais le Sénat, après avoir consulté les « convenances des
cardinaux, » décida qu'elle serait remise au 19 mai.
Le 17 mai, le prélat, dans une lettre adressée à M. Giraud sur la liberté de l'enseignement supérieur, re-
merciait cet écrivain « de servir avec tant de talent et
de cœur une cause qui allait être éloquemment dé-
fendue devant le Sénat. » Cette lettre, publiée aussitôt
après en brochure, était, la veille même de la discussion, distribuée, comme la première, à MM. les sénateurs.

Enfin, dans une lettre adressée à M. l'évêque d'Orléans, M. le cardinal-comte de Bonnechose, archevêque de Rouen, se déclarait « navré, indigné, épouvanté, » et il affirmait que « l'ordre du jour n'était pas
possible. »

Encouragées par ces manifestations bruyantes, les
feuilles cléricales n'avaient pas tardé à aller au delà des
vœux des pétitionnaires. Elles exprimèrent toute leur

défiance contre l'enseignement public et en vinrent à
nier la compétence de l'État, attendu qu'il appartient
à l'Église seule d'arrêter et de proclamer les doctrines.
C'était, au talent près, la vieille querelle soulevée par
le même parti, sous la Restauration, alors que Lamennais essayait déjà de flétrir l'éducation publique par
cette accusation de matérialisme et d'athéisme, et demandait la suppression de l'Université « comme de la
conception la plus monstrueuse du génie de Bona-
parte. » Aussi, bien que, pressés par la discussion, les
journaux cléricaux aient fini par demander la liberté
pour tous, l'obscurité qu'ils laissaient subsister à dessein sur l'usage qu'on en pourrait faire inspirait des
doutes légitimes sur la sincérité de leur souhait. L'esprit libéral trouvait une singulière contradiction à demander la liberté de l'enseignement, au moment où
l'on essayait d'imposer à la science le joug de l'orthodoxie. Quel intérêt pouvait présenter, aux yeux des
hommes indépendants, la revendication d'une liberté
qui, assimilant nos Facultés aux théâtres, aurait permis
à tous d'élever des chaires, mais sous la surveillance
de deux ou trois censeurs? Ils acceptaient, ils réclamaient la liberté de l'enseignement supérieur, pourvu
qu'elle fût sincère et complète; mais peu soucieux de
l'obtenir sur la réquisition de M. Giraud et de ses
amis, ce qu'ils demandaient surtout au Gouvernement,
c'était qu'il vengeât des hommes éminents des calomnies dont on les poursuivait, et qu'il affirmât l'indépendance de la science.

Tel était l'état de l'opinion, lorsque la discussion
s'ouvrit au Sénat, le 19 mai. Elle dura quatre jours.

Nous ne craignons pas de dire que cette discussion est une des plus importantes qui se soient engagées dans nos assemblées depuis le rétablissement de l'Empire, une de celles que l'histoire consultera avec le plus de profit.

Elle a produit un de ces scandales qui ne s'oublient plus.

Des hommes, parmi lesquels un évêque, poussés tout à coup par une curiosité que l'amour de la science ne suffit pas à expliquer, s'étaient mis à éplucher les ouvrages d'un grand nombre de savants illustres, et, pour mieux faire triompher la vérité, ils falsifièrent ce qu'ils avaient lu.

Avec un zèle non moins méritoire, des auditeurs improvisés étaient allés s'asseoir sur les bancs de nos écoles, et, gratifiés par le ciel d'une finesse d'ouïe vraiment merveilleuse, ils entendirent ce que le professeur ne disait pas.

Ainsi alimentée, la calomnie fit son chemin; grâce à la presse religieuse et même à la prédication (1), elle se répandit dans la France entière.

---

(1) Il a y a quelques jours, le desservant d'une petite paroisse d'Ille-et-Vilaine, prêchant un sermon du mois de Marie, apprenait à ses ouailles que M. Duruy, dans des livres « vendus à bon marché, pour que tout le monde en profite, fait descendre l'homme du singe, et le singe d'une carotte. » Pour peu que les ecclésiastiques, chargés de faire entendre la parole de vie, se mettent à colporter de telles histoires, le Ministre et les professeurs de l'Université apparaîtront aux âmes simples sous le sinistre aspect des réprouvés et des maudits. En vérité, si nous n'assistons pas à la renaissance du fanatisme, la faute n'en est pas à ces prédicateurs d'une Ligue nouvelle. Ils paraissent s'attacher tout particulièrement à l'histoire du singe, et semblent vouloir faire croire qu'il existe en France un grand parti qui professe cette opinion que l'homme descend du singe, et qui a entrepris de nous convertir tous à cette croyance. Le *Moniteur* lui-même

Aussi le jour de la discussion était-il attendu comme
un jour de justice par ces savants que les hommes d'É-
glise venaient troubler au milieu de leurs travaux.
Leur espoir ne fut pas trompé. Les orateurs du Gouvernement renversèrent comme d'un souffle l'édifice péniblement élevé par la fraude et la perfidie : ils avaient
avec eux la force de la vérité, et la majorité du Sénat
fit écho à leur parole indignée.

Pourquoi faut-il qu'un cardinal, tristement induit en
erreur, ait cru pouvoir couvrir de son autorité tant de
bévues et de mensonges? De quelques citations d'un
dictionnaire, de quelques extraits de thèses, M. de
Bonnechose prétendit faire sortir la preuve que l'enseignement supérieur, tel que l'Université l'entend, peut
mener à la négation de l'âme, de Dieu, du principe
de la propriété. Il s'en prit même aux personnes,
dont il parut suspecter jusqu'à la probité. A cette
argumentation, en apparence très-serrée, à ces déductions froides, implacables, on croirait reconnaître quelque réquisitoire prononcé jadis devant un tribunal ec-

serait de la conspiration. « Le *Moniteur universel*, dit M. Dupanloup
(*Alarmes de l'Épiscopat*, 50), nomme. lui aussi, et avec agrément, le singe *un
ancien congénère de l'homme*, son aïeul peut-être. » Nous avons eu la curiosité de recourir au numéro du 2 mai 1864 signalé par l'évêque d'Orléans.
La phrase impie s'y trouvait, mais au bas de la page, dans un feuilleton
humoristique de Théophile Gautier, qui, racontant les prouesses de l'*Ecuyer
quadrumane et du singe Jocko du Brésil*, s'est laissé aller à cette petite digression scientifique. Mais M. Dupanloup aurait pu tirer un meilleur parti
de ce feuilleton, puisqu'il l'a pris au sérieux. Pourquoi n'a-t-il pas appris
aux fidèles que M. Gautier demande qu'on réserve des places aux
théâtres, aux orangs-outangs, magots, chimpanzés, babouins, mandrils,
macaques, sagouins, etc., etc., et assimile ainsi le singe à l'homme ?
Pourquoi n'a-t-il pas extrait ces mots : « A bas les hommes! Vivent les
singes! » On entrevoit l'usage qui pouvait être fait de cette citation,
pour démasquer et flétrir ce parti singe qui alarme l'épiscopat.

clésiastique. Aussi, quand l'éminent orateur conclut à
la liberté de l'enseignement, on demeure confondu.
Devant le Saint-Office, la conclusion, sans doute, aurait été différente. Il ne fallait pas alors tant d'éloquence pour envoyer au bûcher un matérialiste ; on
l'eût brûlé par provision, sauf à avouer, le lendemain,
qu'au lieu des trois témoins exigés par l'Inquisition on
n'en avait qu'un, et dont l'ouïe était sujette à faillir.

Quelque regret qu'une telle conduite et un tel langage puissent inspirer aux amis de la religion, on est
forcé d'avouer que l'Église en cette circonstance est
restée fidèle à son esprit et à l'attitude qu'elle a prise
de tout temps vis-à-vis de la science. La liberté, que
le seizième siècle avait réclamée pour les croyances
théologiques, devait à plus forte raison s'étendre à
l'examen des faits naturels ; mais l'Église, qui avait
excommunié Luther, ne prévoyait pas encore, plus
d'un siècle après, les conséquences de la libre recherche
scientifique ; elle se contenta de condamner Galilée à
l'amende honorable et à la prison perpétuelle. Elle
pouvait le brûler : nous lui savons gré de son indulgence ; mais elle l'a condamné ; c'est tout ce qui nous
importe, à nous qui ne cherchons pas à récriminer,
mais à nous instruire. Or, quelle instruction ressort
pour nous de ce procès ? La voici : Galilée est un des
créateurs de la méthode expérimentale ; il l'a parfaitement définie dans une lettre dont plusieurs passages
ont été lus au Sénat par M. Charles Robert. Laissant à
la théologie « le rang suprême d'une première autorité, »
et le privilège « des hautes contemplations divines, »
il priait les professeurs de théologie de « ne pas s'ar-

roger le droit de rendre des décrets relatifs à des sciences qu'ils n'ont ni pratiquées ni étudiées. » Il demandait qu'on laissât au savant le droit de rechercher les faits, et qu'une fois ces faits trouvés, on ne s'avisât pas de les nier, « attendu qu'il n'est au pouvoir d'aucune créature de faire que des propositions soient vraies ou fausses, et de les rendre différentes de ce qu'elles sont par leur nature et de ce qu'elles se trouvent être en fait. » C'est en appliquant cette méthode qu'il démontra le mouvement de la terre, vérité déjà découverte par Copernic. Cette vérité, les théologiens la contestèrent au nom d'un verset de la Bible qu'elle paraissait contredire. Maintenant que les observations et le calcul ont donné raison à Galilée, on a trouvé au verset malencontreux un sens nouveau, qui permet de concilier les lumières de la science avec celles de la révélation. L'Écriture, œuvre divine d'un Auteur infaillible, n'est pas sujette à l'erreur; qui le conteste? mais il n'en va pas ainsi des hommes, ni même des théologiens qui se chargent de l'interpréter; ils se sont trompés au moins cette fois-là. Or, cette vieille histoire est justement l'histoire d'aujourd'hui.

Que font nos savants dans leurs laboratoires? Ils suivent la méthode de Galilée; ils étudient la nature, sans permettre qu'entre la nature et leur intelligence on interpose le raisonnement d'un philosophe ou les rêveries d'un théologien.

Et que font les hommes d'Église? Ils oublient ce qu'il advint du conflit suscité par eux entre la Bible et Galilée, et combien il avait été imprudent de compromettre dans les disputes humaines le texte sacré.

Aujourd'hui, comme alors, l'Église proscrit cette méthode expérimentale dont la justesse et l'efficacité se mesurent au progrès qu'elle a fait faire aux sciences. M. de Bonnechose, moins habile que le très-habile M. Darboy, ne s'est pas contenté d'examiner ce point précis : Le matérialisme existe-t-il *à un degré quelconque* à l'École de Médecine? Il a donné sa théorie de la science, et pour lui, comme pour les théologiens du dix-septième siècle, il y a deux sciences, la fausse et la vraie. La vraie science, Son Éminence l'a dit sans ambages, dans son second discours, elle est dans les récits de la Genèse. La Genèse, voilà la source pure non-seulement de la religion, mais de la médecine, de l'histoire, de la géologie. Il faut pourtant convenir que la Bible n'a pas traité explicitement de ces sciences; on ne les y trouve que par voie de commentaire, et les commentateurs ne sont pas assurés contre l'erreur : le plus ignorant d'entre eux ne s'en croira pas moins fondé à contester au plus illustre des savants une découverte qui l'obligerait à se mettre en frais d'interprétation. En vain voudra-t-on arguer de la certitude acquise par l'expérience : le théologien sait de science certaine que l'expérience est mal faite, que le savant est un maladroit, et pour corriger ou prémunir sa maladresse, il connaît quelques remèdes, que la charité même lui commande d'appliquer, s'il est le maître.

M. le Commissaire du Gouvernement, répondant à M. de Bonnechose, s'est demandé, avec une sorte d'inquiétude si, dans la liberté réclamée par les pétitionnaires, la théologie ne serait pas appelée à tracer la limite entre le domaine de la science et celui de la foi.

Les deux brefs pontificaux qu'il a lui-même apportés à la tribune suffisaient pour le tirer de ce doute. Il y voyait en effet le pape prononcer souverainement entre les doctrines de l'animisme et du vitalisme.

M. de Bonnechose, prince de l'Église romaine, parlant devant une assemblée politique qui a toujours quelques préjugés, devait garder plus de ménagements ; mais si M. l'archevêque de Rouen, discourant devant le Sénat, était embarrassé, M. l'évêque de Nîmes, écrivant à M. Veuillot, était fort à l'aise: aussi sa lettre, insérée dans l'*Univers* du 30 mai, est-elle un document d'un prix inestimable.

M. l'évêque de Nîmes a fait un relevé, une sorte de catalogue, à la manière ecclésiastique, des erreurs de M. Charles Robert. La troisième proposition erronée est celle-ci : « Le domaine de la foi et celui de la science sont rigoureusement séparés. » Monseigneur répond :

« Non, le domaine des sciences n'est pas *rigoureusement séparé* de celui de la religion, et surtout de la religion catholique ; il en est *distinct,* mais il n'en est que *distinct.* L'un et l'autre se touchent, et, si j'ose ainsi parler, se fondent l'un dans l'autre à la frontière. Et telle est vis-à-vis des sciences la suprématie de l'Église, telles sont les prérogatives attachées à sa souveraineté, qu'elle a le droit et la mission de les surveiller dans leurs opérations du dedans comme du dehors.»

Plus loin, Sa Grandeur donne à sa pensée toute la précision désirable :

« Les doctrines augustes dont l'Église est dépositaire ne sont pas des opinions contestables: ce sont des vérités absolues ; ce sont des vérités certaines d'une double certitude, certitude de révélation et certitude de raison. Tout ce qui s'en écarte est faux ; tout ce qui les attaque est sacrilége, et soit que l'agression vienne des philosophes, soit qu'elle vienne des savants, l'Église est en droit de repousser inexorablement ceux dont le bras voudrait profaner ainsi l'Arche sainte. Vainement les sciences et la philosophie invoquent-elles leur indépendance ; l'Église leur répond d'abord que, du moment où elles outragent ses doctrines, elles ne sont plus ni la science ni la philosophie, mais tout simplement le mensonge et l'erreur. Elle leur rappelle ensuite que leur indépendance ne les soustrait ni à son contrôle ni à l'obligation de se soumettre à la foi, cette lumière supérieure à toutes les sciences ; et que, puisqu'elles se sont permis d'abuser de leur liberté jusqu'à la licence et de leur droit de discussion jusqu'à la révolte, elle doit à la mission dont elle est investie d'opposer une barrière aux soulèvements de leur orgueil et de leur témérité. »

Enfin, de peur qu'on ne voie dans ses paroles l'expression d'une opinion individuelle, et pour les fortifier de la plus grande autorité qui soit sur terre, Mgr de Nîmes cite une lettre de « l'immortel Pie IX, » dans laquelle on lit cette phrase :

« Jamais il ne sera permis au philosophe ni même à la philosophie de professer quoi que ce soit de contraire à ce qu'enseignent la révélation divine et l'Église, ou de révoquer en doute un point quelconque de ses enseignements sous prétexte qu'elle ne le comprend pas, ou enfin de repousser un jugement par lequel l'Église aura voulu rendre fixe et inattaquable une conclusion philosophique demeurée libre jusqu'à cet arrêt. »

C'est le pape qui a parlé, le pape, gardien de la tradition de l'Église, héritier de son infaillibilité; le pape, dont le jugement est sans appel et dont la parole fait loi. Nous sommes donc en présence de la doctrine de l'Église, irrévocablement arrêtée.

Examinons-la.

Lorsque Louis XIV déclara qu'il était propriétaire de tous les biens de son royaume, mais qu'il consentait, pour la commodité de ses peuples, à les laisser dans leur commerce, il avait trouvé la formule vraie du despotisme temporel.

Lorsque le pape déclare qu'il est possesseur de toute vérité, qu'il veut bien livrer à la controverse quelques conclusions philosophiques, mais que ces conclusions, dès qu'il a prononcé un arrêt, deviennent fixes et inattaquables, le pape donne la formule vraie du despotisme spirituel.

La théorie monarchique de Louis XIV blessait les hommes dans leurs intérêts : une révolution l'a rejetée dans le domaine des curiosités historiques. La théorie théocratique de Pie IX ne les atteint que dans leur dignité : elle a encore de longues années à vivre, à moins qu'à force de la remettre sous nos yeux, on ne vienne enfin à nous faire sentir qu'elle est la négation absolue des droits de notre raison.

Nous savons aujourd'hui que l'immuable Église demeure, en face de la science, ce qu'elle fut au début; qu'elle n'a rien diminué de sa défiance jalouse ni de ses prétentions hautaines. En vain Mgr le cardinal archevêque de Bordeaux a-t-il paru dire qu'elle avait changé de maximes; que « si notre siècle enfantait de nouveaux Galilée ou de nouveaux Copernic, l'Église ne les condamnerait pas à l'amende honorable; qu'elle laisse passer tout ce qui ne touche point à la foi et ne fait brûler personne. » L'Église ne condamne plus à l'amende honorable! Qu'on nous permette de ne lui en savoir aucun gré : 1789 a effacé cette peine de nos codes; elle faillit reparaître en 1826, sous le régime d'une loi qui n'était point mal vue de l'Église, la loi du sacrilége; mais 1830 l'a abolie, il faut l'espérer, pour toujours. L'Église ne fait brûler personne! C'est vrai; mais 1789 est encore bien pour quelque chose dans ce changement d'habitudes : car elle brûlait encore en 1763 un pasteur protestant. L'Église laisse passer tout ce qui ne tient pas à la foi! Après la lettre de l'évêque de Nîmes et la lettre du Saint-Père, on cherche vainement si, en matière de science, il est quelque chosé qui ne tienne pas à la foi, et Monseigneur de Bordeaux nous semble accabler de son ironie de pauvres mortels.

Donc, ne nous payons pas de mots. Entre les hommes d'Église et les hommes de science, il existe un dissentiment profond que la discussion du Sénat vient de mettre en pleine lumière. Cette discussion, dans la pensée de ceux qui l'ont provoquée, était surtout un appel au bras séculier contre la science. Mais l'Église se défie un peu du bras séculier . docile autrefois, il est devenu rebelle, et bien qu'il lui donne de temps à autre de petites satisfactions, il semble craindre de se

compromettre à son service. Aussi, la prévoyante
Église cherche-t-elle autre part ses sûretés contre la
science ; elle a jugé que la meilleure manière d'en finir
avec elle, est de s'emparer des écoles où elle s'éla-
bore et s'enseigne, et de l'étouffer dans son foyer
même. Cette ambition de mettre la main sur l'éducation est avouée dans une pièce très-curieuse, lue à la
tribune par M. le Ministre de l'instruction publique,
le *Syllabus Caterini*. Ce document appartenait à la
discussion ; peu nous importe qu'il soit postérieur
à la pétition : il procède du même esprit, vise au
même but, et, quoi qu'on puisse dire, le *Syllabus Caterini* et la *Pétition Giraud* demeureront rivés l'un à
l'autre.

Quelques mots donc sur ce *Syllabus*.

On prépare tout à Rome pour la réunion du futur
concile. Ce concile, simple commission consultative,
ne rappellera en rien les illustres assemblées ecclésiastiques où les évêques de la chrétienté, les chefs
des grandes abbayes, les docteurs et les députés des
Universités, réglaient d'un commun accord les points
de dogme ; où les princes et les rois concouraient par
leurs envoyés à la décision pour les affaires extérieures
de l'Église, où parfois venait siéger l'Empereur lui-
même. Le pape est aujourd'hui un souverain absolu.
Plus spécialement éclairé par le Saint-Esprit, il
provoque les avis, mais n'a plus besoin des votes
de ses frères en Jésus-Christ. Comme Charlemagne,
dans les champs de mai austrasiens, il apporte ses
capitulaires rédigés d'avance, et ne demande à ceux
qu'il consulte que « l'adhésion de leur intelligence. »

L'Église aime sa nouvelle constitution ; elle a renoncé à ses droits antiques ; elle se fâche quand on les lui rappelle ; quelques-uns pensent qu'en concentrant toutes ses volontés en une seule, elle se sent plus forte ; humble devant le successeur de Pierre, elle se relève plus hardie devant les princes de la terre ; elle se fait esclave pour régner. Peut-être ne faut-il voir dans cette conduite qu'un magnifique exemple, donné au monde, d'abnégation et de résignation chrétienne. Il est évident, d'ailleurs, que le saint-père est disposé à prendre en sérieuse considération les avis des évêques, puisqu'un an d'avance il les engage à réfléchir sur dix-sept questions qu'il leur fait soumettre par le cardinal Caterini, et leur donne quatre mois pour répondre. Les évêques de France et leurs collègues d'Autriche n'auront pas eu trop de quatre mois pour trouver le moyen d'arrêter les déplorables effets « de ce qu'on appelle le mariage civil » (article 3 du *Syllabus*), et l'article 6, qui touche directement à notre sujet, ne demandera pas de moins longues méditations :

Art. 6. « Il est souverainement regrettable que les écoles populaires, ouvertes à tous les enfants de toutes les classes du peuple, ainsi que les institutions publiques destinées à l'enseignement plus élevé des lettres et des sciences et à l'éducation de la jeunesse, soient généralement soustraites en beaucoup de lieux à l'autorité modératrice de l'Église, à son action et à son influence, et qu'elles demeurent absolument soumises à l'arbitraire de l'autorité civile et politique, au bon plaisir de ceux qui gouvernent, et que tout s'y règle d'après les opinions communément reçues de nos jours. Que pourrait-on faire pour apporter un remède convenable à un si grand mal et assurer aux fidèles du Christ le secours d'une instruction et d'une éducation catholiques? »

Nous serions fort heureux qu'il nous fût donné de lire les réponses : mais c'est déjà beaucoup que de connaître la question. Le cardinal Caterini, adressant une circulaire aux évêques, leur demandant des conseils sur la possibilité d'une réforme des écoles, nous semble faire office de ministre de l'instruction publique de la catholicité. Nous nous expliquons maintenant un passage assez obscur d'une lettre adressée à M. Dupanloup par un de ses collègues (1), où celui-ci annonce qu'il recueille ses idées pour arriver à démontrer que l'invention d'un ministère de l'instruction publique est récente et parfaitement inutile. Sans doute, dans la pensée de Sa Grandeur, le ministère établi à Rome, et dont monseigneur Caterini est le titulaire, suffit aux besoins des peuples. A la vérité, sous ce nouveau grand-maître, nous n'aurions plus à craindre que l'Université s'écartât jamais de l'orthodoxie : les antécédents de cette Éminence sont faits pour rassurer les consciences les plus timorées. Un des hommes les plus considérables de la nouvelle Italie, M. Matteucci, aujourd'hui président du conseil supérieur de l'instruction publique, était, en 1837, professeur de physique au lycée de Ravenne ; il publia une brochure scientifique dans laquelle il parlait de la vie comme d'un

_____

(1) Lettre de l'évêque de Coutances à l'évêque d'Orléans (9 janvier 1868).

foyer de transformations physiques et chimiques qui
engendraient la chaleur, l'électricité, la force muscu-
laire des animaux. Né à Forli, professeur à Ravenne,
il était sujet du pape. Monseigneur Caterini, président
de la congrégation des études, l'appela à Rome, l'y
retint pendant six semaines, et tous les jeudis lui donna
audience pour discuter son livre avec lui, et obtenir
qu'il mît plus « d'immortalité de l'âme » dans ses définitions.

Voilà évidemment un ministre selon le cœur de
l'Église. Il reste à savoir si ces conférences hebdoma-
daires, prolongées pendant six semaines, seraient du
goût de nos savants, gens assez avares de leur temps.
Il est à croire qu'ils feraient ce que fit M. Matteucci.
Pendant que l'Éminence essayait de le convaincre,
MM. de Humboldt et Arago obtenaient du duc de Toscane qu'il appelât à l'université de Pise le jeune professeur, et celui-ci quitta Rome, laissant inachevée
l'œuvre de sa conversion. Aujourd'hui, si les évêques
parviennent à résoudre la sixième question du *Syllabus*, il faudra faire, pour retrouver la liberté, un plus
long voyage que celui qui délivra M. Matteucci de
l'inquisition romaine. Il faudra reprendre le chemin
que suivirent, à la fin du dix-septième siècle, les
émigrés victimes de l'orthodoxie de Louis XIV. Un
journal n'a-t-il pas dit qu'une Université allait se fonder en Prusse, où l'on appellerait les hommes qui sont
l'honneur de notre enseignement public? Nous savons
bien que toute tentative faite auprès d'eux serait vaine;
que, mal rémunérés par l'État, dénoncés par quelques
voix bruyantes comme des corrupteurs de la jeunesse,

ils ne céderont pas à l'attrait que pourrait exercer sur eux un pays où l'État prodigue aux savants ses bienfaits, et le public son respect; ils continueront à servir la science, à rapporter à leur patrie la gloire de leurs travaux. Mais qu'une telle supposition ait été faite, qu'on ait osé la produire en public, c'est, croyons-nous, la plus sévère condamnation de cette petite intrigue cléricale, grossie avec beaucoup d'art par les intéressés, et qui vient d'échouer misérablement.

A vrai dire, les esprits sérieux ne se sont pas un moment alarmés de cette campagne contre les savants et la science; mais on pouvait craindre une réaction passagère, en voyant le Gouvernement s'accommoder si aisément des allures dominatrices récemment prises par le clergé; et il faut bien avouer que quelques faits qui se sont produits, depuis un an, étaient de nature à provoquer ces appréhensions.

Une circulaire du Ministre de l'instruction publique, engageant les municipalités à ouvrir pour les jeunes filles des cours d'enseignement secondaire, a provoqué naguère les réclamations violentes de quatre-vingts évêques. On apprit alors avec étonnement que le clergé considère comme lui appartenant en propre l'éducation des femmes : « Je me propose, disait l'archevêque de Cambrai, d'adresser à mes curés une circulaire, pour les engager à mettre leurs paroissiens en garde contre l'enseignement auquel on convie *nos* jeunes filles (1). » — Ce pronom possessif avait été fort remarqué ; mais on ne pouvait blâmer les évêques

(1) Lettre de l'archevêque de Cambrai à M. l'évêque d'Orléans (26 octobre 1867).

de défendre ce qu'ils croyaient être leur droit, d'autant plus qu'ils n'étaient point poussés par la préoccupation d'un intérêt personnel, mais seulement par le souci de défendre la foi de « *leurs* jeunes filles ». Monseigneur d'Angers, en effet, parlant de la surveillance de la jeunesse qui a été confiée à l'Église « comme un dépôt, *tanquam depositum custodi*, » n'a-t-il pas écrit : « Nous ne devons pas laisser ravir ce trésor précieux à la femme(1)? » et ces paroles ne signifient-elles pas que l'éducation donnée par l'Église est un trésor pour la femme, et non pas l'éducation de la femme un trésor pour l'Église ? A la vérité, en entendant NN. SS. les évêques adresser au Ministre de dures paroles et qualifier l'institution nouvelle « d'utopie effrayante » comme Monseigneur d'Angers, ou « d'excentricité dangereuse, » comme Monseigneur de Cambrai, quelques personnes, étonnées d'une hardiesse de langage devenue rare chez nous depuis vingt ans, s'imaginèrent que, puisque le clergé disait si bien son fait au Gouvernement, c'est que le Gouvernement avait manifesté le désir de vivre en bonne intelligence avec lui ; car, chaque fois qu'on fait une proposition semblable à l'Église, elle en conclut qu'on a besoin d'elle, et parle en reine. Mais ces personnes oubliaient que l'assurance de l'impunité, donnée par une situation privilégiée, peut inspirer un courage d'une espèce particulière, et que, d'autre part, l'épiscopat a l'habitude de se coaliser, de temps à autre, contre un ministre, et de chercher à l'accabler sous le poids de ses mandements. Depuis 1815, l'his-

---

(1) Lettre de l'évêque d'Angers à un membre du Conseil supérieur de l'instruction publique, 23 novembre 1867.

toire offre plusieurs exemples de ces crises qui affectent
le caractère de la périodicité ; et ce n'est pas sans intention que nous employons ces termes, encore qu'un peu
matérialistes ; car il est difficile de ne pas croire à une
sorte d'état maladif de l'épiscopat, quand on le voit, in-
certain dans ses goûts, mais constant dans ses colères,
jeter à la face de M. Duruy, accusé d'exclure le spiritualisme de l'École de Médecine, les injures qui, en 1843,
avaient servi contre M. Villemain, défenseur officiel de
ce même spiritualisme. Les lettres des évêques à leurs
collègues, bien qu'elles ne leur aient point attiré une
de ces réponses que ne manquaient jamais de leur faire
les ministres des cultes d'autrefois, ne suffisaient donc
pas à prouver que le Gouvernement fût décidé à donner satisfaction aux *alarmes de l'épiscopat.*

Mais ceux qui eurent le loisir de suivre de près le
débat, remarquèrent qu'un jour certains journaux an-
nonçaient discrètement que M. Dupanloup avait en
portefeuille un bref où il était félicité d'avoir pris
l'initiative de la lutte contre M. le Ministre de l'instruction publique ; puis le silence se fit sur ce bref.
M. Dupanloup, qui donnait des éditions successives de
son écrit, y joignait les adhésions de ses vénérables
collègues ; on y cherchait vainement le document annoncé, qui parut enfin dans un journal ; alors seulement
M. Dupanloup le publia, en latin et en français, dans
sa dernière édition. En homme qui possède son Concordat, l'évêque d'Orléans savait qu'il ne pouvait publier ce bref sans une autorisation du Conseil d'État,
et il avait de sérieuses raisons pour ne pas la demander ; mais il pensa que, par le temps qui court, cette

formalité pouvait n'être plus indispensable ; les articles additionnels du Concordat n'étaient-ils pas, après
Mentana, un peu démodés? Il fit donc sonder le terrain, puis se risqua. Les Français apprirent alors que
le Souverain Pontife était « véhémentement » désolé
de voir que M. le Ministre de l'instruction publique,
ne tenant pas compte « d'un péril aussi menaçant pour
la société que pour la religion, favorisait les desseins
de l'impiété par des mesures nouvelles et inouïes, et
mettait imprudemment la dernière main à la ruine,
déjà commencée, de l'ordre social. »

L'apparition de ce bref est l'événement le plus
grave de cette polémique soulevée par la circulaire de
M. Duruy. Or, les Gallicans (on dit qu'il en reste encore quelques-uns) étaient à peine remis de l'émotion
qu'ils avaient éprouvée, quand tout à coup, sans avoir
pris les mêmes précautions préliminaires, M. Dupanloup, dans la péroraison de sa lettre à M. Giraud sur
l'enseignement supérieur, immédiatement avant le
mot de la fin, qui assimilait les professeurs de nos Facultés à des Sarrasins, citait un bref récent que Sa
Sainteté avait bien voulu lui adresser à l'occasion de
son dernier écrit. « J'espère que Dieu tirera la lumière de ces ténèbres, disait Pie IX ; il est impossible
que de tels excès ne rendent pas les catholiques tout à
la fois plus précautionnés contre l'erreur, plus ardents
à la combattre et *plus unis dans la lutte...* » Le Saint
Père pensait donc, comme M. de Bonnechose, que
l'ordre du jour n'était pas possible, et il adhérait à la
pétition de M. Giraud, comme aux lettres de M. Dupanloup.

La publication de ce second bref raviva la surprise
et les craintes inspirées par le premier ; on en vint à
se demander si nous n'étions pas destinés à voir intervenir ainsi dans toutes nos affaires l'autorité pontifi-
cale, et si le pape n'allait pas s'accoutumer à prendre
ostensiblement, en matière civile, le commandement
de la nombreuse armée qu'il possède chez nous ; enfin,
comme nous sortous d'un temps où le Gouvernement
ne tolérait rien qui lui fût désagréable, on s'imagina
qu'il s'était fait une règle de ne plus gêner à l'avenir
la liberté d'action de la cour de Rome, et cette concession en faisait présager d'autres. L'événement a
montré que ces appréhensions n'étaient pas fondées,
et que, tout décidé qu'il fût à faire respecter dans nos
écoles la discipline de l'enseignement, le Pouvoir ferait
respecter aussi l'indépendance absolue de la science, et
qu'il n'entendait, en aucune façon, servir les rancunes
de l'épiscopat et de la Cour de Rome ; en cette circonstance, il s'est montré fidèle à l'esprit d'indépendance,
qui fut une des meilleures et des plus constantes traditions de la monarchie.

Toutefois, qu'on ne se méprenne pas sur notre
pensée : nous nous félicitons que le Gouvernement ait
résisté aux prétentions cléricales, mais nous ne nous
plaignons pas qu'il les ait laissé se produire ; nous ne
voulons point, à notre tour, en appeler au bras séculier. Dieu nous préserve de demander jamais qu'on
ferme la bouche à des hommes comme Monseigneur
d'Orléans et Monseigneur de Nîmes ! L'un a parlé avant
la discussion du Sénat, l'autre après. Le premier a
déclaré qu'en fait d'enseignement, *toutes les phrases*

sur la liberté des opinions sont des sophismes coupables;
le second, qu'il n'y a pas plus de science que de salut
hors de l'Église. Entre ces deux manifestes épisco-
paux, la discussion de la pétition Giraud est placée
dans son vrai jour, et l'on ne pourrait demander à
M. le garde des sceaux d'agir auprès de LL. GG., pour
qu'elles soient à l'avenir plus réservées, sans pécher
par ingratitude.

Que les évêques continuent donc d'agiter en public
toutes les questions qui les concernent, sans négliger les
autres; qu'ils nous donnent leur avis aussi bien sur les
circulaires du Ministre de l'instruction publique que
sur les dépêches du Ministre des affaires étrangères,
ou les actes du Gouverneur de l'Algérie; qu'ils ne
laissent pas tomber en désuétude ce genre tout français de la polémique, sous forme épistolaire, qui a déjà
rendu de si grands services au temps de Pascal et de
Paul-Louis Courier. Puis, lorsque les journaux religieux auront rempli leurs colonnes, pendant un mois,
de lettres pastorales et de mandements, que le dernier
mot soit dit par un bref pontifical, non visé en Conseil
d'État. Peut-être le Gouvernement, fatigué de cette
perpétuelle immixtion dans ses affaires, voudra-t-il
user de la répression : alors, nous lui conseillerons un
autre remède, celui-là infaillible, la liberté.

Liberté pour l'Église, mais liberté pour tous, telle
doit être la conclusion du grand débat qui vient d'occuper l'opinion publique : liberté pour l'Église d'opposer son *veto* à toutes les tentatives de la libre recherche, de se jeter en travers de toutes les voies
où marche en ce siècle l'activité humaine; liberté

· pour nous d'examiner ses prétentions et de les combattre.·

Pour en revenir à la question même, qui fait l'objet de cette publication, liberté pour l'Église d'avoir ses écoles, où la science, prudemment tenue en tutelle par la révélation, s'arrêtera, respectueuse, devant un texte biblique ou un bref pontifical; mais liberté pour d'autres d'élever des chaires où la science émancipée discutera au besoin cette révélation, sans craindre d'être dénoncée au Sénat.

Et voilà comment nous revenons à la conclusion de M. Giraud. Nous ne chercherons pas à savoir si cette liberté qu'il demande est la même que celle que nous désirons, ni à préciser la pensée d'hommes qui ont toujours quelque *distinction* à leur service; nous n'irons pas jusqu'à dire que la meilleure manière de punir les pétitionnaires d'avoir demandé, de la façon que l'on· sait, la liberté de l'enseignement supérieur, eût été de la leur accorder. Nous nous en tenons aux termes mêmes de cette conclusion de M. Giraud, et, reprenant les mots dont il s'est servi, nous réclamons la liberté de l'enseignement supérieur « au nom de la morale publique, de l'ordre social, de la liberté de conscience, du progrès scientifique. » Car la morale publique est offensée par ces perfidies et ces mensonges qui, ayant pour but de ruiner notre enseignement public, s'attacheront à lui jusqu'à la destruction du monopole; l'ordre social est menacé par l'antagonisme entre l'Église et l'esprit moderne : deux forces que l'État se croit obligé à la fois de respecter et de contenir, et qui, retenues par lui dans une sphère

d'action limitée, s'y rencontrent et s'y heurtent chaque jour. La liberté de conscience est violée par cette
surveillance exercée sur les doctrines, et par les con-
tinuelles dénonciations des évêques ; quant au progrès
scientifique, la condition même de son existence, c'est
l'indépendance absolue du savant vis-à-vis de l'Église.
— Il n'est pas une seule de ces vérités que la discussion
du Sénat n'ait rendue évidente, et, somme toute,
ces quatre journées ont été bonnes pour la liberté de
penser.

C'est pourquoi, en terminant, nous remercierons
M. Giraud d'avoir provoqué ce grand débat, et ses
amis de la presse religieuse, de l'avoir envenimé. Nous
remercierons NN. SS. les évêques d'avoir saisi cette
occasion de rééditer, devant le monde étonné, leurs
antiques doctrines, sans distinguer entre ceux qui ont
combattu dans la mêlée et ceux qui sont demeurés sur
la montagne, levant les bras vers le Dieu des armées,
comme NN. SS. de Nîmes et d'Orléans. Nous remercierons en particulier Monseigneur de Paris d'avoir
montré que l'Église, divisée parfois sur quelques points
de la politique humaine, se retrouve unie et forte
chaque fois qu'il faut lutter contre la raison rebelle,
et d'être revenu vers les siens, dans cette occasion
mémorable, comme cet enfant dont parle l'Écriture,
qui rentra à la maison paternelle au moment où son
père se lamentait et n'espérait plus le revoir. Mais
nous rendrons grâce surtout au Souverain Pontife
d'avoir béni, à l'heure du combat, sa vaillante co-
horte. Car dès lors l'armée était complète ; on pouvait
s'écrier, comme Balaam, à la vue du camp d'Israël,

dans le désert : *Quam pulchra tabernacula tua, Jacob, et tentoria tua, Israël* (1)! Et plus belles étaient les tentes, plus merveilleux étaient les pavillons d'Israël, plus éclatante a été sa défaite et notre victoire.

(1) Au livre des Nombres, XXIV.

PÉTITION

RELATIVE A L'ENSEIGNEMENT SUPÉRIEUR

ENREGISTRÉE LE 7 JUIN 1867

Messieurs les Sénateurs,

Des moralistes indulgents plutôt que sévères signalent la décadence continue de la moralité, de la conscience publiques, et le développement parallèle de certaines doctrines contre lesquelles, dernièrement encore, votre haute assemblée a si énergiquement protesté. On agit comme on pense; c'est là une de ces vérités qui souffrent peu d'exceptions.

Si ces doctrines détestables semblent retrouver aujourd'hui quelque crédit, c'est qu'elles ont leurs chaires dans plusieurs de nos grands établissements d'enseignement public. Nous ne voulons nommer personne, mais nous prétendons avoir le droit de dénoncer les doctrines. A l'École de Médecine, nous avons recueilli cette phrase : *La substance nerveuse a pour propriété la pensée, et quand elle meurt, celle-ci ne va pas retrouver une seconde vie dans un monde meilleur.* Un autre professeur, quelques jours après, faisait en ces termes l'apologie de Malthus : *Là où croît l'aisance s'accroît aussi la sollicitude paternelle en vertu de laquelle on MÉNAGE le nombre de ses enfants.* Enfin, car il faut se borner, nous avons entendu ces tristes paroles : *La matière est le dieu des savants... Si le singe a une âme, l'homme en a une aussi; sinon, non.* Et comme des paroles on passe vite aux actes, nous avons vu un médecin de la Salpêtrière plaisanter, devant les étudiants, une pauvre femme qui portait sur sa poitrine une médaille de la Vierge. Des faits analogues se renouvellent tous les jours dans les hôpitaux.

Lorsque les élèves, dans des scènes violentes et *sous les yeux mêmes du professeur*, se sont risqués à affirmer publiquement le plus grossier matérialisme, ils ne faisaient que répéter les leçons de leurs maîtres; ils ne sont pas les premiers ni les seuls coupables.

Voilà les faits. Ils valent mieux que des généralités toujours vagues; d'ailleurs ils ont de nombreux témoins, et il est impossible de les nier.

Il y a des vérités qui sont le patrimoine de l'humanité et sur lesquelles il devrait être défendu de porter la main, parce qu'elles sont les premières assises de l'ordre social. L'aveu d'un matérialiste autorisé nous suffit : « Il faut, dit-il, continuer d'enseigner l'immortalité de l'âme pour le salut public en général, afin que les faibles et les méchants prennent le vrai chemin par crainte et par espérance. » Il importe donc d'opposer la défense à l'attaque, par la liberté de l'enseignement supérieur. Les services que les hommes d'ordre rendent aujourd'hui à la société dans l'enseignement primaire et secondaire, ils les continueraient dans les universités libres.

La liberté de conscience demande également que la haute instruction soit distribuée pour tous. Un catholique, un protestant, un juif, est à chaque instant blessé dans ses croyances par les leçons de certains professeurs officiels. La liberté de l'enseignement supérieur permettrait à chacun de choisir ses maîtres. Peu importe où les élèves étudient, à Louvain ou à Gand, s'ils justifient devant l'État de la valeur de leurs connaissances scientifiques.

Enfin, les sciences ont beaucoup à gagner à la libre concurrence. La liberté de l'enseignement ferait naître des universités rivales; on verrait alors ce que vaut cette prétention qu'a le matérialisme de représenter la science. Aussi bien la méthode expérimentale doit se borner à rechercher les lois de la nature; si elle affirme le matérialisme, elle usurpe; elle sort de son domaine légitime, qui est celui de sphénomènes naturels, et compromet la science en la détournant de sa véritable voie. Une chaire de chimie ou de thérapeutique n'est pas une chaire de philosophie.

En résumé : Au nom de la morale publique, de l'ordre social, de la liberté de conscience, du progrès de la science,

Les soussignés :

1° *Appellent l'attention du gouvernement sur l'enseignement de certaines de nos facultés.*

2° *Ils demandent, comme le seul remède à la propagation des funestes doctrines qu'ils signalent, la liberté de l'enseignement supérieur.*

Pour chacun de ces motifs, qui peuvent être examinés séparément par le Sénat, ils sollicitent de vous, Messieurs les Sénateurs, le renvoi de leur pétition aux ministres compétents.

(Suivent les signatures.)

SÉNAT

Séance du vendredi 27 mars 1868

RAPPORT DE M. CHAIX D'EST-ANGE

SUR

LA PÉTITION RELATIVE A L'ENSEIGNEMENT SUPÉRIEUR

·

Messieurs les sénateurs, plusieurs pétitions inscrites sous les numéros 731 et 840, et portant un grand nombre de signatures, ont été adressées au Sénat. Elles appellent l'attention du Gouvernement « sur l'enseignement de certaines de nos facultés » et demandent, « comme le seul remède à la propagation des funestes doctrines qu'elles signalent, la liberté de l'enseignement supérieur. »

Ces pétitions ont été distribuées à votre cinquième commission qui, après le plus sérieux examen, m'a chargé de vous en faire le rapport.

Avant d'entrer dans l'examen des graves questions qui sont soulevées devant vous, je crois qu'il est de notre devoir de vous donner l'analyse des pétitions, de celle du moins qui réunit la presque totalité des signatures.

Or, voici les faits que cette pétition signale. Un pro-

fesseur aurait dit à la Faculté de médecine « que la substance nerveuse avait pour propriété la pensée, et que,
quand elle mourait, elle n'allait pas retrouver une seconde
vie dans un monde meilleur... La matière est le dieu de la
science... Si l'homme a une âme, le singe en a une aussi. »

Un autre professeur aurait prononcé ces paroles en faisant l'éloge de Malthus : « Partout où s'accroît l'aisance
doit s'accroître aussi la sollicitude paternelle en vertu de
laquelle on ménage le nombre de ses enfants. »

Autre grief :

Un médecin des hôpitaux se serait moqué d'une pauvre
femme qui portait au cou une médaille de la Vierge, et
des faits semblables se reproduiraient souvent dans les
hôpitaux.

Enfin, dans un discours prononcé à la Faculté, on aurait
acclamé le matérialisme.

Telles seraient, suivant les pétitionnaires, les doctrines
des maîtres et le résultat de leurs leçons sur les élèves.

Les pétitionnaires ajoutent qu'il y a des principes qui
forment le patrimoine de l'humanité et sur lesquels il ne
faut pas porter la main. Ces vérités sont tellement nécessaires à l'humanité qu'un matérialiste lui-même a dit que
le dogme de l'immortalité de l'âme est un dogme bon pour
encourager les faibles et pour contenir les méchants.

Les pétitionnaires pensent qu'à de pareilles doctrines
il faut opposer la liberté de l'enseignement supérieur, qui
produira le même bien qu'a déjà produit la liberté de l'enseignement primaire et de l'enseignement secondaire.
Chacun sera libre de choisir ses maîtres; les maîtres op-
poseront doctrines à doctrines; le matérialisme n'aura pas
le monopole de l'enseignement, et les sciences elles-mêmes
y gagneront.

Les pétitionnaires font observer que cette question intéresse au plus haut point l'ordre, la morale, la liberté de

conscience, et ils demandent le renvoi de leur pétition au ministre compétent.

Dans la même pétition, il est question de scènes violentes qui auraient eu lieu à la Faculté de médecine, et du milieu desquelles les doctrines les plus funestes auraient été proclamées par les maîtres et par les élèves.

A la pétition était joint un article du journal *le Phare de la Loire*, qui prétend rendre compte de la séance d'inauguration d'un cours ouvert à la Faculté de médecine, le 22 mars dernier, dans lequel un professeur aurait été acclamé, parce qu'il aurait accepté le patronage d'élèves qui se déclaraient matérialiste.

Vous le voyez, Messieurs les sénateurs, la pétition soulève deux questions : l'une est une question de principe : La liberté d'enseignement doit-elle être accordée pour les études supérieures? — l'autre est une question de fait : Quelle est la valeur des faits qui vous sont signalés et qui accuseraient les funestes tendances de l'enseignement donné à la jeunesse, au nom même de l'autorité publique, dans plusieurs de nos Facultés?

Examinons d'abord la question de principe.

Il n'y a besoin d'aucune démonstration pour vous convaincre que l'éducation de la jeunesse, son but, ses conditions, sa surveillance, doivent être; sous tous les gouvernements, un des premiers objets de la sollicitude publique. C'est l'éducation, depuis ses plus simples éléments jusqu'à ses plus hautes études, qui fait l'homme, prépare son avenir, découvre ses aptitudes, éclaire ses opinions, développe son intelligence, et, en décidant ainsi de son sort, décide en même temps du sort des empires. Le législateur fait les lois, l'éducation fait les mœurs, plus puissantes que les lois, et c'est avec raison que Leibnitz a pu dire : « Donnez-moi l'instruction publique pendant un siècle et je changerai le monde. »

En présence d'un si grand intérêt social, il serait insensé de prétendre que le droit d'enseigner, qui n'est pas un droit naturel comme la propriété, la liberté individuelle, la liberté de conscience, n'est pas un attribut et une délégation de la puissance publique ; c'est elle qui, la première, en a la charge et le devoir. Cette vérité essentielle était sans doute mal connue, ou du moins mal pratiquée chez les anciens. Tandis qu'à Sparte, l'enfant n'appartient pas à la famille, mais à l'État seul, qui absorbe le droit individuel du père, sans en remplir les devoirs, à Athènes, l'État n'exerce aucune surveillance sur l'éducation, et laisse à chacun la liberté absolue d'enseignement. Plutarque s'en plaint dans l'intérêt des classes pauvres, dont l'éducation, ainsi abandonnée par la république, restait entièrement négligée. Ce qui fait dire avec une grande vérité à un publiciste moderne : « Je crois qu'une cause principale, quoique sourde et indirecte, des troubles populaires qui agitèrent ces républiques, fut l'ignorance où on laissait croupir les dernières classes des citoyens. »

Cet intérêt permanent de l'État, son droit, son devoir d'intervention dans toutes les questions qui touchent à l'éducation de la jeunesse, n'ont jamais été méconnus en France. Ce serait abuser de vos moments, Messieurs les sénateurs, que de rechercher dans la suite des temps et dans le mouvement des esprits les preuves nombreuses, les mouvements certains qui établissent que, chez nous, le droit d'enseigner a toujours été considéré comme une fonction publique et n'a jamais pu s'exercer que par   · ·   tion du pouvoir souverain. Les hommes les plus é   · · de notre temps, et, parmi eux, vous me permettrez de citer notre illustre président, ont mis cette vérité en lumière dans des ouvrages que nous avons tous lus et qui ne sont oubliés de personne.

Lorsqu'après la Révolution, tous les pouvoirs ayant été

renversés, il fallut régulariser cette grande rénovation sociale, l'Empereur conçut la pensée de créer, sous le nom d'Université impériale, un corps chargé exclusivement de l'enseignement et de l'éducation publics dans tout l'Empire. Cette création, annoncée par la loi du 10 mai 1806, fut réalisée par le décret du 17 mars 1808, qui organisa, dans une longue suite d'articles, le monopole complet et absolu de l'enseignement en faveur de l'Université.

Peut-être, Messieurs les sénateurs, ne trouverez-vous pas inutile que je vous en rappelle ici les principales dispositions.

Il porte : « art. 1ᵉʳ, L'enseignement public, dans tout l'Empire, est confié exclusivement à l'Université; art. 2, Aucune école, aucun établissement quelconque d'instruction ne peut être formé hors de l'Université impériale, et sans l'autorisation de son chef. »

En créant ce grand corps, en lui assurant ce monopole exclusif et jaloux, l'Empereur expliquait ses intentions dans les instructions qu'il envoyait à M. de Fontanes : « Sa Majesté, y est-il dit, veut un corps dont la doctrine soit à l'abri des petites fièvres de la mode ; qui marche toujours, quand le Gouvernement sommeille ; dont l'administration et les statuts deviennent tellement nationaux qu'on ne puisse jamais se déterminer à y porter légèrement la main. Si ses espérances se réalisent, Sa Majesté veut trouver, dans ce corps même, une garantie contre les théories pernicieuses et subversives de l'ordre social, dans un sens ou dans un autre. »

Ce grand corps, entre les mains duquel venait ainsi se concentrer l'éducation de la jeunesse française, à tous ses degrés, et qui devait écarter d'elle toutes les théories subversives de l'ordre social dans un sens ou dans un autre; ce grand corps a été jugé par un homme qui, soit par sa position personnelle, soit par la hauteur de son esprit, était mieux que personne en état d'en parler.

« L'Université, disait M. Royer-Collard, a été élevée sur cette base fondamentale, que l'instruction et l'éducation publiques appartiennent à l'État et sont sous la direction supérieure du roi. Il faut renverser cette maxime ou en respecter les conséquences; et, pour la renverser, il faut l'attaquer de front ; il faut prouver que l'instruction publique et avec elle les doctrines religieuses, philosophiques et politiques, qui en sont l'âme, sont hors des intérêts généraux de la société; qu'elles entrent naturellement dans le commerce, comme les besoins privés ; qu'elles appartiennent à l'industrie, comme la fabrication des étoffes, ou bien peut-être qu'elles forment l'apanage indépendant de quelque puissance particulière, qui aurait le privilége de donner des lois à la puissance publique. »

Ce langage si ferme, M. Royer-Collard le tenait, en qualité de commissaire du roi, dans la session de 1817, c'est-à-dire à une époque où la religion et ses ministres étaient le plus respectés, mais où, malgré ses tendances, le gouvernement n'entendait pas leur livrer l'éducation de la jeunesse.

Cependant, sous la Restauration, le monopole de l'Université excita de vives réclamations, et dans l'article de la charte de 1830, le nouveau gouvernement déclare qu'il sera pourvu par des lois à l'instruction publique et à la liberté d'enseignement. Ainsi se trouvaient consacrés deux principes importants qu'il s'agissait de concilier : la conservation de l'instruction publique, c'est-à-dire de l'instruction donnée au nom de l'État et par des agents nommés par lui; — la reconnaissance du droit individuel et de la liberté de l'enseignement privé existant à côté de l'enseignement public. L'Université était maintenue, mais on promettait de détruire son monopole.

Après beaucoup d'études, les promesses de la charte de 1830 furent réalisées, pour l'instruction primaire, par la loi du 28 juin 1833.

Quant à l'enseignement secondaire, plusieurs projets furent successivement présentés par le Gouvernement en 1836, 1837, 1841, 1844. Ce dernier projet, présenté par M. Villemain, rapporté par M. le duc de Broglie, fut adopté par la Chambre des pairs après une remarquable discussion ; mais, à la Chambre des députés, la fin de la session arriva avant la discussion, et le projet fut indéfiniment ajourné.

Sous l'empire de la constitution de 1848, dont l'article 9 promettait la liberté de l'enseignement, un des premiers soins de M. de Falloux, ministre de l'instruction publique et des cultes, fut de préparer la loi. Elle fut longtemps et vivement discutée, et enfin adoptée : elle devint la loi du 15 mars 1850.

Dans son exposé des motifs, le ministre, M. de Falloux, promettait d'apporter promptement un projet relatif à l'enseignement supérieur ; l'article 85 et dernier de la loi contenait la trace de cet engagement.

Permettez-moi, Messieurs les sénateurs, de faire ici une réflexion : on a dit de cette loi qu'elle était une transaction, un traité de paix entre l'État et l'Église, entre l'enseignement laïque et l'enseignement religieux. Cependant, comme la plupart des transactions, elle n'a satisfait ni l'une ni l'autre de ces parties, qui sont depuis tant de siècles et qui restent toujours en présence. Si c'est la paix entre elles, après une si longue guerre, c'est la *paix armée*, comme on dit aujourd'hui, et il est impossible de ne pas penser comme un homme d'État illustre, M. Guizot, qui écrivait en 1850 : « Évidemment la lutte n'a pas pris fin ; ni par les représentants de l'élément laïque, ni par ceux de l'élément religieux, la transaction n'est considérée comme bonne en soi et définitive. L'Université se tient pour sacrifiée, le clergé ne se tient point pour satisfait; l'une se résigne, quant à présent, à ce qu'elle n'a pu empêcher; l'autre accepte, quant à présent, ce qu'il a obtenu, sans renoncer à d'autres espérances. C'est un temps d'arrêt dans la lutte, ce n'est point la paix. »

La liberté de l'enseignement supérieur, c'est-à-dire de l'enseignement que l'Université donne dans ses Facultés, cette liberté est restée jusqu'à présent en dehors de ces dispositions législatives, et le monopole de l'Université existe encore pour lui. C'est la liberté de cet enseignement que les pétitionnaires réclament aujourd'hui.

Qu'entendent-ils cependant par la liberté de l'enseignement? S'agit-il d'une liberté légale, soumise à des conditions prudentes, à des garanties morales, à une surveillance nécessaire, ou s'agit-il d'une liberté absolue, sans règle, sans conditions, sans surveillance; de la liberté comme en Belgique, où l'article 17 de la Constitution du 7 février 1831 porte : « L'enseignement est libre; toute mesure préventive est interdite ; la répression des délits n'est réglée que par la loi. »

Si c'est là, comme on pourrait l'induire de quelques mots employés par les pétitionnaires, si c'est là, en effet, la liberté qu'ils demandent, on ne peut s'empêcher de remarquer que tous les efforts de nos rois, toutes les résistances de nos parlements, toutes les traditions de notre droit public s'y sont constamment refusés.

A ce sujet, Messieurs les sénateurs, il nous paraît opportun de placer sous vos yeux un passage du rapport présenté à la Chambre des pairs, par M. le duc de Broglie, sur le projet de loi relatif à l'enseignement secondaire.

« Si le droit de s'adresser publiquement à des hommes faits, d'exercer, par la voie de la presse, un certain degré d'influence sur des esprits déjà formés, a besoin d'être

3

réglé dans son exercice, se pourrait-il que le droit d'élever, non point ses propres enfants (l'éducation domestique
est inviolable et sacrée), mais les enfants d'autrui, de ras-
sembler autour de soi plusieurs centaines de jeunes gens,
d'exercer sur ces intelligences encore novices une influence
à peu près sans bornes, de l'exercer continuellement, en
particulier, hors de la vue du public; se pourrait-il, disons-
nous, qu'un tel droit dût être abandonné au premier venu,
sans qu'il y eût lieu de lui demander ni quel il est, ni
d'où il vient, ni quels sont ses titres à la confiance des
familles?

« Cela serait étrange, Messieurs, ajoute le rapporteur;
on le soutient néanmoins.

« Dans plusieurs écrits qui vous ont été distribués, dans
la plupart des pétitions qui vous parviennent chaque jour,
on réclame avec insistance la liberté absolue de l'enseignement, la liberté telle qu'elle existe en Belgique; en d'autres termes, si l'on sait bien ce dont on parle, on réclame
pour tout individu, quel qu'il soit, sans distinction ni exception, pour toute association quelconque, le droit de
fonder non-seulement des écoles, mais des colléges; non-
seulement des colléges, mais des universités, sans avoir à
remplir d'autre formalité que de prendre patente, comme
s'il s'agissait simplement d'ouvrir un magasin ou de tenir
une boutique! On réclame le droit d'enseigner ce qu'on
veut, à qui on veut, comme on le veut, sans être tenu de
se soumettre à une surveillance quelconque. »

Que pourrions-nous, Messieurs les sénateurs, ajouter à
ces paroles, qui n'en affaiblisse l'autorité?

Si, au contraire, les pétitionnaires réclament la liberté
de l'enseignement supérieur, telle qu'elle a toujours été
entendue, sous l'empire de l'article 69 de la charte, sachant
concilier, sans les sacrifier l'un à l'autre, les droits de discipline et de surveillance, qui appartiennent toujours à

l'autorité publique, avec les droits et la liberté qui doivent appartenir à chaque père de famille ; alors la question change de face, et son examen peut sembler digne de toute l'attention des pouvoirs publics. Quel avantage doit retirer la société de cette libre concurrence, qui peut, comme le reconnaissait M. Cousin en 1844, stimuler et vivifier l'enseignement officiel? Quel péril peuvent engendrer, pour la force des études, pour l'ensemble des doctrines, pour le caractère national de l'éducation, toutes ces méthodes improvisées à la fantaisie de chacun et que l'autorité, en la supposant même vigilante, serait cependant impuissante à surveiller? Jusqu'où d'ailleurs iraient les pouvoirs de cet enseignement privé? Comme corollaire du droit d'instruire la jeunesse, irait-on jusqu'à lui donner la collation des grades, ce qui serait amener immédiatement l'affaiblissement des études, l'abaissement en France du niveau intellectuel? Questions graves, pleines de périls, qu'il suffit d'indiquer, pour montrer combien elles sont dignes d'études, mais que nous n'avons pas à approfondir ici, puisque nous ne sommes pas chargés de les résoudre. Il ne s'agit pas en effet d'un projet de loi, qui vous mettrait en demeure d'approfondir et de discuter chacune de ces questions, il s'agit simplement d'une pétition et de la question de savoir s'il y a lieu de la renvoyer à l'examen du Gouvernement.

A ce point de vue, le Gouvernement a donné à votre commission l'assurance que la question était, en ce moment même, étudiée par lui avec le plus grand soin ; il nous a dit qu'il se livrait en France, aussi bien qu'à l'étranger, à des enquêtes qui seraient de nature à éclairer ce grand débat, à faciliter sa solution. En prenant acte de cette promesse, votre cinquième commission a pensé, Messieurs les sénateurs, que sur la première partie de la pétition, c'est-à-dire sur la question de principe, maintenant à l'étude, elle devait, sans prendre parti, attendre le résultat de ces travaux et vous proposer de passer à l'ordre du jour.

Vous avez vu, Messieurs les sénateurs, que les pétitionnaires demandent la liberté de l'enseignement supérieur comme le seul remède à la propagation des funestes doctrines qui seraient professées dans certaines de nos Facultés et sur lesquelles ils appellent l'attention du gouvernement de l'Empereur.

C'est maintenant à ce point de vue qu'il faut examiner la pétition.

Parmi les faits relevés par les pétitionnaires à l'appui de leur accusation, il en est qui n'ont pas pu arrêter votre commission ; les uns, parce que, manquant de précision, ils échappaient à toute vérification ; les autres, parce qu'ils ne nous ont pas paru concluants.

Ainsi, est-il vrai qu'un professeur ait fait en ces termes l'apologie de Malthus?

« Là où croît l'aisance s'accroît aussi la sollicitude paternelle en vertu de laquelle on ménage le nombre de ses enfants. »

Ce langage a-t-il été tenu? A quel propos l'aurait-il été? Nous n'avons pas à le rechercher. Le système de Malthus, qui peut être l'objet de sérieures critiques, mais qui n'a jamais été l'objet du mépris des gens de bien, ce système, combattu par les uns, défendu par les autres, est dans le domaine de la science. Chacun a le droit assurément d'en penser et d'en dire ce qu'il lui plaît, et, sous prétexte de réclamer la liberté pour tous, on appliquerait étrangement ce principe de liberté en condamnant une phrase qui constate un fait, mais qui ne contient même pas une appréciation du système.

Serait-il vrai, comme on l'allègue, qu'on ait vu un médecin de la Salpétrière « plaisanter, devant les étudiants, une pauvre femme qui portait sur sa poitrine une médaille

de la Vierge? » Un tel fait, s'il eût été possible d'en apporter la preuve, aurait été digne de toutes les sévérités de
l'Administration et, avant tout, de tout le mépris des hon-
·nêtes gens. (*Très-bien! très-bien!*) Dans cet asile consacré
à la misère et à la vieillesse, dernière étape de la vie qui
va enfin s'éteindre, ces pieuses et innocentes pratiques,
dans lesquelles une pauvre .emme, au lieu de maudire le
Dieu qui la frappe, place la consolation de ses douleurs
présentes et l'espérance de sa vie future, ces pratiques,
quoi qu'en puisse penser l'orgueil d'un philosophe, méritent le respect de tous (*Nouvelle approbation.*), et celui-là
est indigne de soigner les plaies de son corps qui insulte
aux croyances de son âme immortelle. (*Vif assentiment.*)
Espérons, Messieurs, quoi qu'on en ait dit, qu'un tel fait
ne s'est jamais passé, et n'insistons pas davantage, puisque
nous avons le bonheur de le trouver dépourvu de toutes
preuves. (*Mouvement.*)

Mais ce qui a un trait plus direct à la question de l'enseignement, et ce que nous devons maintenant examiner,
c'est la scène racontée par le *Phare de la Loire*, ce sont les
paroles rapportées par les pétitionnaires et qui auraient
été prononcées dans la chaire de la Faculté de Médecine de
Paris.

Parlons d'abord de la scène tumultueuse racontée par le
Phare de la Loire.

Avant de rétablir dans ce récit la vérité des faits, reconnaissons, Messieurs les sénateurs, que les troubles toujours
regrettables qui affligent quelquefois nos écoles ne sont
pourtant pas un des signes particuliers du temps où nous
vivons. Sans avoir besoin de recourir à l'histoire de
l'ancienne Université de Paris, nous avons tous vu se
produire, au sein de ces grandes agglomérations, des
passions, des tumultes, que les ardeurs de la jeunesse expliquent sans les excuser. Mûris comme nous le sommes

par l'âge et l'expérience, nous aurions bien tort de désespérer de ceux qui, détournés un moment de la voie du
travail, entraînés quelquefois par des passions généreuses,
quelquefois aussi par des excitations extérieures, se laissent aller trop facilement à ces coupables agitations.

Ici du moins le professeur mis en cause se défend et nie
énergiquement le rôle qu'on lui fait jouer au milieu de ce
désordre.

M. le Ministre de l'instruction publique a fait à ce sujet
une enquête, dont il a mis les éléments sous nos yeux, et
dont il est de notre devoir de vous rendre compte.

Le professeur a été appelé à présenter lui-même ses
observations sur le récit dans lequel le *Phare de la Loire*
prétendait déterminer le caractère de son attitude. La
lettre qu'il a écrite à cette occasion porte expressément
qu'il s'est borné à affirmer sa doctrine scientifique, qui est
celle de la guerre à l'empirisme et du progrès de la médecine par la méthode expérimentale ; qu'il n'a pas dit une
parole relative aux opinions philosophiques, soit matérialistes, soit vitalistes ; qu'il ne s'est placé sous le patronage
de personne, si ce n'est de ses maîtres, les professeurs de
la Faculté, et que, quant à la question du matérialisme,
elle n'est pas de son ressort ; elle est toujours restée
étrangère à son enseignement et à ses études.

Dans une lettre au Ministre de l'instruction publique du
2 avril 1867, M. le vice-recteur donne de nouvelles explications :

« J'ai fait, dit-il, l'enquête prescrite par votre dépêche
de ce jour, au sujet du professeur accusé d'avoir poussé
l'oubli de ses devoirs jusqu'à se placer sous le patronage
de deux étudiants connus et condamnés pour la violence
de leur propagande. Une lettre du professeur, en réponse
aux graves imputations dont il est l'objet, exprime exactement les faits ; la teneur du moins m'en est confirmée par

les nouvelles informations que j'ai prises aujourd'hui, et auprès de M. le doyen et auprès du secrétaire de la Faculté de Médecine. M. le doyen connaissait la séance par le récit de ses collègues; M. le secrétaire la connaissait *de visu;* il y avait assisté. Le professeur se défend d'avoir donné jamais à son enseignement un caractère de philosophie matérialiste et d'avoir accepté, dans la séance du 22 mars, le patronage des deux étudiants qu'il ne connaissait pas du reste et qui ont fait parade de désolantes doctrines. J'avais recommandé au professeur, avant de monter en chaire, la fermeté qu'il avait à déployer comme professeur, en cas de désordre; j'aurais voulu qu'au lieu d'affirmer exclusivement sa doctrine, qui est la méthode expérimentale, il fît justice des cris de matérialisme sortis, dit-on, d'un groupe de l'auditoire. Au milieu de ces violences, des cris des uns, des applaudissements des autres, on s'explique ce qu'il y a eu de passif sous ce rapport dans l'attitude du professeur. Mais on ne saurait lui imputer l'acceptation d'un patronage que les faits démentent et dont il se défend énergiquement. M. le secrétaire de la Faculté de médecine, que j'ai vu et interrogé, confirme à cet égard les réponses du professeur. »

En admettant les explications que nous venons de vous soumettre, nous ne craignons pas de dire, Messieurs les sénateurs, que cette scène est encore de nature à laisser dans vos esprits une déplorable impression.

Que le professeur ne puisse pas se faire entendre, que l'intolérance des élèves ou de quelques-uns d'entre eux ne lui permette même pas de s'expliquer, que ces apôtres convaincus de la liberté des opinions ne veuillent pas, sous prétexte qu'ils sont matérialistes, permettre aux autres de croire en Lieu, ce n'est pas ce qu'il y a de plus grave. Mais que les choses en soient arrivées à ce point, que le professeur puisse paraître subir la protection d'un élève, qu'il lui laisse prendre la parole pour le charger, en quelque sorte et quoi qu'il en dise, du soin de le défendre, qu'il le laisse affirmer que le professeur est matérialiste aussi bien que l'élève, qui, pour ses opinions, a été exclu de la Faculté, et qu'il mérite par conséquent comme lui-même la sympathie de l'école ; que tout ceci se soit passé sans une protestation immédiate, énergique, éclatante du professeur ; c'est là, Messieurs, ce qui n'était pas seulement un oubli de la discipline, mais ce qui était aussi une atteinte à la dignité de la chaire. (*Vive adhésion.*)

Il me reste maintenant à vous entretenir d'une manière plus particulière et plus directe de ce que les pétitionnaires appellent les funestes doctrines enseignées dans certaines de nos Facultés.

Remarquons, en passant, qu'ainsi formulé, le reproche, dans sa généralité, manque de précision ; mais ce qui le détermine et ce qui a un trait direct à la question de l'enseignement, ce sont les paroles qui sont rapportées par les pétitionnaires et qui auraient été prononcées dans la chaire.

Ces paroles, je dois vous les rappeler : « La substance nerveuse a pour propriété la pensée, et quand elle meurt, celle-ci ne va pas retrouver une seconde vie dans un monde meilleur. » — « La matière est le Dieu des savants. » — « Si le singe a une âme, l'homme en a une aussi ; sinon, non. »

C'est là, personne ne le contestera, je le suppose, une profession de foi nettement matérialiste.

Mais est-il vrai que ces paroles aient été prononcées ? C'est assurément la première question qu'il s'agit d'examiner. Les pétitionnaires le disent, ou plutôt la pétition le dit, ce qui est bien différent. Parmi ces deux mille personnes dont les noms figurent sur la pétition, dont la moitié peut-être l'a signée, dont l'autre moitié a, dit-on, envoyé son adhésion, et qui de toutes les parties de la

France se trouvent ainsi réunies dans la même démonstration, qui a entendu ces paroles? Qui peut les affirmer? Qui peut nous dire, dans des matières si délicates et si subtiles, où la vérité touche de si près à l'erreur, l'énonciation d'un fait certain à la conséquence philosophique qu'un esprit prévenu en peut tirer ; qui peut du moins affirmer que ces paroles ont été véritablement prononcées ?

Il faut le reconnaître cependant, un langage analogue avait été attribué à un des professeurs de l'école et rapporté à M. le Ministre de l'instruction publique. Sa sollicitude fut immédiatement éveillée ; il crut qu'il était de son devoir de vérifier le fait et manda le professeur. Voici dans quels termes, par une lettre du 25 novembre 1866, il avertit le vice-recteur de Paris de ce qui venait de se passer dans cet entretien, et saisit l'occasion de lui adresser sur ce grave sujet de nouvelles recommandations.

« Paris, le 25 novembre 1866.

« Monsieur le vice-recteur de Paris,

« J'ai vu hier M. le docteur N..., professeur à la Faculté de médecine de Paris, qui avait été mandé à mon cabinet pour s'expliquer sur certaines paroles qu'on lui prête. J'ai reçu de lui l'assurance qu'il n'avait pas prononcé la parole qui lui est imputée. Sa pensée, dit-il, a été mal comprise et mal rendue.

« J'ai fait connaître à M. N... et je vous prie de rappeler aux membres de l'enseignement supérieur, dans l'occasion, que, sans gêner les opinions de personne, sans imposer aucune doctrine ni aucune méthode, je dois exiger que chacun se renferme dans le programme de son enseignement. Tout écart que se permettrait un professeur en se détournant vers des questions étrangères à l'objet de sa

3.

chaire et en choquant par des digressions inutiles des croyances respectables, serait immédiatement réprimé.

« Vous aurez également à surveiller certains étudiants qui, dans l'école même et en plein amphithéâtre, se laissent aller à fronder publiquement des croyances avec lesquelles les études médicales n'ont aucun rapport. Sans prendre au sérieux ces manifestations qui tiennent moins à une conviction réfléchie qu'à un goût de turbulence, je vous prie de faire sentir à ces jeunes gens que je suis décidé à ne tolérer le désordre sous aucune forme ni sous aucun prétexte.

à Agréez, etc., etc. »

Vous voyez, Messieurs les sénateurs, avec quelle netteté M. le Ministre de l'instruction publique s'explique dans cette lettre. Le professeur appelé dans son cabinet nie formellement les paroles qu'on lui prête. Que peut faire le Ministre en présence de ce désaveu, sinon en prendre acte et ainsi lier le professeur pour l'avenir, comme celui-ci vient de s'engager lui-même pour le passé? Que pourrions-nous lui demander de plus, et pourquoi lui dénoncer par un renvoi un fait qui a déjà été l'objet de ses recherches, et sur lequel il a épuisé sa compétence?

Vous avez vu dans cette lettre comment le Ministre saisit l'occasion de rappeler aux professeurs que chacun doit se renfermer dans le programme de son enseignement, et déclare que tout écart que se permettrait un professeur, en choquant par des digressions inutiles des croyances respectables, serait immédiatement réprimé.

Sans doute, quand il tient un si ferme langage à des hommes qui occupent une haute position dans la science, il déclare qu'il ne veut gêner les opinions de personne, qu'il ne doit imposer aucune doctrine, aucune méthode. Il ne faut pas, en effet, que la haute surveillance d'un ministre sur l'enseignement puisse ressembler à une inquisition sur les opinions intimes et les doctrines personnelles du professeur. Sur ce point si délicat, le représentant de l'autorité supérieure ne saurait agir avec trop de prudence et de ménagements.

En effet, Messieurs les sénateurs, la liberté des opinions en matière religieuse, philosophique, scientifique, est un principe trop bien consacré en France pour que personne puisse aujourd'hui le contester. Nous ne sommes plus au temps où le parlement de Paris interdisait l'usage de l'émétique, ou défendait, sous peine de mort, d'attaquer la philosophie d'Aristote. Le grand corps devant lequel j'ai l'honneur de parler n'est ni un concile qui puisse poser les règles de la foi, ni une académie qui ait la prétention de diriger la marche ou d'assigner les bornes de l'esprit humain. La liberté de conscience appartient à chaque citoyen, et, tant qu'il ne trouble pas l'ordre social, tant qu'il n'outrage pas la morale publique, il peut librement confesser et défendre sa croyance. Ces principes, je tiens à le dire, sont heureusement en dehors de toute contestation. Le monde est une arène où toutes les opinions philosophiques se débattent : *Tradidit mundum disputationibus eorum.*

Cependant le matérialisme, qui nie l'existence de Dieu et l'immortalité de l'âme, a-t-il droit à la même protection ou, au contraire, quand il se produit et s'affirme, attaque-t-il l'ordre social, outrage-t-il la morale publique et doit-il en conséquence être poursuivi par les voies légales? Sur cette question, qui a autrefois partagé les meilleurs esprits, mais qui semble aujourd'hui jugée en faveur de la liberté, permettez-moi, Messieurs les sénateurs, de vous citer les paroles de Royer-Collard, lors de la discussion des lois de 1819. Il définissait, dans son beau langage, ce qu'était le sentiment religieux : « Sentiment universel, disait-il, don immédiat de la Divinité, espèce d'organe intérieur, par lequel nous découvrons, au delà de ce monde et de cette vie, une autre vie et un autre monde, et une justice qui juge les justices humaines. Le sentiment religieux seul est le principe des devoirs réciproques et la sanction de la morale publique. » Mais, en même temps qu'il proclamait ces grandes et saintes vérités, Royer-Collard ajoutait : « Il est reconnu, de toutes parts, que les opinions ne sont point l'objet de la loi, ni comme vraies ou fausses, ni comme salutaires ou nuisibles; outre que la loi est sans discernement à cet égard, les expériences décisives du seizième et du dix-huitième siècle attestent son impuissance soit à établir, soit à détruire des doctrines. »

Mais, hâtons-nous de le dire, autre chose est le monde avec ses libertés, autre chose est l'école et son enseignement. Vouloir raisonner de l'un à l'autre, vouloir appliquer à la faculté de l'enseignement les grands principes qui règlent la liberté humaine, ce serait tomber dans une erreur grossière.

L'État, soit qu'il conserve, soit même qu'il abandonne le monopole de l'enseignement, a incontestablement non-seulement le droit, mais encore le devoir de le surveiller; il ne peut pas souffrir qu'on pervertisse l'esprit de la jeunesse par des maximes subversives dans un sens ou dans un autre. Si le professeur de l'École de droit enseigne qu'en France le mariage religieux est seul valable; si le professeur de théologie enseigne que le pouvoir temporel est soumis au pouvoir spirituel, l'État doit intervenir. Si le professeur de la Faculté de médecine, chargé d'une chaire de physiologie ou de thérapeutique, enseigne qu'il n'y a pas de Dieu, pas de vie future, pas de peines et de récompenses, l'État doit intervenir à un double titre : d'abord, parce qu'ici le professeur sort évidemment du cercle de son enseignement spécial, et que son devoir est de s'y renfermer, ei suite et surtout parce qu'en laissant au professeur une juste liberté, l'État cependant ne doit pas lui permettre de donner à la jeunesse un enseignement ou anti-national ou anti-religieux. (*Marques nombreuses d'approbation.*) Nous vous l'avons déjà dit, Messieurs les sénateurs, ces maximes, qui touchent au plus grand intérêt social, sont, en France, aussi anciennes qu'elles sont nécessaires.

Sans doute, dans l'application, elles ne sont pas toujours exemptes de difficulté, et demandent, de la part du Gouvernement, une attention prudente et soutenue, une appréciation vigilante, mais libérale.

Ainsi, les limites certaines sont quelquefois difficiles à reconnaître entre chacune des parties qui composent l'ensemble des connaissances humaines et forment ce faisceau glorieux qu'on appelle la science.

Ainsi, d'un autre côté, les paroles quelquefois obscures, échappées à l'improvisation d'un professeur traitant, par exemple, des propriétés de la matière, ne doivent pas être interprétées dans un sens philosophique que lui-même désavoue.

C'est donc, nous le répétons, avec une attention bienveillante plutôt que tracassière, avec un zèle prudent et non pas excessif, que doit être exercée sur l'enseignement cette surveillance nécessaire de l'État.

Voilà, Messieurs les sénateurs, ce qu'au nom de la majorité de votre commission je devais avoir l'honneur de vous dire sur l'ensemble des pétitions renvoyées à son examen, lorsqu'un fait nouveau lui a été signalé. (*Mouvement redoublé d'attention.*)

A la date du 30 décembre dernier, une thèse pour le doctorat a été présentée sous ce titre : *Étude médico-psychologique du libre arbitre humain.* Une pareille matière était évidemment pleine de périls, et le titre seul de la thèse devait appeler sur elle l'attention. Aussi l'éminent professeur auquel l'élève s'adressa d'abord refusa de la présider, et il y a lieu de penser qu'il signala à l'attention de ses collègues les dangers qu'elle pouvait présenter. Il ne niait pas seulement la vie future, l'existence de cette justice, seule infaillible, seule vraiment souveraine, dont la pensée console les plus malheureux, fait hésiter les plus méchants; il niait la liberté humaine, la moralité des actes, la conscience, « instinct divin, immortelle et céleste voix, » comme l'appelait Rousseau. Enfin, en même temps qu'il assimilait l'homme à la bête, il déniait à la société le droit de le juger et de le punir.

Voilà la thèse qui a été présentée par l'élève, acceptée et signée par le professeur, soutenue publiquement au sein de la Faculté; et la Faculté, à la suite de la soutenance, a décidé que l'épreuve était passable, et l'élève, en effet, a passé. (*Sensation.* — *Vives protestations.*)

PLUSIEURS SÉNATEURS. Où cela? à Paris?

M. LE RAPPORTEUR Parfaitement.

Un tel fait, parvenu à notre connaissance, pouvait-il devenir un élément de notre délibération, ou devions-nous dire, au contraire, que nous n'en étions pas régulièrement saisis par la pétition antérieure à cette thèse? Nous n'avons pas hésité à penser que la question qui vous était soumise n'était pas seulement l'appréciation des faits consignés dans la pétition, mais avant tout et par-dessus tout l'appréciation des tendances attribuées à l'enseignement supérieur, et qu'ainsi tous les faits qui pouvaient signaler ces tendances, soit dans la pétition, soit en dehors d'elle, nous appartenaient au même titre et devaient être également appréciés par nous. (*Très-bien! très-bien!*)

Mais nous venons d'apprendre, Messieurs les sénateurs, que ce fait, dont la gravité sans doute n'échappe à aucun de vous, n'a pas laissé l'autorité supérieure imprévoyante et désarmée.

M. le Ministre de l'instruction publique a pensé que des mesures devaient être prises à ce sujet, et en conséquence il a saisi le Conseil académique et lui a demandé l'annulation de la soutenance et le refus de diplôme pour l'élève qui avait présenté la thèse, se réservant ensuite de faire ce qu'il croirait convenable vis-à-vis du professeur qui l'avait signée. Il y avait là une délicate question de juridiction, sur laquelle le Conseil académique a prononcé en ces termes, le 5 mars courant :

« Le Conseil académique, tout en réprouvant énergiquement les doctrines exposées dans la thèse du candidat, tout en regrettant profondément que la soutenance de cette thèse ait été autorisée; considérant que, en attribuant au Conseil académique le droit de prononcer sur les affaires contentieuses en matière de collation de grades, sauf recours au Conseil impérial, l'art. 14 de la loi du 15 mars 1850 ne donne pas qualité à ce conseil pour apprécier les doctrines d'une thèse inaugurale et qu'il n'a point le droit, sous ce rapport, d'annuler une épreuve; que le droit d'annulation de l'épreuve, de refus du diplôme, appartient au Ministre, aux termes de l'article 58 du décret organique du 17 mai 1808; que dès lors le Conseil n'est pas compétent pour prononcer sur la demande d'annulation de la thèse dont il s'agit, se déclare en l'état incompétent. »

Un sénateur. Il a eu raison.

M. le rapporteur. Le Ministre alors, dont la compétence était ainsi reconnue, a pris, à la date du 23 mars, une double décision : par application du décret du 17 mars 1808, en ce qui touche le récipiendaire, il a annulé sa thèse et ordonné que l'épreuve devrait être recommencée. En ce qui concerne le professeur, il a prononcé, en vertu de l'art. 3 du décret-loi du 19 mars 1852, la

peine de la réprimande devant le Conseil académique, avec
mention de cette peine disciplinaire sur les registres de
l'Académie et sur ceux de la Faculté. (*Mouvement.*)

Messieurs les sénateurs, que pourrions-nous, par un
renvoi, demander de plus au Gouvernement que ce qu'il a
fait? quelle sévérité plus grande? quelles mesures plus
efficaces?

Avant de terminer ce rapport, je ne puis m'empêcher
de soumettre au Sénat une observation qui me frappe.

En lisant cette pétition, l'esprit se sent troublé, la conscience émue; on se demande ce que deviendra dans un
jour prochain cette jeunesse turbulente à la fois et incrédule. Mais, avec la réflexion, l'esprit se rassure et la confiance renaît.

Sans doute, des troubles éclatent quelquefois au sein de
ces écoles qui devraient toujours rester paisibles; il faut les
regretter et les blâmer. Mais il ne faut pas oublier que,
sous cette surface agitée, vivent en réalité le travail et la
science; le temps passe, l'âge arrive, et des idées plus
mûres et plus saines naissent avec de nouveaux devoirs.

Sans doute, des paroles imprudentes peuvent quelquefois échapper à l'entraînement d'un professeur; il faut
encore plus les regretter et les blâmer. Mais il ne faut pas
oublier cependant que ces grandes institutions sont une
des gloires de la France, qu'elles comptent dans leur sein
et présentent à l'Europe avec fierté les noms les plus
respectés, et qu'enfin, si Cabanis, Bichat, Broussais, ont
été quelquefois téméraires dans leurs croyances, imprudents dans leur enseignement, malgré ces écarts passagers
de leur esprit, ils ont jeté sur la science une immortelle
lumière et laissé dans le monde un nom impérissable.

Le génie, qui a sa grandeur, a aussi ses faiblesses :
quand il a franchi toutes les difficultés de la science, qu'il
en a sondé tous les secrets, s'il rencontre enfin des mys-

tères inaccessibles à ses recherches, impénétrables à son intelligence, il s'en irrite et son orgueil les nie. C'est la pente trop naturelle d'un esprit supérieur, mais égaré; il faut le plaindre, mais non le flétrir. Il ne faut pas surtout que ses écarts nous poussent à porter la main sur ces grandes institutions, sur ces illustres écoles qui sont notre gloire. (*Très-bien! très-bien!*)

C'est pour cela, Messieurs, que la majorité de votre commission vous propose de prononcer l'ordre du jour sur les pétitions n°ˢ 731 et 840.

(*Un mouvement prolongé d'approbation suit la lecture de ce rapport. M. Chaix d'Est-Ange reçoit les félicitations d'un grand nombre de ses collègues.*)

M. LE BARON DUPIN. Nous demandons l'impression du remarquable rapport que le Sénat vient d'entendre. (*Appuyé, appuyé.*)

M. LE PRÉSIDENT. L'importance du rapport comporte en effet l'impression demandée. Elle aura donc lieu, et sera suivie de la distribution.

A quel jour le Sénat veut-il fixer la délibération?

PLUSIEURS SÉNATEURS. Après Pâques...

UN MEMBRE. Pourquoi pas un jour de la semaine prochaine?

M. LE PRÉSIDENT BONJEAN. Il faudrait donner aux professeurs le temps de fournir leurs explications.

M. LE PRÉSIDENT. S'il n'y a pas d'opposition, la discussion aura lieu après les fêtes de Pâques.

S. ÉM. LE CARDINAL DONNET. Nous nous attendions à ce que le rapport de l'honorable M. Chaix d'Est-Ange serait imprimé sans retard, et que la discussion sur un point aussi grave aurait lieu très-prochainement, comme l'avaient demandé MM. le comte Ségur d'Aguesseau et le baron Charles Dupin. En renvoyant cette décision après les fêtes de Pâques, on nous enlève les moyens de nous associer aux réclamations des pères de familles, car mes vénérables collègues les cardinaux seront, comme moi, appliqués à des fonctions pastorales déjà annoncées et préparées.

Cependant il me semble que nous avons quelque droit à nous faire attendre dans une pareille circonstance. On ne nous pardonnerait pas, et on aurait raison, d'avoir reculé devant l'accomplissement du plus impérieux devoir : il s'agit de sauvegarder la foi de nos diocésains en présence d'un enseignement supérieur qui la met en danger. Nous le ferons certes avec cette modération, cette franchise qui promettent le succès ; car les formes suppléent à beaucoup de choses, sans qu'on puisse les suppléer.

Puisque le Sénat émet le vœu que la discussion soit renvoyée après Pâques, je me résigne, mais non sans une vive peine, et je prie M. le Président de vouloir bien nous faire avertir assez à temps pour que nous puissions revenir prendre part à la délibération qui aura lieu sur ces pétitions.

M. LE PRÉSIDENT. Cela ne peut faire aucun doute ; le Sénat tient beaucoup à vous entendre, Monseigneur, ainsi que les cardinaux, vos collègues ; et c'est principalement à cause de ce désir qu'il a été décidé que la discussion aurait lieu après Pâques ; chacun aura ainsi le temps de se réunir.

M. LE BARON DE HEECKEREN. Il n'est pas dit que la discussion s'ouvrira immédiatement après Pâques ; on a ajourné la discussion exprès pour que les cardinaux pussent y assister. Après Pâques, on consultera leurs convenances pour fixer le jour de la discussion. (*Assentiment.*)

M. LE PRÉSIDENT. Il est bien entendu que le Sénat s'ajourne après Pâques, et que, d'ici là, il n'y aura pas de séance générale.

DÉLIBÉRATION

SUR

LA PÉTITION RELATIVE A L'ENSEIGNEMENT SUPÉRIEUR

—

Séance du mardi 19 mai.

———

M. LE PRÉSIDENT. L'ordre du jour appelle la délibération sur les conclusions d'un rapport présenté par M. Chaix d'Est-Ange, dans la séance du 27 mars dernier, sur des pétitions signalant au Sénat les tendances matérialistes de l'enseignement dans certaines Facultés, et demandant la liberté de l'enseignement supérieur.

La commission a conclu à l'ordre du jour.

M. le baron Dupin a la parole.

M. LE BARON DUPIN. Messieurs les sénateurs, j'ai besoin d'invoquer l'extrême indulgence du Sénat; la faiblesse de mes moyens physiques et la grandeur de la tâche peuvent bien n'être pas au-dessus de mon zèle, mais sont au-dessus de mes forces, et si je ne trouvais pas chez vous un peu de bienveillance, je ne sais pas comment je pourrais arriver jusqu'à la fin de ma tâche.

Messieurs, vous avez à discuter une des questions les plus graves qui vous aient occupés depuis la naissance du second Empire, une question qui tient en attente la France entière. De tous côtés au dehors, les différentes opinions se sont empressées de prendre les devants, les unes pour combattre, les autres pour servir des intérêts opposés.

Quant à nous, notre marche est simple, et doit être exempte de toute espèce de passion.

Je commencerai d'abord par rendre hommage au rapporteur de la commission. Il n'a pas craint de citer des faits très-graves et de les qualifier de telle manière qu'il n'est pas nécessaire de rien ajouter. Je commencerai par citer deux passages très-remarquables où M. le rapporteur rend compte de la scène extraordinaire qui s'est passée à l'École de médecine.

« En admettant les explications que nous venons de vous soumettre, nous ne craignons pas de dire, Messieurs les sénateurs, que cette scène est encore de nature à laisser dans vos esprits une déplorable impression.

« Que le professeur ne puisse pas se faire entendre, que l'intolérance des élèves ou de quelques-uns d'entre eux ne lui permette même pas de s'expliquer, que ces apôtres convaincus de la liberté des opinions ne veuillent pas, sous prétexte qu'ils sont matérialistes, permettre aux autres de croire en Dieu, ce n'est pas ce qu'il y a de plus grave. Mais que les choses en soient arrivées à ce point, que le professeur puisse paraître subir la protection d'un élève, qu'il lui laisse prendre la parole pour le charger, en quelque sorte, et quoi qu'il en dise, du soin de le défendre ; qu'il le laisse affirmer que le professeur est matérialiste aussi bien que l'élève qui, pour ses opinions, a été exclu de la Faculté, et qu'il mérite par conséquent comme lui-même la sympathie de l'école ; que tout ceci se soit passé sans une protestation immédiate, énergique, éclatante du professeur, c'est là, Messieurs, ce qui n'était pas seulement un oubli de la discipline, mais ce qui était aussi une atteinte à la dignité de la chaire. »

Il est impossible de mieux penser et de mieux parler que M. le rapporteur.

Maintenant, je tire une première conséquence : c'est que nous avons un juste éloge à faire des courageux pétitionnaires qui sont venus vous signaler des faits dont votre honorable rapporteur vous a rendu un compte tel que celui que je viens de vous dire. Encourageons les bons citoyens, dans les années subséquentes, à se présenter à nous aussitôt qu'il se produira des menées souterraines, de véritables conjurations, des choses qui favorisent des intérêts politiques détestables; aussitôt qu'éclatera quelque attentat aux mœurs, à la religion, à la reconnaissance de l'âme et de Dieu; alors vous verrez des hommes dans les plus hautes positions de la société qui croiront se faire honneur et rendre service à la France en comparaissant devant vous et en vous signalant les dangers nouveaux que je voudrais voir conjurés, mais qui peuvent reparaitre.

Messieurs les sénateurs, il est un second fait parfaitement signalé et très-bien caractérisé par M. le rapporteur. Un des élèves de l'École de médecine se propose de produire une thèse incroyable, où toutes les conditions morales et religieuses de la société se trouvaient attaquées. Il se trouve un professeur qui signe la thèse, afin qu'elle ait la garantie de son nom; il se trouve des examinateurs qui, après le vu de la thèse et l'examen, déclarent que l'individu qui vient de se conduire ainsi mérite d'être reçu docteur et qu'il doit recevoir son diplôme.

Des scandales aussi grands ne pouvaient rester sans remède officiel. Après avoir pris l'avis du conseil académique, et s'appuyant sur le décret organique de l'Université, le Ministre compétent a décidé que la thèse condamnable était annulée, que le professeur qui l'avait signée ne serait pour cette fois que réprimandé, enfin que le doctorat conféré serait déclaré non avenu. Le rapport que nous discutons est du 27 mars dernier, et c'est seulement trois jours plus tôt que M. le Ministre de l'instruction publique avait fait paraître son arrêté, justement loué dans le rapport. Il y a plus, ces résolutions sont présentées au rang des principaux motifs pour appuyer *a posteriori* un ordre du jour décidé sept mois auparavant.

Ces résolutions, la commission les approuve, et je les approuve également. Mais si M. le rapporteur et moi nous les approuvons, ne croyez pas que *les frères et amis* vont se montrer satisfaits !

A travers une concorde parfaite et louable dans ses motifs entre le Gouvernement et vos commissaires, quand nous n'apercevons l'intervention d'aucun réclamant, ou protestant, ou juif, ou catholique, pour des motifs religieux, vous allez voir, Messieurs les sénateurs, jaillir de la presse périodique une sombre lumière qui, je le crois, frappera vos esprits aussi calmes qu'impartiaux.

Un journal très-avancé, *le Progrès de Lyon*, dès qu'il a connaissance de l'arrêté qu'on vient de mentionner, l'incrimine avec véhémence, dans un article qui porte cet avant-titre en caractères monstrueux : A QUAND LES BU-CHERS ?.

PLUSIEURS SÉNATEURS. On n'entend pas, plus haut !

M. LE BARON DUPIN... *A quand les bûchers !*

Oui, les bûchers avec lesquels on brûlait, on brûle, on brûlera, prétendent les réclamants irrités.

Remarquez bien ce que veut dire ici la prétendue barbarie que fait le Gouvernement lorsqu'il accorde un brevet de doctorat ! Il reconnaît par là l'instruction suffisante et l'existence de toutes les garanties que doit offrir un candidat ; alors l'autorité publique lui confère un monopole pour sa vie, un monopole si grand que tout autre individu qui n'aura pas reçu pareille autorisation n'aura pas le droit d'exercer la médecine. L'individu muni du monopole pourra le poursuivre par devant les tribunaux; et les privilégiés sont allés si loin qu'ils ont poursuivi même des sœurs de charité qui prodiguaient gratis leurs soins, quand par hasard un seul médicament avait été fourni pour de pauvres malades...

Eh bien, Messieurs les sénateurs, la juste suppression d'un pareil monopole, voilà le bûcher redouté.

Pour ne pas abuser de votre patience, je me borne à vous lire les deux derniers alinéas de l'article effervescent, en vous faisant observer que M. le Grand-Maître de l'Université n'a motivé son arrêté, contre lequel on élève d'excessives clameurs, que sur des considérations abstraites de la morale et des lois foulées aux pieds.

« Du train dont vont les choses, on ne sait plus où s'arrêteront les prétentions des catholiques. Depuis Mentana et le fameux *jamais* de M. Rouher, le jésuitisme, chassé de France sous la monarchie d'avant 1789, a relevé la tête et parle maintenant en maître. Aujourd'hui on ne peut plus être avocat ou médecin sans sa permission. Demain les billets de confession seront exigés. Après-demain l'hérésie sera poursuivie comme un délit, etc., etc.

« Il suffit de signaler cette situation vraiment étrange pour que tous les amis de la liberté de penser serrent leurs rangs et avisent au moyen de défendre pied à pied les conquêtes de la Révolution, qui sont celles des lumières sur l'ignorance, de la liberté sur la servitude et du droit sur la force. »

Vous le voyez, le Ministre contre lequel éclate tout à coup une pareille tempête, lui qui n'a pas prononcé le nom d'une seule croyance religieuse, qui certes n'a jamais voulu protéger l'une plutôt que l'autre, le voici tout à coup transformé en séide, en exécuteur du culte que la révolution la plus extrême considère comme étant son antagoniste par excellence. La révolution injuste, j'aime à le

penser, se plaisait à l'en croire l'antagoniste, et ne peut
pas lui pardonner de lui faire subir ce qu'elle ose appeler
une déception. (*Rumeurs.*)

Voix diverses. C'est un journaliste qui parle ainsi. Cela
n'a pas d'autre importance.

M. le baron Dupin. Vous allez voir jusqu'où peuvent se
porter l'amertume et le ressentiment.

Il faut pour cela citer un article doctrinal d'une toute
autre importance que le brandon d'essai lancé par la feuille
lyonnaise ; je l'extrais d'un journal considérable par la
haute position et le caractère énergique et le courage de
son propriétaire-directeur : c'est *la Liberté*, 6 avril 1868.
(*Exclamations et chuchotements sur plusieurs bancs.*)

Sous ce titre *la Science et la Foi*, l'article est précédé
d'une épigraphe empruntée au discours qu'un professeur
médical et matérialiste a prononcé, le 30 du mois de mars,
dans la chambre des seigneurs de Vienne, sur la liberté
illimitée des doctrines qui peuvent être enseignées à la
jeunesse.

L'article, ainsi précédé, censure avec force l'arrêté
rendu sur le doctorat gagné par une thèse athée et matérialiste, arrêté justement approuvé par votre commission.

« Ce décret, dit l'article, a le malheur d'ôter à M. Duruy
toute sa signification.

« Seul, à peu près, parmi les ministres, il personnifiait
le mouvement, le progrès et l'activité ; ses innovations de
tous les jours avaient fait de lui, dans les conseils du Gouvernement, le représentant sympathique des idées modernes et l'intelligent interprète des besoins nouveaux.

« Quand on levait respectueusement les yeux vers les
hautes sphères où s'agitent les astres et les satellites du
pouvoir, on distinguait sans peine, à travers les inconsis-
tances nébuleuses du firmament impérial, l'étoile du Mi-

nistre de l'instruction publique. La série de ses actes constitue un programme, et son portefeuille était un symbole.
On était duruyste ou antiduruyste, comme on est matérialiste ou spiritualiste. (Remarquez bien que cette injure est
adressée comme un compliment.)

« Que M. Duruy choisisse entre la science et la foi. En
un mot, le nom de M. Duruy n'a-t-il plus de signification?
ou, ce qui est pire, en a-t-il une contraire à l'ancienne?
Est-il pour la foi? Est-il pour la science? »

Telle est la sommation des censeurs extra-gouverne-
mentaux, qui réprouvent aujourd'hui celui qu'ils accla-
maient hier. Nous n'imitons ni de près ni de loin pareille
versatilité.

C'est au moment où finissent les labeurs de nos excellents commissaires que les nôtres, à nous simples sénateurs, ont dû nous imposer une investigation vraiment
sérieuse, telle que le Sénat et la France peuvent l'attendre
de nous. Qu'il me soit avant tout permis d'indiquer le
cercle particulier dans lequel j'ai voulu resserrer mes investigations et mes efforts.

En présence des princes de l'Église qui siégent de droit
au milieu de vous et qui tous sont accourus pour prendre
part à ce débat, le simple respect et les plus hautes convenances nous font un devoir de leur laisser la défense et le
triomphe, au point de vue religieux.

Sur des questions qui touchent aux intérêts les plus élevés de l'enseignement, vous ne pouvez être surpris d'entendre un de vos quatre collègues, empruntés par l'Empereur à l'Académie des sciences, et qu'il a pour ainsi chargés
de la représenter ici. Sans doute, ce ne devrait être ni le
plus âgé ni le moins éminent qui prît l'initiative; si donc
l'un de mes confrères avait manifesté le moindre désir de
prendre ce rôle, j'aurais conçu l'espoir d'un meilleur succès et j'aurais cédé ma place à l'instant.

On peut dire que les véritables et meilleures informations qu'il fût possible d'obtenir sur le sujet qui vous occupe se sont rattachées à notre Académie. A cet égard, le
hasard même a travaillé pour moi. A mes côtés, dans
l'Institut, siége un professeur d'histologie qui se plaint
qu'on l'ait accusé d'avoir fait entendre des affirmations
matérialistes, exprimées en pleine École de médecine ; il
a bien voulu m'honorer de sa confiance ; il a mis sous mes
yeux l'analyse anciennement écrite de sa leçon, qui roulait
sur la structure du cerveau. Cette leçon, je l'ai lue, et ma
probité se fait un devoir de l'attester, elle ne m'a rien
présenté qui sortît des bornes d'une étude strictement
analytique.

À peine s'achevait cette première communication, qu'une
seconde commençait, plus importante à tous égards.

Un autre académicien, élève et digne continuateur des
Lavoisier, des Berthollet et des Gay-Lussac, M. le doyen
de la Faculté de médecine de Paris, supposant aussi que
je ne resterais pas silencieux dans la discussion qui tient
la France attentive, a bien voulu me demander de porter
témoignage en faveur du bon esprit et de la sagesse qui
caractérisent le corps des professeurs, dont il se porte
pour garant ; il atteste la volonté prédominante de renfermer plus que jamais la science dans la science ; il certifie
la réprobation que les professeurs les plus éminents té-
moignent contre tout écart qui pourrait égarer la jeunesse,
et contre des lâchetés qui, pour se faire applaudir, flatte-
raient les tristes propensions d'un auditoire égaré. Je suis
heureux de reproduire avec fidélité ces affirmations que
d'ailleurs l'éminent doyen avait déjà formulées au sein
du Conseil académique de Paris.

Qu'un semblable fonctionnaire excelle à peindre ses
meilleurs confrères d'après les sentiments élevés et purs
dont il est comme eux animé ; qu'il témoigne ainsi, pour la

circonspection salutaire, et je dirais presque l'appréhension que vos débats finiraient par causer même aux imprudents, même aux téméraires; qu'il en soit ainsi, je n'ai nulle peine à le concevoir, et cela me fait bien augurer de l'avenir. Mais, pour achever le triomphe de la vérité, il faut que vous remplissiez avec courage et persévérance la grande mission que la Constitution vous a confiée.

Les justifications que je viens de vous rapporter, acceptées sans la moindre réserve, je viens au fait qui nous a tous consternés et révoltés. Dans les affaires de la vie, ainsi que dans les opérations de la nature, je n'admets pas d'effets sans cause. Il me paraît impossible de concevoir un vaste et plein amphithéâtre où toute une jeunesse p sionnée se soulève pour glorifier dans les études médicales le matérialisme et l'athéisme, et pour en faire un programme impératif. Il est impossible, je le répète, de contempler un si déplorable spectacle, sans admettre qu'aucune action préexistante, soit intérieure, soit extérieure, ait agi profondément et longuement pour égarer de la sorte toute une génération, quand nous la croyions affranchie de telles erreurs.

Il y a très-peu d'années, nous avons vu sur divers points de la France des novateurs essayer de prouver, par certaines expériences, que des insectes très-petits se peuvent produire d'eux-mêmes et au milieu d'une eau parfaitement pure. Ce premier pas une fois franchi, l'on espérait arriver à de plus grandes découvertes, ou plutôt à de plus grandes hypothèses sur d'autres créations dites spontanées; mais nos physiciens les plus éminents, avec des appareils qui ne laissaient à l'erreur aucune prise, et des yeux encore meilleurs que leurs appareils, ont démontré l'impossibilité de cette vie tirée du néant à la volonté de l'homme.

A plus forte raison, la science a-t-elle démontré l'impossibilité de la transmutation, tant invoquée par ceux qui
désirent ne voir parmi nos pareils que des espèces ani-
males, pour nous faire descendre de nos prétendus ancêtres, quadrumanes ou quadrupèdes ; tandis que ceux-ci,
plus miraculeux encore, se seraient engendrés eux-mêmes.
(*Mouvement.*)

Eh bien ! je le déclare à haute voix, si nous devons repousser comme une erreur insensée, démentie par l'étude
des faits, cet engendrement spontané des plus grands
comme des moindres corps organisés, avec la même logique nous devons repousser la pensée d'un engendrement
spontané de matérialisme et d'athéisme chez toute une
promotion d'élèves au sein d'une intelligente et grande
école de médecine. On peut disputer sur les causes, mais
nier la causalité même, ce serait nier l'évidence.

S'il en est ainsi, quelle est la tâche obligée de tous ceux
qui chérissent l'honneur français et l'avenir du pays? Le
devoir du Gouvernement est-il d'attendre, et le vôtre est-il
de vous endormir dans le sommeil si doux et si recommandé de l'ordre du jour? Non, mille fois non, et vous
allez vous en convaincre.

Précisément au milieu du temps écoulé, depuis la lecture du rapport qui tient en émoi tout l'enseignement supérieur, jusqu'au jour fixé pour le commencement de nos
débats, le Ministre qui préside à cet enseignement aspire
à se procurer sur nous la primauté de la parole ; il saisit
au terme de leurs travaux les envoyés lettrés ou savants
de la province, appelés en congrès annuels à Paris. Quelque flatteuse que puisse être cette réunion d'auditeurs
respectueux et bénévoles, ce n'est pas pour eux que la
harangue est destinée, c'est pour vous, Messieurs les sénateurs, c'est vous avant tout qu'il veut tranquilliser. Nous
le remercions de ses efforts, sans toutefois accepter la gran-

deur illimitée de son optimisme, et son dédain des dangers de l'avenir.

Lorsque je poursuivais mes investigations dans la capitale où se concentraient tant d'excitations désolantes, et de résultats dont le succès, depuis quelques années, ne pouvait plus être nié, il m'est venu d'une contrée méridionale des renseignements de tout autre nature et vraiment propres à nous consoler.

La célèbre Faculté de médecine de Montpellier, dont l'origine remonte aux savants arabes qui florissaient il y a 800 ans sous les Califes des Espagnes; cette Faculté qui, par l'excellence de ses professeurs et le progrès continu de son enseignement, n'a jamais cessé d'éclairer la France et l'Europe, s'est à juste titre alarmée en voyant le progrès des doctrines matérialistes si tristement révélé par les élèves de Paris, parce qu'elle redoutait un fâcheux reflet qui pourrait s'étendre même aux Facultés des départements. Elle a voulu, quand le débat actuel s'ouvrirait au Sénat, qu'un témoignage au sujet de ces doctrines et de leurs succès fut présenté devant nous. Elle n'a jamais cessé de rester fidèle aux lumières que la nature et la logique sainement interrogée font briller sur l'action combinée de l'âme et du corps dans les phénomènes de la vie. La démonstration de cette alliance est à ses yeux l'honneur de la science. Comme résultat de ses enseignements, elle est fière d'attester que ses élèves partagent, à cet égard, les convictions de ses professeurs, et fait remarquer qu'au milieu des congrès scandaleux tenus en certaines villes de Belgique, aucun étudiant sorti des écoles de Montpellier ne s'est trouvé pour s'unir aux matérialistes, non plus qu'aux athées. Un des plus éminents docteurs de cette Faculté s'est présenté chez moi pour me faire ces communications et m'annoncer que ses collègues et lui désiraient que je fusse devant vous leur témoin et leur interprète.

Jamais, dans le cours de ma vie, je n'ai reçu de plus grand honneur et qui m'ait autant comblé de joie.

Lorsque l'éminent mandataire de Montpellier vint me voir, il était affligé que l'on négligeât la Faculté de cette ville. En vain les conseillers municipaux, non moins éclairés que généreux, avaient voté la moitié des fonds nécessaires aux constructions des laboratoires anatomiques ; il s'affligeait que le ministère n'accomplît pas sa promesse de parfaire l'autre moitié. Quelques jours plus tard, à peine était-il de retour en Languedoc, il apprenait que l'autorité compétente venait d'accorder non-seulement les 50,000 francs si longtemps attendus, mais 70,000 francs ; c'est encore, je le crois, un bienfait anticipé sur la discussion qui s'ouvre aujourd'hui. J'en suis charmé pour le grand honneur du Sénat, qui, sans s'en douter, obtient un semblable succès.

S. Exc. M. DURUY, *Ministre de l'instruction publique.* Monsieur le baron Dupin, voulez-vous me permettre un mot d'explication seulement?

L'affaire était à l'instruction depuis de longs mois. J'étais allé moi-même à Montpellier, et des négociations étaient engagées avec la ville. Il y a six semaines ou deux mois, à la suite d'une conférence avec M. le préfet, le doyen de la Faculté et le maire de la ville de Montpellier, tout a été convenu, et les fonds nécessaires ont été accordés.

J'ai le regret d'avoir à ajouter que la discussion qui devait avoir lieu au Sénat n'est pour rien dans cette décision.

VOIX NOMBREUSES. C'est évident.

M. LE COMTE DE SÉGUR D'AGUESSEAU. Heureuse coïncidence!

M. LE BARON DUPIN. Je n'ai pas pu dire autre chose que ce qui m'avait été dit. (*Rumeurs diverses.*)

Je serai toujours charmé lorsque des explications satisfaisantes des deux côtés pourront être présentées. Tout ce
que je peux dire, c'est qu'au moment où le docteur était
venu me trouver, il ignorait encore cette excellente
mesure.

M. QUENTIN BAUCHART. Ce n'est pas là la pétition; il
faudrait y revenir.

M. LE COMTE BOULAY DE LA MEURTHE. Cela est étranger
à la question.

M. LE BARON DUPIN. Monsieur le comte Boulay de la
Meurthe, veuillez demander la parole contre moi, si vous
le désirez. C'est, dites-vous, étranger à la question! J'affirme que non. Il s'agit des Facultés de médecine. Cela
intéresse une Faculté de cet ordre. D'ailleurs, vous devez
être satisfaits, puisque l'explication est satisfaisante. (*Plus
haut! On n'entend pas!*)

Existerait-il une intolérance réelle contre ceux qui
défendent ce que je défends? (*Rumeurs.*)

M. FERDINAND BARROT. On n'a jamais écouté personne
avec plus de silence.

M. LE PRÉSIDENT. Prenez garde, Monsieur le baron
Dupin, de procéder par insinuation.

M. LE PRÉSIDENT DE ROYER. On vous demande de parler
plus haut; évidemment, c'est qu'on veut vous entendre.

M. LE PRÉSIDENT. Je prie Messieurs les sénateurs de ne
pas interrompre.

M. LE BARON DUPIN. Au moment où j'achevais de prendre
en considération la sagesse et les succès de l'École de Montpellier, je recevais des bords de la Loire une lettre qui
mérite, Messieurs les sénateurs, votre plus sérieuse attention.

« Un de mes paroissiens et de mes amis, dit le vénérable
pasteur de Montrevaut, a, pendant vingt-cinq ans, exercé
la médecine avec honneur; il laisse deux fils qui veulent

continuer la carrière de dévouement suivie par leur père.
A son lit de mort, il m'a chargé de veiller sur la conduite
de ses enfants, et leur a fait promettre d'aller là où je les
enverrais. » Ce tuteur moral suppose que pour leur instruction il faut absolument les envoyer à Paris. Ma
conscience, dit-il, y répugne, depuis que je sais ce qui se
passe dans ces écoles de pestilence. Que faire? Puis il
ajoute : « Ah! si l'on pouvait du moins s'adresser au Corps
législatif! On forcerait peut-être le Gouvernement à prononcer de nouveau son grand *jamais !* »

En attendant des solutions moins miraculeuses et plus
simples, je répondrai tout uniment à ce curé : Si c'est avec
raison que vous avez peur de les envoyer à Paris, envoyez-les à Montpellier... (*Hilarité !*)

M. QUENTIN BAUCHART. Le remède est tout trouvé.

M. LE BARON DUPIN. Et si Montpellier ne suffisait pas, je
crois que je pourrais me permettre de dire : Envoyez-les
même à Strasbourg, quoique Strasbourg soit sur le confin
de l'Allemagne, d'où tant de poésies philosophiques sont
venues se répandre sur la France. Il y a aussi dans la capitale de l'Alsace un sentiment chrétien vivace, puissant,
et par conséquent on peut se rassurer de ce côté.

Passons maintenant à des attaques modernes, véritables
causes des événements que nous déplorons.

Au dix-huitième siècle, la négation de l'âme et de Dieu,
renfermée comme un complot dans le cercle resserré de
quelques hommes passionnés qui croyaient être philosophes, c'est-à-dire amis de la sagesse et du savoir, vit
bientôt la société, sapée dans ses fondements, subir les ra-
vages de la révolution, ouvrir ses abîmes ensanglantés et
souillés par les conséquences imprévues, mais fatales, de
leur doctrine du néant. Grâce au bienfait de Napoléon Ier,
qui rendit la France au libre culte de ses pères, le matérialisme et l'athéisme furent bientôt réduits à l'impuis-

sance. Vainement un vulgaire astronome, qui ne laissa
après lui qu'une médiocre notoriété, méconnaissant les
leçons que le spectacle du ciel aurait dû lui fournir, et n'y
voulant voir que la négation de Dieu, se crut permis de
préparer un complément au dictionnaire, plus ou moins
inexact, des athées : il voulait y comprendre, le croira-
t-on ? le rénovateur du culte chrétien sur le sol français.
Un seul regard du grand homme fit tomber la plume des
mains du calomniateur, et l'erreur déconcertée ne put pas
se couronner avec cette auréole de mensonge.

Un citoyen, ci-devant comte de Saint-Simon, qui, après
avoir spéculé de 1793 à 1797 sur l'achat et le revenu des
biens appelés nationaux, a trouvé la ruine où tant d'autres
avaient trouvé la richesse, le Saint-Simon des saints-
simoniens reprit l'œuvre des adeptes de toute négation;
mais, après quelques années de vains efforts, la plus scan-
daleuse école qu'il eût fondée expira sous le poids de la
déconsidération et du ridicule.

Fourier et Proudhon ne rougirent pas de préconiser, le
premier les immoralités, le second les sophismes les plus
révoltants; leurs doctrines sont allées se perdre dans les
bas-fonds de la société, et ne survivent aujourd'hui qu'à
titre de souvenirs chez quelques révolutionnaires surannés.
Tels étaient ceux qu'on peut appeler les purs et vains dé-
clamateurs.

Maintenant il faut parler d'une dernière secte qui voudrait être savante, et qui, dans la réalité ne présente pas
autre chose que l'avortement du vrai génie scientifique.

Un des moins éminents parmi les simples répétiteurs de
l'École polytechnique, M. Auguste Comte n'a pas fait
avancer du moindre pas aucune des sciences fondamentales
professées dans cette grande institution. Comme il ne
comptait pour rien dans leur avancement, il a pensé du

moins pouvoir en commencer la rétrogradation systéma-
tique.

Afin d'arriver à son but, il a repris les errements subversifs de quelques-uns des premiers encyclopédistes. Il a
divisé, suivant ses vues, les connaissances humaines en six
classes différentes. Les quatre premières comprenant les
sciences mathématiques et physiques, enseignées en grande
partie par des professeurs du premier mérite, dans l'école
où j'ai dit qu'il était répétiteur ; une cinquième classe, la
biologie, c'est-à-dire la science qui comprend les phénomènes de la vie, appartient surtout à l'enseignement des
écoles de médecine ; enfin la sixième classe, désignée par
lui sous le nom barbare de sociologie, devrait renfermer la
théorie ou plutôt le mécanisme de tous les gouvernements
et de toutes les sociétés, si l'on pouvait les séparer des
principes sacrés qui sont à la fois leur fondement et leur
puissance. (*Rumeurs.*)

PLUSIEURS VOIX. A la question! à la question!

M. LE BARON DUPIN. Je suis prêt à descendre de la tribune si on me prouve que je ne suis pas dans la question.

PLUSIEURS SÉNATEURS. Parlez! parlez!

M. LE PRÉSIDENT. Vous n'êtes pas en effet dans la question, vous faites là un exposé de doctrines que nous ne
sommes pas appelés à juger et sur lesquelles le Sénat n'a
point à se prononcer.

S. ÉM. LE CARDINAL DONNET. Je vous affirme que de ce
côté du Sénat tout le monde est parfaitement décidé à vous
écouter ; mais vous parlez trop bas, on a beaucoup de peine
à vous entendre.

M. LE BARON DUPIN. Je croyais, au contraire, que l'on
m'interrompait parce que je parlais trop haut, parce que
ma voix pénétrait trop. L'on m'accuse de ne pas être dans
la question ; mais, Messieurs, savez-vous bien que ce sont
des doctrines pareilles adoptées par la majorité des étu-

diants en médecine qui ont soulevé les scènes déplorables qui se sont produites à la Faculté de médecine de Paris?

Et maintenant, si quelqu'un pense que le positivisme soit étranger à la question, qu'il le dise. (*Bruit.*)

Ce n'est pas la première fois que quand j'ai touché juste on crie à la question. Cela signifie : Vous êtes trop bien dans la question. (*Réclamations.*)

En limitant chaque ordre de connaissances à l'exposé pur et simple des faits observés, avec les conséquences d'ordre mathématique ou matériel, le classificateur en a réduit l'ensemble à ce qu'il a nommé leurs éléments positifs; et désignant sous l'expression singulière de positivisme e système de nos études, circonscrit de la sorte, chose non moins essentielle à l'esprit de secte, il a donné le nom de positivistes aux adeptes futurs de son système.

Dans ses publications il s'est arrangé de manière à n'avoir pas l'occasion de prononcer une seule fois le nom de Dieu, ni de l'âme, même à titre d'hypothèses; il n'en a montré ni le désir, ni le besoin.

Les génies les plus étendus et les plus puissants, les fidèles descripteurs des merveilles de l'univers, les principaux inventeurs dans les sciences et les arts, n'avaient pas su s'empêcher, lorsqu'ils mettaient la dernière main à leurs travaux, de rendre un solennel hommage au Créateur de l'univers. Justes appréciateurs du rôle incomparable accompli par le genre humain, au milieu duquel prédominait leur propre supériorité, ils reconnaissent en eux, plus vivement que le commun des mortels, la nécessité comme la puissance d'une âme immortelle, comme les vérités qu'ils découvraient et leurs éloquentes déclarations en sont le témoignage impérissable.

On a donc osé considérer comme une erreur, et pour ainsi dire un acte de faiblesse puérile, cet assentiment unanime et réfléchi des grands esprits de tous les siècles.

C'est ce qu'on a cru pouvoir faire en procédant tour à tour par le dédain, la prétérition et l'insolent oubli, moyens faciles et commodes lorsqu'on s'adresse au vulgaire.

Un caractère singulier du *positivisme*, c'est son attrait aux yeux de l'ignorance et le charme qu'il a pour la médiocrité.

Ce mot tranchant et sonore, proféré comme un cri de guerre, est promptement adopté par les ennemis de toute conception spiritualiste et de tout sentiment religieux.

On s'évertue à le faire descendre au milieu des ouvriers, et, s'il se peut, chez les gens du plus pauvre peuple. On le propage également chez les hommes d'un âge mûr et chez les adolescents, qu'on habitue, lorsqu'ils reçoivent des leçons de toute nature, avec la pensée de ne rien admettre qui s'élève au-dessus du plus étroit et du plus faux matérialisme.

Voulez-vous savoir le ravage qu'ont déjà fait de si funestes doctrines? revoyez le procès étrange des ouvriers français inculpés au sujet des associations internationales.

Voyez la proposition faite au Congrès international de Genève en 1866 contre toute espèce de religion.

Voyez deux déclarations contemporaines,

La première, par l'élève repoussé du doctorat pour sa thèse ennemie de la morale : « Je suis matérialiste, parce que je suis révolutionnaire. » Et l'ouvrier mis en jugement par suite d'une émeute au Château-d'Eau? Le président du tribunal lui demande quelle est sa profession, et cet ouvrier répond avec audace : « Je suis révolutionnaire; je suis matérialiste, et je m'en fais honneur. »

Vous venez de voir comment les négations, je devrais dire surtout, comment les prétéritions du positivisme se sont répandues en France, et comment, sans être comprises, sans être jugées dans leur valeur et leurs conséquences, elles ont atteint, pour les empoisonner, jusqu'aux esprits les moins cultivés de la classe ouvrière.

En descendant ainsi, la propagande s'est étendue par des voies qui semblent appartenir aux sourdes menées des sociétés secrètes, plutôt qu'au produit naturel d'un enseignement méthodique et réfléchi. Trouvant néanmoins ces progrès trop lents et trop bornés sur notre sol, elle n'a pas voulu rester renfermée dans les limites de la France ; elle a marqué le second acte d'une singulière et regrettable action mutuelle chez deux grands peuples voisins.

Vous vous rappelez, il y a près d'un demi-siècle, l'éclat répandu sur la philosophie spiritualiste par l'éloquent traducteur de Platon. Ardent, jeune et moins persistant que ses deux maîtres, l'oracle de l'école académique et l'immuable, je dirais presque le stoïque Royer-Collard, leur brillant élève alla chercher d'autres lumières vers le nord de l'Allemagne. Au lieu de payer dans Berlin, au prix de sa liberté, l'inviolabilité de sa philosophie, comme l'avait fait à Syracuse le grand disciple de Socrate, il crut devoir changer la sienne pour celle qui surgissait alors dans la patrie des plus hardis penseurs. Empressons-nous d'ajouter que, longtemps après, le bénéfice des années joint au rude enseignement des révolutions conduisit l'illustre Français à sa troisième théorie, la meilleure, je le crois, et comme chacune des deux précédentes, abritée sous les merveilleuses facilités de l'éclectisme.

Par un déplacement contraire, voici qu'un savant d'outre-Rhin, issu comme Spinosa de la race d'Abraham, transporte de chez nous en Allemagne tout l'enseignement du positivisme parisien. Il prend à tâche d'en tirer les plus extrêmes conséquences appliquées surtout à la *sociologie*, qui pour lui ne veut plus dire l'art d'édifier ou de conserver les cités, mais l'art de les renverser. Pour accomplir une pareille mission, c'est encore à la France qu'il demande des préceptes, et Sieyès devient son second autre.

La grande époque de 1789 a renversé deux états du royaume pour ne laisser debout que le troisième, le tiers état, qui prétendait n'être rien, qui voulait être quelque chose, et qui devint tout. Lassalle veut aller plus loin, c'est trois états qu'il veut abolir au lieu de deux, pour les remplacer par un quatrième qui serait le prolétariat. Afin d'atteindre ce but, c'est la classe moyenne qu'il faut renverser. Il la représente comme vivant du labeur de ce qu'il ose appeler les esclaves modernes, attachés au travail forcé des manufactures, et courbés sous le joug de fer des machines.

Il faut voir quels raisonnements emploie ce logicien sans entrailles et sans pudeur, pour attirer a son école, disons mieux, à sa conjuration, la masse entière des travailleurs manuels, c'est-à-dire sans exception le commun peuple auquel il s'adresse en Allemagne.

Dès le principe, il a déclaré qu'il ne croit à rien de ce que respectent les hommes. Cela devrait le rendre ami des classes riches et perverties qui comme lui préconisent et propagent les doctrines du néant parmi les derniers rangs du peuple. Mais, par une inconséquence extraordinaire, il attaque avec fureur tous les heureux de la terre, comme s'il n'était pas du nombre; il se garde de faire aucune exception pour ceux qui sont restés humains, pieux et charitables. Il invective sans réserve, il incrimine tous ceux qui, riches comme lui, égoïstes comme lui, mécréants comme lui, sont devenus aussi, passez-moi le mot, les pervertisseurs du peuple, auquel ils ont fait perdre les croyances qui consolent les malheureux de n'avoir pendant leur vie, ni les grands biens, ni les grands plaisirs en partage, en leur ravissant après la mort les consolations et les récompenses d'une vie meilleure et qui ne devra jamais finir.

Il les traduit devant le terrible vehmé des prolétaires qu'il transforme en partageux ; et, se faisant populace comme eux, avec une voix satanique, il dit au tiers état repu : « O bourgeoisie libérale ! votre lutte aveugle contre le christianisme est d'une inconséquence qui crie contre vous. Puisque vous nous prenez le ciel, en retour livrez-nous la terre. Nous la voulons ! Nous n'accepterons avec vous ni transactions ni demi-mesures. Il nous faut à la fois toutes les conséquences et toute la vérité. »

Il continue ses invectives en des termes qu'il importe de rappeler.

« O vous ! pharisiens, dits libéraux de la société moderne, vous avez fait perdre au peuple la consolation d'une pieuse croyance, et vous prétendez le maintenir couché sous le joug de vos machines de fer ! Est-ce donc là votre logique de Crésus ? Ah ! la logique de l'histoire est plus forte que vous ; vous en avez fini avec le ciel ; cela seul rend au peuple le droit de commencer son œuvre et de prendre pour lui la terre. »

Les doctrines incendiaires de Ferdinand Lasalle, après avoir attiré dans les basses classes de l'Allemagne des sectateurs, dont on ose porter le nombre à plusieurs centaines de mille, viennent d'être adoptées par l'assentiment d'une diète d'ouvriers qui, dans le moment même où je parle, tient ses séances subversives au centre de l'Autriche, à Vienne, dans cette ville qui mérite tous les malheurs par le défaut de patriotisme, lorsqu'elle engageait son empereur à ne pas la mettre en état de défense pour résister à l'ennemi, maître des deux tiers de l'empire et menaçant d'envahir le reste.

Je viens de montrer quelles conséquences le génie du mal a su tirer des séductions du positivisme pour soulever contre la société toute la classe ouvrière de certains États d'outre-Rhin.

Ah ! sans doute l'intervalle est immense entre les progrès déjà faits en France sur cette pente funeste et ceux
que l'anarchie, les mauvais exemples, partis des rangs in-
termédiaires, ont su produire chez des esprits bornés ouverts à toutes les illusions, à toutes les erreurs en Allemagne. Sans doute aussi dans notre patrie, il ne sera pas
facile d'arriver à des résultats aussi périlleux.

Cependant, gardons-nous d'une folle confiance. N'oublions pas que dans Paris des milliers de travailleurs venus de la Germanie sont répandus au milieu d'un grand
nombre d'ateliers ; ils peuvent devenir, chez nos propres
ouvriers, les propagateurs les plus dangereux d'une détes-
table anarchie, et nous restituer avec usure le venin parti
de la capitale et si déplorablement augmenté sur les bords
du Rhin.

En présence d'un tel péril, je me suis demandé si nous
ne pouvons pas, si nous ne devons pas démontrer la déception du positivisme et la démontrer même à la classe ouvrière.

Dans un pays limitrophe, Lasalle accusait sans exception toute une classe opulente de ravir le ciel aux ouvriers,
et représentait ceux-ci comme acceptant cette privation
à titre de vérité prouvée par la science moderne. Eh bien !
examinons avec une attention scrupuleuse et sincère si la
science mieux étudiée, d'après les découvertes des plus
beaux génies, ne pourrait pas rendre le ciel aux travailleurs et dissiper cette nuit de néant qu'Auguste Comte
et ses adeptes ont étendue sur les vérités d'un ordre supérieur.

Si la démonstration n'est pas impossible, elle éclairera
non pas seulement les intelligences moins développées des
plus simples travailleurs, mais l'esprit plus développé des
élèves d'une école de médecine, et des élèves plus superbes
peut-être d'une école normale, instituée pour donner des

professeurs de science et de sagesse à tous les lycées d'un grand empire.

J'ai passé le quart de ma vie à chercher les meilleurs moyens d'éclairer la classe ouvrière. Entre toutes les connaissances les plus propres à développer ses facultés, à l'élever au-dessus d'elle-même, il en est deux qui m'ont paru devoir l'emporter sur toutes les autres; celles qui mesurent, l'une l'espace et l'autre la force.

Un mot seulement à cet égard.

J'étais frappé de voir que tous les efforts modernes avaient pour objet de perfectionner dans les arts les outils, les instruments, les moteurs et les mécanismes, ces accessoires plus ou moins importants fournis par l'industrie, la nature et la science.

Ce que je me suis proposé de perfectionner chez l'ouvrier, c'est l'homme ; c'est l'homme considéré lui-même comme un instrument, un moteur, un mécanisme, qui se voit et peut lui-même s'observer, qui se mesure, se dirige, et tout cela parce qu'il pense.

Ses membres, ses sens et tous ses organes ont été pour moi des instruments perfectibles, et j'ai montré leur perfectionnement comme l'œuvre de leur esprit et de leur âme.

J'ai donc eu pour but d'enseigner comment dans les arts qui travaillent avec la main, c'est l'œil qui devance cette main, et l'esprit qui devance l'œil, de telle sorte que, par exemple, dans les arts du dessin, l'œil conduit les doigts, l'esprit conduit l'œil et crée dans l'intelligence la figure des objets que notre crayon, notre pinceau ou notre ciseau réalisent sur le papier ou sur la toile, sur le marbre ou sur l'airain.

Dans les beaux-arts, les conceptions les plus sublimes de l'imagination passent par les yeux et par la main pour produire les chefs-d'œuvre qui deviennent l'admiration de tous les hommes, et qui, partis d'une âme toute-puissante, commandent à toutes les autres âmes.

Nous admirons ces mécanismes, les uns si puissants et les autres si délicats qu'ils arrivent à certains résultats admirables, en opérant tout par eux-mêmes ; mais à condition, écoutez bien, que l'homme aura fourni, par exemple, pour la machine à vapeur, le combustible, principe de toute action, pour l'horloge et le chronomètre, la clef qui remonte avec la main qui fait osciller une première fois le balancier. Toujours dans les machines inventées par l'homme, il faut que l'homme agisse au départ et qu'il assigne un terme à l'arrivée ; il faut qu'il surveille dans leurs mouvements les inventions les plus parfaites, avise aux écarts, aux accidents, aux obstacles. Cela devrait nous avertir que, dans la machine immense du monde, il faut qu'un maître ouvrier, ou, si vous l'aimez mieux, un ingénieur suprême, non-seulement ait imprimé le branle primitif à l'ensemble, mais qu'il n'abandonne jamais à lui-même le gigantesque instrument dont est composé l'univers. Mais, cette idée si naturelle et si simple, l'orgueilleux positivisme la considère comme l'enfance de l'art de penser ; il la repousse *à priori*.

Ce que je cherchais surtout à découvrir, c'étaient les notions générales et précises qu'il était possible de proportionner à l'intelligence de pareils auditeurs, et par quels moyens je pouvais, par degrés, élever le niveau de leur esprit, de leur savoir. Je cherchais partout des exemples à chacune des formes, à chacune des conditions d'ordre et de beauté, de proportions et de bon goût que présentaient les monuments de nos cités. Je leur faisais apprécier les règles singulières, inaperçues pour la plupart, et cependant appréciables, qu'offrent les variétés, les caprices mêmes et la succession contrastée des ameublements, des vêtements et des parures des deux sexes.

Je leur apprenais, dans leurs jours de loisir, à fixer leurs pensées, leurs comparaisons et leurs jugements sur tout ce que d'ordinaire le peuple voit, sans y réfléchir, dans nos rues, à se rendre compte des conditions de la symétrie, de la similitude et des contrastes, du caractère particulier à chaque genre de constructions privées ou publiques. C'était un plaisir nouveau auquel je les conviais, et qui me semblait rempli d'attrait.

En leur parlant de la nature animée, je leur montrais, comme application facile et simple, les grandes conceptions de Cuvier sur l'opposition des formes cylindriques propres à l'ossature des animaux herbivores et des formes coniques propres aux animaux carnivores ; non-seulement je le disais, mais j'étais compris, et je les laissais émerveillés qu'avec cette géométrie Cuvier ait pu dire, à la vue d'un seul os de cet animal antédiluvien, à quelle classe d'animaux il avait appartenu, et de quelle nourriture il était forcément obligé de vivre, il y a quatre ou cinq mille ans.

La mécanique, à son tour, avait ses considérations alliées à la géométrie, et pareillement ses applications et ses démonstrations, ses démonstrations qu'il fallait rendre également populaires. En expliquant les propriétés élémentaires de la courbe la plus rapprochée des formes du cercle, l'ellipse, je la montrais tracée dans les cieux, et j'indiquais le rôle merveilleux que jouent ses foyers dans le système du monde.

Ni mes auditeurs, non plus que moi, n'avaient le plus léger soupçon qu'on prétendit faire servir l'astronomie, comme l'a fait depuis M. Comte, à persuader aux ignorants qu'on pouvait effacer Dieu des mouvements de l'univers, sans cela je n'aurais pas craint d'aborder cette question, la plus grave qui puisse être approfondie pour éclairer le genre humain.

C'est aujourd'hui, plus que jamais, qu'il importe de fournir aux classes inférieures des démonstrations de cet ordre, afin que soit confondu l'orgueil ignorant qui s'écrie : Je n'admets plus rien que de positif, et c'est pour cela que les hommes du nouveau savoir me font l'honneur de me classer au nombre de ces esprits supérieurs qui s'appellent positivistes.

Je voudrais demander la permission de montrer au Sénat comment il me semble possible et facile de faire comprendre, en même temps qu'aux ouvriers, aux élèves matérialistes de l'école de médecine, une sublime découverte, non pas d'hier, car elle date de deux cents ans, et la conséquence est tout dans la question qui nous occupe.

Je serai très-bref, et si je parviens à mon but, nous n'aurons plus à défendre le souverain Auteur de toutes choses par de pures assertions ou des probabilités, mais par la rigueur irréfutable d'une preuve géométrique. Par là, nous mettrons l'ouvrier français en mesure d'apprécier l'ignorance et l'erreur de ces Allemands enthousiastes de Lasalle, et que son funeste génie appelle à toutes les subversions.

C'est au génie le plus renommé des temps modernes, c'est à Newton qu'il faut remonter pour découvrir l'origine de la lumière nouvelle répandue sur l'univers, et qui, loin de fermer le ciel à l'intelligence de l'homme, en découvre au contraire la loi suprême et la plus irrécusable.

Dans le cours de cent générations et plus que comptait déjà l'existence du genre humain, les esprits les plus éclairés n'avaient pas eu la moindre idée d'une action mutuelle exercée par tous les grands corps dont est composé notre système solaire. L'astrologie, caressant à la fois notre faiblesse et notre orgueil, supposait, avec une stupide infatuation, que les astres, par leurs positions diverses, exerçaient sur chaque homme en particulier, à l'instant précis de sa naissance, une influence fataliste qui déterminait pour jamais sa destinée, c'est-à-dire le fatal enchaînement de tous les actes de sa vie. Dans le cours de l'existence humaine, s'il se présentait quelque grave circonstance accompagnée d'imprévu, l'on recommençait à consulter les astres, et l'astrologie se chargeait de les faire parler suivant la probabilité des circonstances.

Cette crédulité n'était pas seulement le partage des contrées ignorantes et des âges très-reculés; sans remonter plus haut que le siècle de François Ier et de ses fils, on voit encore accolée à la Halle au blé de Paris la tourelle terminée par un petit observatoire, où Catherine, qui descendait du plus éclairé des Médicis, allait consulter les astres pour suppléer à l'indécision de ses desseins et à la fluctuation de ses volontés, qui n'étaient dirigées ni par des principes ni par des vertus.

Mais, à travers cette crédulité sans bornes, supposer que les corps célestes influassent à la fois et toujours sur des corps inanimés, c'est ce qu'aucun astrologue, ni même aucun sérieux observateur de la nature n'aurait osé supposer.

Comment, sur les débris d'une astrologie si mensongère, la véritable intelligence des forces du ciel a-t-elle pris naissance pour s'élever tout à coup au rang des notions irrécusablement démontrées par de savants calculs?

Depuis 5,000 ans que les hommes contemplaient le spectacle du ciel, et que par degrés ils déterminaient avec plus de précision la place occupée par les astres, ils avaient reconnu que les uns, en très-grand nombre, conservent entre eux des distances qui ne changent pas et qu'on retrouve les mêmes après des milliers d'années. Le firmament, mot qui rappelle à la fois la solidité et la stabilité, le firmament était immobilisé, le système de ces astres sans

5.

nombre, et l'imagination aimait à se figurer, par delà toute distance assignable, une sphère azurée dans laquelle étaient comme enchassés, comme des diamants d'un éclat incomparable, les grands corps qu'on a nommés les étoiles fixes.

Dans l'intérieur de cette immense sphère apparaissent un très-petit nombre d'astres qui toujours changent de place, et que l'ignorance des premiers observateurs a désignés sous la qualification trompeuse *d'astres errants*, ce que signifie le mot *planètes* : de ces vagabonds étranges, les routes longtemps inconnues ne rappelaient aucune direction qui fût assignable à des causes que l'homme fût en état d'apprécier.

Eh bien ! c'est précisément à l'étude, au calcul de ce vagabondage immense, à travers les routes perdues du ciel, c'est à cette étude que la science a dû de connaître les règles constantes, immuables, éternelles par lesquelles le souverain maître de l'univers donne des lois à la matière.

Pour parvenir à connaître ces lois, il fallait un nouveau genre de calculs qui soumît également au géomètre les quantités de toutes les grandeurs, et qui pût étendre ses méthodes jusqu'à régir les deux extrêmes limites, l'infiniment petit et l'infiniment grand. Chose vraiment digne d'admiration ! Tout devenait simple, facile et rapide aussitôt qu'on se transportait à ces dernières limites. Ce calcul merveilleux, Newton l'inventa ; avare de son trésor, il conserva par devers lui, pendant un quart de siècle, la clef toute-puissante qui lui permettait d'arriver à des découvertes impossibles sans un tel secours.

Essayons de représenter un système du monde sous un point de vue humblement, mais parfaitement positiviste, c'est-à-dire matérialiste. Lorsque nous étions enfants et même adolescents, nous avons tous pris plaisir à manier la fronde, au moment de nos récréations. Moins notre bras était faible, plus pesante était la pierre que nous parvenions à lancer, et plus grande était la vitesse que nous imprimions à cette pierre; mais aussi plus au moyen de la corde d'attache elle tirait puissamment notre main. C'est ce que comprenait à merveille le moins intelligent des collégiens.

A présent, imaginons des cordes immenses, ou des câbles de fer d'une force prodigieuse, qui servent à retenir, comme avec une fronde, les planètes qui tournent autour du soleil, comme aussi les satellites qui tournent autour de leurs planètes respectives, par conséquent la lune qui tourne autour de la terre.

Les cordes, les câbles retenus comme par la main au centre de l'astre dominateur, et l'impulsion primitive une fois imprimée à l'astre secondaire, le Créateur de l'univers peut détourner les yeux et laisser ce dernier circuler autour de l'astre principal, ainsi qu'il vient d'être indiqué. Le mouvement du premier autour du second ne sera plus qu'un mécanisme nécessaire, et le positiviste convaincu nous dira que le monde solaire et terrestre chemine de lui-même; il en conclura que la pensée de l'être tout-puissant est une hypothèse dont il n'éprouve pas le plus léger besoin; ce qui lui suffit pour supprimer purement et simplement cet être comme superflu.

Quittons maintenant la grossière hypothèse des frondes célestes; si nous supprimons les cordes et les câbles, il faudra bien les remplacer par une force invisible, inconnue, dont Newton n'a pas prétendu nous révéler la nature, ni l'origine, et qu'il a simplement nommée la gravité, l'attraction, sans prétendre l'expliquer.

Il y a donc une attraction qui tire le soleil vers la terre et la terre vers le soleil, qui tire la terre vers son satellite et ce satellite vers la terre; et le même genre d'action s'exerce entre toutes les planètes.

Les comètes même, ces êtres capricieux à chevelure lumineuse, qui paraissent et disparaissent avec tant d'irrégularité, les comètes, soit qu'elles s'approchent ou s'éloignent de notre soleil, sont soumises à la même loi d'attraction qu'elles semblent braver.

Que la force qui retient, qui réfrène, soit inconnue, invisible, ou qu'elle soit la tension d'un câble de chanvre ou de fer ou d'acier, peu nous importe; mais ce qui nous importe au plus haut degré, c'est de connaître la règle, la loi que suit cette force qui retient, car elle est sous l'empire immuable d'une loi que le génie du géomètre a découverte.

Cette loi, la voici dans toute sa grandeur et sa simplicité.

La force de l'attraction ne réside pas, comme un être abstrait, dans un point central de chaque astre; elle est également répartie entre toutes les parties du même poids dont le corps se compose, et le faisceau de ces attractions représente la force attractive de l'astre tout entier.

Quand deux astres agissent l'un sur l'autre, l'attraction a lieu de toutes les parties de l'un sur chacune des parties de l'autre, avec la plus parfaite égalité lorsque les distances sont égales.

Si les deux astres s'éloignent l'un de l'autre, à l'instant tout change. Quand la distance est doublée, la force d'attraction diminue dans le rapport de 2 répété deux fois à l'unité. Quand la distance est triplée, la force d'attraction diminue dans le rapport de 3 répété trois fois à l'unité. Je vous demande pardon d'employer une expression que vous pourrez trouver pédantesque, mais nécessaire, en disant que les attractions célestes diminuent dans le même rapport que s'accroît la distance multipliée par la distance;

c'est ce qu'on appelle vulgairement, en géométrie élémentaire, le carré de cette distance.

Ainsi donc, Messieurs les sénateurs, voilà tout à coup non pas seulement chaque astre, mais chacune de ces parties, voilà chacun des grains de sable, et chacune des gouttes d'eau, et chaque molécule d'air, en un mot tous les éléments du monde, les voilà suivant la même loi que les astres considérés comme formant des unités colossales.

Si cette action, répartie dans une infinité d'atomes, cessait d'agir un seul moment, aussitôt le mouvement circulaire cesserait d'agir dans l'univers. Chaque astre s'éloignerait en pleine indépendance; il suivrait tout simplement la tangente de son orbite et le système solaire se dissoudrait par le fait.

Voilà donc la force infiniment multipliée dans l'univers, la force qu'un inconnu (passez-moi cette expression philosophique), qu'un inconnu renouvelle à chaque instant dans chaque molécule.

Et maintenant, à tous les élèves qui peuvent remplir le grand amphithéâtre de l'École de médecine, je dirai : Voulez-vous acquérir sur le champ un nouvel ordre d'idées et vous guérir à jamais de vos déplorables notions positivistes? Que le premier d'entre vous me prête sa lancette ou son scalpel le plus aigu; isolons par la pensée la pointe de ces instruments, cet atome d'acier, visible à peine, savez-vous qu'il agit distinctement sur toutes les parties du monde solaire et que sur cet atome réagissent tous les éléments de ces grands corps? Non-seulement cette double action se renouvelle à chaque instant, mais en suivant des proportions qui se distribuent avec une précision mathématique, en raison inverse et redoublée des distances.

Tels sont les calculs infinis qui se font en faveur de la pointe de votre instrument dans chacun des moments, aussi rapides, aussi minimes que l'imagination puisse les concevoir, pour une infinité de distances inégales et de directions qui diffèrent entre elles.

Cette force immense de l'attraction newtonienne qui traverse dans tous les sens, à chaque instant, l'épaisseur des plus grands corps et les airs et les espaces vides, il est certain qu'elle existe et que vos yeux ne la voient nulle part. Comment donc pourriez-vous décider qu'il n'existe pas dans vos cerveaux de force invisible et qui soit le moteur suprême de la vie? Sachez ce que vos sens ont la faculté de voir, et ce qui leur échappe foncément, c'est le secret et c'est la loi de la nature.

Quel est donc cet être doué d'une si haute intelligence qui peut ainsi reproduire, à chaque intervalle de temps, infiniment petit, cette infinité de calculs compliqués, précis, rigoureux et particuliers à chaque molécule? Des milliards de milliards de calculateurs ne suffiraient pas pour supputer dans leur vie entière les forces émanées d'un seul atome de matière, et ces atomes, c'est par milliards de milliards qu'il faut les compter, dans chaque astre, sans pouvoir arriver au terme d'un dénombrement toujours incomplet.

Remarquez bien, Messieurs les sénateurs, que le savant positiviste qui réduit tout à la matière ne peut pas essayer d'y réduire le moteur universel; car la force n'est nullement la matière; elle en est le commandant, elle en est le guide intelligent et profondément calculateur.

Passons maintenant des sciences physiques et géométriques aux sciences physiologiques, qu'Auguste Comte a comprises dans sa biologie.

Si nous voulons prendre une idée des grands progrès que dans notre siècle a faits l'étude simultanée de l'anatomie du cerveau et des facultés dont il est le réceptacle, il faut parler ici des admirables travaux de Flourens, le plus sagace et le plus grand appréciateur des idées et des découvertes non-seulement de son maître Cuvier, mais de Buffon, leur maître à tous deux.

Le rare mérite de M. Flourens, c'est qu'il fut à la fois grand anatomiste de la matière, et j'ose dire des idées agissant sur la matière.

Il a cherché, par une série d'expériences, à déterminer chez l'être vivant le rapport des forces et de la matière, et l'expérience l'a conduit à cette conclusion, que personne avant lui n'avait conduite à l'état de vérité démontrée : ce n'est pas la matière qui vit; la force vit dans la matière, et elle la met en mouvement et la renouvelle sans cesse (1).

Le point capital des grandes expériences de M. Flourens est d'avoir mis à part la vie d'un côté, l'intelligence de l'autre; c'est d'avoir distingué, le scalpel à la main, comme deux empires limitrophes, toutes les propriétés vitales et toutes les propriétés intellectuelles.

Il a prouvé, fait immense, que l'intelligence réside dans un organe où ne réside pas la vie. Il a pu supprimer chez un être vivant l'organe de l'intelligence, et tant qu'il laissait intact l'organe de la vie, la vie tout entière se continuait, mais seule et privée des facultés intellectuelles.

Si mon illustre ami M. Dumas voulait répondre sur les faits que j'indique avec tant d'imperfection, vous verriez jaillir de bien plus vives clartés des découvertes de Flourens, qu'il vient de remplacer au secrétariat perpétuel de l'Académie, comme Flourens avait remplacé Cuvier. S'il nous prive aujourd'hui d'un flambeau qui nous serait si nécessaire, bientôt il faudra bien qu'il le fasse briller ailleurs, en prononçant l'éloge historique de son immortel prédécesseur. Il rendra plus évidentes pour tous les vérités que j'ai tâché de faire entrevoir.

---

(1) Voyez le livre intitulé : *De la Vie et de l'Intelligence*, 2ᵉ et 3ᵉ pages de l'avertissement.

Les travaux des temps modernes sur l'anatomie du cerveau sont admirables et surpassent ceux de tous les siècles qui précèdent jusqu'à la plus haute antiquité. Après Haller et Tiedemann paraît Gall, qui fait une analyse admirable des innombrables filaments qui font communiquer nos membres et nos organes avec le cerveau. Par ce travail il s'assurait dans l'empire silencieux des sciences une renommée impérissable, mais inaccessible au vulgaire. Il voulut conquérir cette gloire plus facile, et sa cranioscopie ou phrénologie la lui procura. Il avait eu sur Bichat le grand avantage de restituer au cerveau toutes les affections ou passions que l'anatomiste français avait placées dans le cœur, l'estomac, le foie et d'autres viscères.

Ce beau succès obtenu, il imagina dans le cerveau dont il avait accru les trésors, de disséminer ses observations dans une infinité de groupes qui, repoussant l'enveloppe osseuse du cerveau, se trahissaient par des protubérances nommées communément des bosses, et révélaient par leur position, leur surface et leurs saillies les aptitudes, les qualités et les défauts de l'espèce humaine. Chacun voulut savoir s'il avait été bien doué de ce côté-là, et à tout homme jouissant d'un certain crédit, on ne manqua pas de dire qu'il avait des bosses excellentes. (Sourires.)

Je n'ai pas besoin d'ajouter que cet Allemand réussit considérablement.

Flourens, qui a trouvé un si digne successeur dans notre éminent collègue Dumas, chassa tous ces usurpateurs par une série d'expériences capitales et décisives.

Cette année même, un digne élève et quelquefois un émule de Flourens, M. Longet, de l'Académie des sciences, a fait paraître l'introduction de son savant et profond traité de physiologie. Il se sépare nettement de toute tendance positiviste ou matérialiste.

Avec les plus éminents anthropologistes, et je cite au

premier rang M. de Quatrefages, il admet et démontre l'unité de la race humaine et sa séparation complète d'avec toute autre espèce d'êtres vivants.

Entre l'instinct le plus parfait des animaux et la raison humaine, dit-il, il existera toujours un abîme. Seul, l'homme est doué de la raison, cette faculté de connaître la vérité; seul, il possède la parole, cette faculté d'exprimer la vérité; seul, il est perfectible; seul, il a des idées abstraites par lesquelles il s'élève jusqu'à la conception d'un Être suprême. Sous le rapport qui concerne l'âme (étude psychique), l'homme pourrait constituer un règne à part. Pour résumer sa pensée, il conclut ainsi : la physiologie a spécialement en vue les fonctions qui assimilent l'homme aux animaux, et la psychologie fait connaître les facultés qui le séparent de ceux-ci.

A l'égard des anciens, qui comprenaient dans la même étude un ensemble de sciences aujourd'hui distinctes, il pourrait sembler raisonnable de faire entrer dans un même cadre la physiologie et la psychologie ; mais ces deux sciences, malgré leurs rapports intimes, offrent un assez vaste champ d'exploration pour qu'elles restent distinctes.

Ne semblerait-il pas utile, je dirai même nécessaire, d'ajouter aux cours professés dans les écoles de médecine un cours spécial et développé de psychologie? Ce serait un perfectionnement de la plus haute importance et l'un des meilleurs moyens de combattre un matérialisme ignare et sans réflexion. J'ose proposer ce progrès.

Enfin, le très-éminent physiologiste qui, l'année prochaine, présidera l'Académie des sciences, M. Claude Bernard, a bien voulu m'éclairer en me communiquant ses vues sur cette limite qui sépare les sciences expérimentales et la sphère psychologique, où des connaissances d'un autre ordre conservent leur indépendance sans qu'on puisse jamais accuser l'inventeur de l'école expérimentale d'admettre ou de ne pas admettre ce qui se trouve en dehors de la borne physique et logique de ses travaux. Il a poussé plus loin son obligeance : il m'a signalé, dans ses écrits principaux, sa méthode, partout d'accord avec elle-même, partout circonspecte, toujours lucide et jamais agressive. Messieurs, voici maintenant le dernier mot de la raison et du génie. Comme ses plus illustres devanciers, le moderne et grand physiologiste pose en principe que la vie ne peut se manifester ni s'entretenir sans le concours simultané et harmonieux de la force vitale et des forces physiques; puis, dans un langage admirable et qu'on n'a pas encore surpassé, il ajoute : « Les forces physiques sont en quelque sorte les forces exécutives de la vie, tandis que la force vitale en est la force législative ou directrice. »

Reconnaissons qu'il est une cause première, laquelle, comme partout, nous échappe scientifiquement ; mais les causes secondes ou les explications des phénomènes n'en sont pas moins accessibles à l'expérimentation. C'est en poursuivant ces causes secondes que notre illustre confrère a fait ses magnifiques découvertes.

En plein accord avec l'auteur de la philosophie naturelle et mathématique, c'est-à-dire avec Newton, le moderne et sagace observateur des phénomènes physiologiques a soin d'ajouter que les causes premières doivent rester au-dessus et en dehors des causes physiques. Je n'ai pu sans un charme extrême l'entendre dire, au sujet des découvertes et des recherches qui sont la passion des grands esprits : cette soif de l'inconnu, rêve heureux du vrai savant, dérive du sentiment naturel qui porte irrésistiblement l'homme vers la connaissance d'une cause créatrice, supérieure à la manifestation de tous les phénomènes.

Je m'arrête après avoir montré quels progrès a faits l'étude des sciences géométriques et mécaniques, anatomiques et physiologiques, pour renverser les erreurs du matérialisme et de l'athéisme ; c'était l'objet principal de ce discours.

Je me résume : je me suis efforcé d'élever ce débat au-dessus de tout conflit avec les personnes ; je n'ai voulu ni de près ni de loin incriminer un ministre ; j'ai fait plus, les seuls faits que j'ai cités pour moi comme pour votre rapporteur sont des faits que j'approuve avec celui-ci. Dans un même esprit, j'ai le dessein de proposer le renvoi des deux pétitions, non pas à tel ou tel ministre spécial, mais plus haut, mais au Ministre d'État, qui représente en quelque sorte le Gouvernement tout entier, parce qu'ici le Gouvernement tout entier est intéressé, et j'ose le dire, au plus haut degré !

Depuis dix ans, non pas seulement sous une administration particulière, grâce aux effets d'une presse délétère, mensuelle, hebdomadaire ou quotidienne, l'attaque à Dieu, l'attaque à l'âme est devenue le mot d'ordre obéi des partis audacieux, lesquels ont fini par s'affirmer, comme par défi, jusqu'au pied des tribunaux. On n'a pas craint de réclamer l'impunité pour de telles négations, de telles injures et de tels outrages, jusqu'au sein de la Chambre élective.

C'est au sujet de l'impunité réclamée pour le matérialisme que M. le Ministre d'État, par un élan plein d'éloquence, a fait entendre ces paroles que les membres du Corps législatif ont couvertes de leurs applaudissements, j'oserais presque dire unanimes.

« Messieurs les députés, le matérialisme, savez-vous ce que c'est ? C'est l'irresponsabilité. (*Cris immenses d'assentiment.*)

« Si le matérialisme est vrai, nous sommes irresponsables ; et si nous sommes irresponsables, les tribunaux, les cours d'assises, leurs décisions, les condamnations prononcées contre les criminels, contre les assassins, sont d'odieuses comédies que rien ne doit justifier. »

Eh bien! c'est à l'homme d'État qui réclame avec tant de courage pour le genre humain tout entier et pour le gouvernement des peuples civilisés la responsabilité morale, sans laquelle il n'est plus dans le monde que l'usage alternatif du crime pour offenser, et de la force brutale pour en repousser les atteintes le fer à la main, c'est à M. Rouher que je propose de renvoyer ces deux pétitions et l'ensemble de nos débats, afin que le conseil en délibère devant l'Empereur. (*Mouvement.*)

Je ne prétends formuler pour ma part aucune mesure immédiate, mais je demande l'examen étendu, complet et profond d'une situation pleine de périls, et je m'en repose sur le Gouvernement du soin de chercher des remèdes.

Messieurs les sénateurs, si le Gouvernement tout entier pouvait être plongé dans la torpeur de cette incroyable persuasion qu'il n'y a pour lui rien à craindre, du côté de la politique, à la propagation, à la tolérance des doctrines délétères et des faux systèmes, avec la pensée, par trop béate, que de semblables périls se guérissent d'eux-mêmes; si le quiétisme officiel pouvait s'endormir à ce point, ce serait à nous qu'il appartiendrait de l'arracher au danger d'un rêve si funeste. A coup sûr, et pour appuyer notre renvoi, nous n'aurions qu'à répéter les magnifiques paroles que je viens de citer, et nous n'aurions pas à redouter qu'on nous dise : Qu'importent les erreurs philosophiques sur l'athéisme et sur le matérialisme, qu'importe au Gouvernement qu'on réduise les cours d'assises à n'être plus que des comédies odieuses ou non! Je tenais à vous présenter ces courtes observations. J'espère que mes antécédents, mon caractère épargneront aux idées que je défends, les atteintes de la calomnie.

Partout où je trouve le bien, je l'accepte, et quand je me suis trompé, je le reconnais volontiers. Mais ici, je sens que je sers une cause juste, que je travaille à l'honneur du

pays, à la fortune de l'empire, et que la thèse que je soutiens est plus gouvernementale que beaucoup d'autres qui
croient l'être bien davantage. (*Approbation sur plusieurs
bancs.*)

M. LE PRÉSIDENT. La parole est à M. Sainte-Beuve.

M. SAINTE-BEUVE. Messieurs, le droit de pétition qui
est accordé à chaque citoyen auprès du Sénat amène journellement devant lui de bien petites choses et, on peut le
dire, bien des inutilités. D'autres fois, il soulève et suscite
les plus graves questions. C'est le cas aujourd'hui. La pétition qui a été rapportée devant vous a eu tant de retentissement, les commentaires qu'elle a provoqués au dehors
ont pris tant d'extension et d'importance, qu'il n'y a pas à
hésiter quand on a sur ce sujet des convictions profondes,
et pour mon compte je me sens comme obligé de dire mon
mot. J'ai eu l'honneur d'être autrefois un élève de cette
Faculté de médecine si attaquée en ce moment dans la personne de ses plus excellents maitres. C'est à elle que je
dois l'esprit de philosophie, l'amour de l'exactitude et de
la réalité physiologique, le peu de bonne méthode qui a pu
passer dans mes écrits, même littéraires. C'est bien le
moins que je vienne rendre témoignage pour elle et la
défendre aujourd'hui.

D'éminents prélats ont désiré qu'on remît la discussion
à un temps où eux-mêmes en personne pourraient venir
défendre la foi de leurs diocésains. (Ç'a été l'expression
employée.)

Il est aussi un grand diocèse, Messieurs, celui-là sans
circonscription fixe, qui s'étend par toute la France, par
tout le monde, qui a ses ramifications et ses enclaves jusque
dans les diocèses de Messeigneurs les prélats ; qui gagne
et s'augmente sans cesse, insensiblement et peu à peu
plutôt encore que par violence et avec éclat ; qui comprend

dans sa largeur et sa latitude des esprits émancipés à divers degrés, mais tous d'accord sur ce point qu'il est besoin avant tout d'être affranchi d'une autorité absolue et d'une soumission aveugle ; un diocèse immense (ou si vous aimez mieux, une province indéterminée, illimitée ; je prenais le mot diocèse au sens étymologique) qui compte par milliers des déistes, des spiritualistes et disciples de la religion dite naturelle, des panthéistes, des positivistes, des réalistes,... des sceptiques et chercheurs de toute sorte, des adeptes du sens commun et des sectateurs de la science pure : ce diocèse (ce lieu que vous nommerez comme vous le voulez), il est partout, il vient de se déclarer assez manifestement au cœur de l'Autriche elle-même par des actes d'émancipation et de justice, et je conseillerais à tous ceux qui aiment les comparaisons et qui ne fuient pas la lumière, de lire le discours prononcé par le savant médecin et professeur Rokitansky dans la chambre des seigneurs de Vienne, le 30 mars dernier, sur le sujet même qui nous occupe, la séparation de la science et de l'Église. Messieurs, ce grand diocèse, cette grande province intellectuelle et rationnelle n'a pas de pasteur ni d'évêque, il est vrai, de président de consistoire (peu importe le titre), de chef qualifié qui soit autorisé à parler en son nom ; mais chaque membre à son tour a ce devoir, lorsque l'occasion s'en présente, et il est tenu par conscience à remettre la vérité, la science, la libre recherche et ses droits sous les yeux de quiconque serait tenté de les oublier et de les méconnaître.

Me plaçant, Messieurs, à un point de vue qui n'est peut-être celui d'aucun d'entre vous, pour parler de ces choses qui intéressent à quelque degré les croyances, je voudrais que vous me permissiez d'exposer brièvement mon principe en telle matière : non que j'espère vous le faire accepter, mais au moins pour vous montrer que je ne parle point

à la légère devant une aussi grave assemblée, ni sans y
avoir mûrement réfléchi.

Que si je développe des considérations qui ne sont point
celles qu'admet la grande majorité du Sénat, je prie qu'on
veuille bien se dire que de sa part, en écouter l'exposé et
le développement, ce n'est point pour cela y adhérer, ce
n'est point du tout s'engager ni s'en rendre à aucun degré
responsable : c'est simplement faire preuve de tolérance,
d'attention intellectuelle, de patience peut-être, mais
d'une patience qui n'est certes pas de nature à faire tort à
une grande assemblée.

Je n'ai garde d'ailleurs, moi-même, de venir faire acte
de philosophie devant le Sénat. La philosophie est une
chose, et la politique en est une autre. C'est uniquement au point de vue politique que je viens aborder la
question.

Il y a trois siècles environ (c'est un fait), l'esprit humain, dans notre Occident, la pensée humaine, en se dé-
gageant des débris et de la décadence du moyen âge finissant, en brisant les liens de la scolastique et d'une autorité
pédantesque à bout de voie, s'est enhardie, et en même temps
que d'un côté on affirmait la figure véritable de la terre et
qu'on découvrait un nouveau monde, en même temps que de
l'autre on perçait les sphères étoilées et qu'on affirmait le
système planétaire, en même temps on regardait, on lisait
d'un bout à l'autre les livres dits sacrés, on traduisait les
textes, on les discutait, on les jugeait, on commençait à les
critiquer; on choisissait ce qui semblait le plus conforme à
la religion qu'on n'avait point perdue, et à la raison qui
s'émancipait déjà. Cette application de l'esprit d'examen,
toute nouvelle et audacieuse à son heure, qui aurait été
écrasée et foudroyée au moyen âge, qui l'avait été en la personne de quelques individus novateurs ou même de sectes
en masse (comme celle des Albigeois), cette application,

dis-je, trouvant des esprits plus préparés, une autorité romaine moins forte et moins reconnue, très-compromise même moralement par ses vices qui avaient fait scandale, réussit et rallia en divers pays de nombreux adhérents. D'affreuses guerres s'ensuivirent, des persécutions et des luttes; mais les deux causes, la catholique et la réformée, qui embrassaient et armaient l'un contre l'autre le Nord et le Midi, étaient à peu près égales dans leur antagonisme; là même où l'une d'elles l'emportait comme en France, les forces sur bien des points y étaient encore balancées; et après l'atrocité des guerres de religion, il fallut bien s'entendre, conclure des trêves et se faire à chacun sa part en grondant. Honneur au grand, au bon et habile Henri IV, d'avoir su contenir pendant quelques années ces éléments contraires, restés ennemis et insociables, et qui ne demandaient qu'à s'entrechoquer de nouveau! Malheur à Louis XIV, malgré sa grandeur, de n'avoir pas su les maintenir coexistants, quand le temps les pacifiait de jour en jour, et d'avoir rallumé la persécution par faux zèle et ignorance! Mais, à travers les fautes et les erreurs des gouvernants, la raison humaine marchait, et avec elle la tolérance. Elle était imposée au pouvoir lui-même par l'opinion publique. Elle n'avait pas attendu 89 pour s'établir, grâce à Malesherbes et à Louis XVI.

Ce n'est pourtant que depuis 89, depuis cette ère historique, où tout s'est retrempé et d'où nous datons, que le libre examen, l'exercice de la pensée, cet exercice non pas simplement intérieur, mais se produisant au dehors en des termes de discussion convenable et sérieuse, est devenu de droit commun; il l'est devenu surtout pour les régimes qui se font honneur d'inscrire 89 dans leur acte de naissance et dans leur titre de légitimité. Il a pû y avoir depuis, à de certaines époques et aux heures de réaction, des reprises de fanatisme ou d'hypocrisie. Ces temps ont été

courts, bien qu'ils aient pu paraître longs à ceux qui
avaient à les traverser. La France, toutes les fois qu'elle
a été soumise à de pareilles épreuves, a frémi; sa fibre
vitale, se sentant atteinte, s'est irritée et révoltée; les
hypocrites, les hommes de congrégation et d'intrigue, qui
compromettaient les régimes auxquels semblait liée leur
existence, ont été tôt ou tard secoués et remis à leur place.
(*Mouvement.*) Cela s'est toujours vu ainsi. Espérons que
nous en avons fini de ces usurpations, de ces conspirations
sourdes et malignes, de ces menaces intestines à la loyauté,
à la franchise héréditaire de notre pays et de notre race,
et que si elles étaient tentées de recommencer sous un
Napoléon, elles seraient arrêtées à temps. Voyons les
choses, pour le moment, comme étant à l'état normal et
régulier, et telles qu'elles se dessinent généralement aujourd'hui, en écartant certains incidents, qui feraient
trouble et complication à notre regard.

Il y a, selon les uns, une diminution effrayante dans les
croyances; selon les autres, une recrudescence consolante.
Prenons garde cependant que, dans le langage officiel, tout
le monde fait semblant, fait profession extérieure de
croire, tandis que la grande majorité du dehors avance
pourtant (bien lentement, il est vrai) dans ce qu'on peut
appeler le sens commun. (*Rumeurs.*) Il y a sans doute bien
des contre-courants et des remous, mais enfin la marée
générale (qu'on s'en félicite ou qu'on le déplore) paraît
irrésistiblement monter. Or, quelle est, si on me le demande, la définition du sens commun? Je dirai qu'il ne se
définit pas; mais, s'il le fallait, je le définirais dans sa plus
grande généralité une diminution croissante de la croyance
au merveilleux, au surnaturel, — ou, si vous voulez, le
minimum de croyance au surnaturel. Cet état, qui est
celui de la plupart des esprits, qui, s'il n'est pas la non-
croyance absolue, est un état d'examen plus ou moins

libre, plus ou moins raisonné et approfondi avec tous ses résultats et ses conséquences, cet état, je l'ose dire, est tout à fait légal depuis 1789 : il a droit à être reconnu, à être respecté. Mais il est d'habitude (je dirai même de mode) d'injurier cette disposition d'esprit dans toutes les réunions, les solennités publiques, de la dépeindre comme un malheur, comme une infériorité morale déplorable. Je ne discuterai point ici ce côté de la question. J'ai ouï dire seulement à plus d'un esprit convaincu et ferme que penser de la sorte et à mesure qu'on s'élevait plus haut dans le monde de la raison, ce n'était pas se sentir inquiet et souffrir, c'était plutôt jouir du calme et de la tranquillité.

Mais encore un coup je ne discute pas et ne viens point faire ici de philosophie. La question est une question politique, c'est une question de fait. Comment les droits modernes se constatent-ils, Messieurs? Quand un nombre suffisant d'hommes et d'esprits sont arrivés à penser sur un point donné d'une certaine manière ; quand le groupe est devenu assez nombreux, assez considérable, bon gré mal gré, on compte avec lui, on le reconnait, on le respecte, ne pouvant l'exterminer, ni l'écraser, ni le proscrire, comme on faisait autrefois. Cela s'est passé ainsi pour les protestants, pour les juifs.

En ce qui est des juifs notamment, qui sont encore persécutés en certaines parties de l'Europe, que ne s'est-il point passé en France dès l'origine ? Saint Louis était un saint et bon roi ; or, on sait par Joinville l'histoire du savant juif, du rabbin, auquel eut affaire un vieux et féal chevalier dans un colloque qui allait se tenir entre clercs et juifs au monastère de Cluny ; aux premières questions du chevalier, qui demanda dès le début à intervenir et qui, entrant en lice, le somma d'emblée de dire s'il croyait en la Vierge mère du Sauveur, le juif ayant répondu non, le chevalier s'emporta, le frappa à la tempe de sa canne ou

de sa béquille, et le renversa raide étendu par terre, ce
qui mit fin naturellement à la conférence. On dut l'emporter tout sanglant. Et saint Louis, qui racontait l'histoire,
ne blâmait nullement, mais approuvait le chevalier, qui
n'avait agi en cette rencontre que comme tout bon laïque
devait faire, laissant les clercs disputer à souhait avec les
mécréants et ne connaissant, lui, pour les mettre à la raison, que la pointe et le tranchant de l'épée. C'était l'époque
qui peut à bon droit s'appeler celle du *minimum* de tolérance, et cela non point parce que le preux chevalier trouve
tout simple de tomber à bras raccourci sur le juif et le
mécréant, — de tout temps il se rencontre des chevaliers
qui seraient disposés à en faire autant (*Réclamations, murmures*), — mais parce que le plus juste des rois l'approuve
et ne le désavoue pas.

S. ÉM. LE CARDINAL DONNET. Je veux arrêter ici
M. Sainte-Beuve en lui rappelant qu'il y a deux sortes de
tolérance, la tolérance civile et la tolérance religieuse.
La tolérance civile consiste à aimer ceux même qui ne
nous aiment pas, et à laisser en paix dans chaque État tous
ceux qui se conforment aux lois, s'appliquant à ne point
troubler la tranquillité publique. Cette tolérance n'est
point condamnée par l'Église. Fénelon la conseillait à tous
les souverains qui avaient des dissidents dans leurs États,
et tous les évêques la pratiquent dans leurs diocèses. La
tolérance religieuse consisterait à dire que toutes les religions sont bonnes. Mais elles ne sont pas toutes bonnes, si
elles ne sont pas toutes vraies. Or, si je suis dans le vrai,
quand je proclame que Jésus-Christ est Dieu, pouvez-vous
exiger de moi au nom de la tolérance et dans un intérêt
de paix que je consente à ne voir dans cet adorable Sauveur qu'un sage ou un philosophe? Vous n'avez pas plus le
droit d'exiger de moi un pareil sacrilége que de vouloir me
forcer à convenir que deux et deux font cinq, quand j'ai

la conviction avec vous tous que deux et deux font quatre.
Et à ce sujet, je suis tenté de revenir sur des paroles prononcées à cette tribune par le préopinant, et qui provoquèrent une indignation dont MM. le comte de Ségur
d'Aguesseau et le baron Dupin se rendirent les interprètes.

PLUSIEURS SÉNATEURS. N'interrompez pas, laissez continuer, vous répondrez.

S. ÉM. LE CARDINAL DONNET. N'ayant pas été présent à
cette séance, j'aurais vivement désiré faire entendre une
protestation au nom des catholiques de nos diocèses ; mais
puisque le Sénat paraît d'avis de laisser M. Sainte-Beuve
continuer la discussion, je trouverai l'occasion de revenir
sur ce sujet.

M. LE PRÉSIDENT. J'engage Monseigneur de Bordeaux
à laisser parler l'orateur. Ceux de MM. les sénateurs qui
désireront répondre auront la parole.

M. ROULAND. Continuez, monsieur Sainte-Beuve, parlez
librement, le Sénat vous écoute.

M. SAINTE-BEUVE. Des siècles après, quand l'Assemblée
constituante mit fin à cette oppression, à cette iniquité
séculaire, et rendit aux juifs le droit de cité, savez-vous
ce qu'écrivait le lendemain la petite-fille de saint Louis,
la digne et vertueuse Madame Élisabeth ? Elle écrivait à
son amie, madame de Bombelles, à la date du 29 janvier
1790 : « Comme cette lettre ne verra pas la poste de
France, je puis t'écrire avec un peu plus d'aisance. L'Assemblée a mis hier le comble à toutes ses sottises et ses
irréligions en donnant aux juifs la possibilité d'être admis
à tous les emplois. La discussion a été fort longue, mais
les gens raisonnables ont eu, comme de coutume, le des-
sous. Il n'y a encore que les juifs qui avaient des priviléges
qui sont admis ; mais vous verrez bientôt que toute la nation aura les mêmes avantages. Il était réservé à notre
siècle de recevoir comme amie la seule nation que Dieu

ait marquée d'un signe de réprobation, d'oublier la mort qu'elle a fait souffrir à Notre-Seigneur et les bienfaits que ce même Seigneur a toujours répandus sur la France, en faisant triompher ses ennemis et leur ouvrant avec joie notre sein. Je ne puis te rendre combien je suis en colère de ce décret. Il vaudrait bien mieux se soumettre et attendre avec résignation la punition que le Ciel nous réserve, car il ne permettra pas que cette faute reste, sans vengeance... »

Cette noble et vertueuse personne parlait comme une croyante, au nom de sa vérité religieuse ; elle en était restée au point de vue le plus opposé à celui où doit se placer l'État moderne et le souverain de cet État. Et ce cas est encore celui de bien des hommes, personnellement respectables, d'entre nos contemporains, lesquels, si on les laissait faire, nous ramèneraient sur certains points à l'âge d'or de saint Louis.

Où en veux-je venir, Messieurs ? A ceci, que ce n'est nullement la *vérité*, ce qui semble tel à un individu, même le plus respectable, qui doit être la mesure de la loi et du droit dans le régime moderne. La vérité, ou ce qu'on appelle de ce nom en matière de foi, chacun se l'attribue à soi exclusivement et la dénie aux autres : à ce compte il n'y aurait jamais lieu qu'à une orthodoxie maîtresse et absolue comme au moyen âge. Ce qui fait que les juifs ont dû être admis comme citoyens, et qu'ils sont aujourd'hui honorés et respectés dans toute réunion et assemblée publique et politique, c'est qu'il a été démontré qu'on peut être de cette religion, de cette opinion, sans être pour cela ni moins honnête homme, ni moins bon citoyen, ni moins fidèle sujet (dans les pays où il y a des sujets), ni moins exact à remplir tous les devoirs de la famille et de la société. Eh bien! c'est là l'unique mesure, Messieurs, et cette mesure, il est temps, selon moi, qu'on l'applique indistinc-

tement, non-seulement aux protestants, non-seulement
aux juifs, aux mahométans, mais à un autre ordre d'opinion et à tous ceux que, pour un motif ou pour un autre,
et à quelque degré que ce soit, on s'est accoutumé à classer
et à désigner sous le nom de *libres penseurs*. (*Rumeurs.* —
Exclamations.)

M. LE MARQUIS DE GRICOURT. Auriez-vous la bonté de
parler un peu plus lentement? Nous avons de la peine à
suivre vos paroles; c'est dans votre intérêt même que je
me permets cette interruption.

M. SAINTE-BEUVE. Je n'entre pas, encore une fois, dans
la discussion religieuse ou métaphysique : je m'en tiens
purement à l'évidence extérieure des faits. N'est-il pas
certain qu'on peut avoir telle ou telle opinion, plus ou
moins hypothétique ou fondée, sur la nature des choses
(*de natura rerum*), sur la formation première du monde,
sur la naissance ou l'éternité de l'univers, sur l'organisation même du corps humain, sa structure, les lois et les
conditions des diverses fonctions (y compris celles du cerveau), sans être pour cela ni moins honnête homme, ni
moins bon citoyen, ni moins irréprochable dans la pratique
des devoirs civils et sociaux? (*Mouvement.*) Chacun a présents à l'esprit les noms de contemporains vraiment
exemplaires, d'honnêtes gens modèles; mais, pour nous
en tenir au passé, quel plus honnête homme, plus modéré,
plus sage, plus sobre, plus bienfaisant dans tous les
jours de la vie que d'Alembert! Quelle plus aimable, plus
affectueuse et plus bienveillante nature que Cabanis, celui
qu'Andrieux dans un vers a pu tout naturellement comparer à Fénelon! Nous avons honoré, pour l'avoir vu de près,
un ancien membre des assemblées publiques, cet homme
de conscience et qui eut le courage de sa conscience le
jour du vote dans le procès de Louis XVI, l'intègre et respectable Daunou. Mais, je le répète, on n'a pas à démontrer

l'évidence. Comment donc le moment ne serait-il pas venu
de reconnaître enfin et de tolérer, — et j'entends tolérer
de cette vraie tolérance qui n'est pas une tolérance de
support et de souffrance, mais bien une tolérance d'estime
et de respect, — cette classe de plus en plus nombreuse
d'esprits émancipés et qui ne s'en remettent qu'à la raison
et à l'examen pour les solutions quelconques des questions
qui avaient été précédemment livrées aux religions positives? Est-ce parce que les esprits faisant partie de cette
classe ne sont pas associés, affiliés entre eux, unis comme
cela a lieu pour les sectes et communions religieuses? Je
serais presque tenté de le croire, car du moment qu'il y a
un lien d'association comme dans l'ordre de la franc-ma-
çonnerie par exemple, oh! alors on cesse d'être injurié,
répudié, maudit, — je ne dis pas dans les chaires sacrées,
c'est leur droit, — mais dans les assemblées publiques et
politiques. Si l'on parlait ici, dans le Sénat, des francs-maçons comme on y parle habituellement des libres penseurs,
on trouverait assurément quelqu'un de haut placé pour y
répondre (1). (*Sourires. — Les regards se portent sur le
général Mellinet, qui prend part lui-même à l'hilarité.*) Ce
que je voudrais donc, Messieurs, ce qui me paraîtrait un
progrès de tolérance digne du dix-neuvième siècle, et conforme à l'état vrai de la société, ce serait que dans les assemblées politiques, et du haut des pouvoirs publics qui
représentent l'État, il ne tombât plus invariablement des
paroles de blâme, de réprobation et de mésestime pour
cette classe d'esprits qui prétendent ne relever que du
droit d'examen et qu'on appelle libres penseurs. En effet,
quelque opinion qu'on ait personnellement sur telle ou
telle de leurs doctrines, ils présentent évidemment le

---

(1) M. le général Mellinet, sénateur, est grand maître de l'ordre des
franc-maçons.

double caractère qui rend un ordre de citoyens respectable
dans l'État moderne : le nombre d'abord, le nombre croissant (je l'affirme, et en pourrait-on douter, quoiqu'il n'y
ait pas de recensement ni de statistique officielle? mais ce
nombre, il crève les yeux), — et avec le nombre, ils offrent cet autre caractère qui constitue la respectabilité, je
veux dire la pratique de la morale et des devoirs civils et
sociaux.

Le moment est donc venu, Messieurs, où cette tolérance
respectueuse, qui a été successivement et péniblement
conquise par la force des choses encore plus que par la sagesse des hommes, pour les protestants, pour les juifs,
pour les diverses sectes religieuses, pour les musulmans
eux-mêmes, doit être acquise aujourd'hui, et dorénavant
s'étendre de plein droit aux esprits philosophiques et
scientifiques et aux doctrines qu'ils professent en toute sincérité. L'heure de la reconnaissance, pour cet ordre considérable d'esprits, a depuis longtemps sonné. Législateurs,
croyez-le bien, il n'est pas trop tôt pour cela : il n'est plus
sept heures, ni dix heures du matin, il est midi. (*Rumeurs
et chuchotements.*)

M. LE MARQUIS DE GRICOURT. Midi ! C'est très-bien !...
mais vous ne nous montrez pas la lumière... (*On rit.*)

M. SAINTE-BEUVE. J'ajouterai, sans grand espoir de
voir mon vœu exaucé, avec la conviction d'être dans le
vrai : Rien ne détendrait la situation morale, rien n'apai-
serait, ne désarmerait l'animosité et l'hostilité des esprits
comme une pareille tolérance publiquement observée et
pratiquée par tous et envers tous. Essayez seulement.

Mais j'entends dire qu'il y a telle de ces doctrines qui,
si elle était poussée à ses dernières conséquences, entraînerait l'irresponsabilité et par suite l'immoralité. Ah !
Messieurs, je vous en conjure, que les représentants et les
organes de l'État moderne, que les hommes vraiment po-

litiques ne mettent pas le pied sur ce terrain glissant de la
discussion métaphysique ; ce terrain-là, pas plus que celui
de la théologie, n'est bon et sûr pour qui accepte l'établissement de la société présente et à venir. (*Léger mouvement.*) Ce n'est pas, Messieurs, que je ne conçoive qu'il y
ait, pour les politiques eux-mêmes, des doctrines philosophiques plus acceptables, plus désirables que d'autres ;
mais ces doctrines-là, si vous prétendez les imposer et les
exiger, vous les ferez fuir et vous ne réussirez qu'à obtenir leurs contraires. Sans donc aller jusqu'à nier qu'il y
ait telle ou telle opinion, conviction ou croyance, qui
puisse ajouter quelque chose dans les âmes à la sanction
morale des prescriptions légales, je maintiens que le
meilleur et le plus sûr principe et fondement de la légitimité des lois qui régissent les sociétés humaines, est
encore et sera toujours dans leur nécessité, dans leur utilité même.

Ne sortons pas de là, Messieurs ; ne nous embarquons
pas, gouvernement et corps politique, dans des questions
de libre arbitre et de liberté métaphysique. Gardons-nous
bien d'avoir un avis légal sur ces choses. Milton, dans son
Paradis perdu, nous représente les anges déchus, dont
Satan est le chef, les esprits rebelles et précipités dans
l'abîme, qui se livrent encore dans leurs tristes loisirs à
leurs anciens goûts favoris; et quelques-uns d'entre eux
et des plus distingués, dit le poëte, « assis à l'écart sur
une colline solitaire s'entretiennent en discours infinis de
pensées élevées et subtiles; ils raisonnent à perte de vue
de providence, prescience, volonté et destin : *destin fixé,
volonté libre, prescience absolue*, et ils ne trouvent point
d'issue, ajoute le poëte, perdus qu'ils sont dans ces tor-
tortueux dédales. » N'imitons pas ces anges sublimes et
déchus. Ayons pied sur terre. Pour moi, les lois sont es-
sentiellement fondées sur l'utile; la société a droit à tout

ce qui la protége efficacement : rien de moins, rien de plus ; c'est la pierre solide. La théorie de Bentham me suffit. Horace, le poëte de la modération et du bon sens, ne dit-il pas :

Atque ipsa utilitas, justi prope mater et æqui?

Pour me résumer, Messieurs, le vrai rôle moderne, la disposition qui me paraît le plus désirable pour un gouvernement, pour un État, dans cet ordre de discussions et de conflits, ce serait, si je m'en rapportais à une parole de Napoléon Ier, une sorte d'incrédulité supérieure et bienveillante dans sa protection à l'égard des divers systèmes et opinions théologiques, métaphysiques et autres, même les plus contraires ; — mais j'aime mieux une définition moins hautaine, et je dirai plutôt que la disposition vraie d'un gouvernement dans ces sortes de questions devrait être une équitable et suprême indifférence, une impartialité supérieure et inclinant plutôt à la bienveillance envers tous, de manière toutefois à maintenir et à réserver les libertés et les droits de chacun.

Et, par exemple, pour éclairer ma pensée, je me permettrai ici une remarque critique. Dans le rapport d'ailleurs excellent et plein d'esprit (c'est tout simple), et de justesse quant aux conclusions, que vous avez entendu, l'honorable rapporteur, M. Chaix d'Est-Ange, a bien voulu alléguer en faveur de Broussais, de Bichat et de Cabanis, qui ont pu être téméraires, a-t-il dit, et s'égarer par moments, des excuses et, pour ainsi dire, des circonstances atténuantes; mais je ne crois pas (j'en demande pardon à notre très-spirituel et éloquent collègue), je ne pense pas que ce doive être là le vrai rôle actuel de l'homme politique lui-même et de l'homme d'État en présence de la science. La science n'a pas besoin d'excuse quand elle pro-

cède sincèrement et selon son véritable esprit : elle peut,
sur certains points, aller trop vite, avoir ses hypothèses
anticipées, hasardées même ; mais qu'on la réfute alors ;
qu'on oppose raison à raison, expérience à expérience. Car
de quel droit la déclare-t-on téméraire, sur la foi de je ne
sais quelle philosophie ou croyance vague et convenue qui
pourrait bien elle-même, si on la serrait de près, passer
pour une témérité ? Car je le demande à tout homme
sensé, et qui ne vit pas sous l'empire d'une révélation religieuse, comment peut-on être sûr et certain de ces points
si fort controversés qui ont fait le doute et quelquefois le
tourment des plus grands esprits ? Politiquement donc,
séparons des ordres aussi divers et aussi distincts ; ne parlons pas à la légère des témérités de la science, car que ne
faudrait-il point dire alors de certains articles et dogmes
affirmés par les opposants orthodoxes, si l'on s'en remettait
au simple témoignage de la raison et du bon sens non
éclairés par la foi ? Corps politique, ne nous engageons point
dans ces sortes de conflits qui mènent à des représailles.

J'aurais donc mieux aimé dans le cas présent (et je le
dis pour tous les cas analogues), j'aurais aimé voir l'État
et la Commission du Sénat se placer à un point de vue plus
élevé et plus indépendant, plus neutre ; on serait bien plus
ferme aujourd'hui pour maintenir et affirmer les conclusions.

M. le rapporteur a déjà fait justice des assertions peu
précises sur lesquelles la pétition prétend s'appuyer. Le
pétitionnaire n'a voulu, dit-il, dénoncer que les doctrines,
non les hommes. Comme pourtant les doctrines ne se
posent point toutes seules et qu'elles sont dans la bouche
de quelqu'un, il a bien fallu en venir à des noms propres
pour pouvoir vérifier le plus ou moins d'exactitude des
phrases citées et incriminées. Or, aucune n'a résisté à
l'enquête et à l'examen.

Il a été démontré que l'honorable professeur (M. le docteur Broca), mis en cause pour avoir fait l'apologie de la doctrine de Malthus, n'avait point fait l'apologie de Malthus et n'avait pas prononcé la phrase telle qu'on l'a construite et arrangée, en rapprochant arbitrairément deux passages d'un discours qui, d'ailleurs, n'avait point été tenu à l'École de médecine, mais à l'Académie de médecine.

Il a été prouvé que l'allégation portée contre je ne sais quel médecin de la Salpêtrière qui aurait souri ou plaisanté d'une pauvre femme ayant au cou une médaille bénite, n'avait aucune consistance et s'évanouissait à l'examen. Les docteurs Vulpian et Charcot, médecins à la Salpêtrière, chargés seuls de donner des soins aux femmes âgées de cet hospice, ont déclaré que c'était une pure invention. Depuis le rapport de M. Chaix d'Est-Ange, M. Vulpian, qui est professeur d'anatomie pathologique à l'École, où il a sucédé à M. Cruveilhier, M. Vulpian, remontant pour la première fois dans sa chaire, a dit devant une salle comble, en face d'un auditoire qui attendait avidement sa réponse à l'attaque où il était intéressé :

« Messieurs, je n'avais pas l'intention de vous parler d'un incident que je voulais laisser tomber dans le mépris; mais comme vous me paraissez émus, je tiens à vous en dire quelques mots, et je vais vous renseigner immédiatement sur le degré de moralité des pétitionnaires. Le fait qu'on a reproché aux médecins de la Salpêtrière est un mensonge et une pure invention. Du reste, de tels procédés ne nous étonnent pas de la part de gens dont le mot d'ordre est : « *Calomniez, calomniez, il en restera toujours quelque chose.* »

Et le professeur est alors entré dans ce qui fait l'objet de son enseignement.

MM. Axenfeld et Robin, ne faisant de cours que pendant le semestre d'hiver, n'ont pas eu l'occasion, depuis la pétition et le rapport, de s'expliquer et de protester publiquement en ce qui les concernait.

Mais le plus inculpé des honorables professeurs de l'École était M. Sée, professeur de thérapeutique, qui a succédé au docteur Trousseau, et qui pour cette nomination, quoiqu'il ne fût point agrégé, était appuyé par ce maître respecté et certes au-dessus de tout soupçon, M. Cruveilhier lui-même. Cette circonstance, pourtant, de n'être point agrégé, avait éveillé la susceptibilité d'une partie des élèves, et une autre partie lui était peu favorable pour d'autres raisons. M. Sée est de religion juive, et en général, Messieurs, une fraction exaltée et intolérante en voulait fort (car nous en sommes là) à cette promotion de professeurs faite en décembre 1866. Q'est-ce en effet ? M. Broca, professeur de pathologie externe ou chirurgicale, est protestant; M. Axenfeld, d'Odessa, professeur de pathologie interne ou médicale, est de la religion grecque; M. Sée, je viens de le dire, est israélite. Quelle terrible invasion d'hérétiques, de schismatiques et de mécréants pour une Faculté de médecine !

Donc M. le professeur Sée, au moment où il monta dans sa chaire le 22 mars 1867, à sa première leçon, vit éclater un grand tumulte. D'un côté les cléricaux (puisque c'est leur nom) le repoussaient à grands cris. D'autre part des élèves peu éclairés sur les conditions mêmes de la nomination au professorat, qui n'implique point la nécessité de l'agrégation, croyaient devoir hautement protester. Dans ce tumulte où deux minorités, sans s'être coalisées, faisaient nombre, où chacun prenait au hasard la parole, M. Sée, ferme et impassible, attendait que le moment de parler fût venu. Il est faux qu'il se soit mis sous le patronage de personne, et encore moins sous celui de tels ou tels élèves. Dans un tumulte tout se passe confusément ; on ne dirige rien. Que de pareilles scènes soient infiniment regrettables, comme l'a dit M. le rapporteur, je le sais, — je le sais par expérience et pour y avoir passé moi-même (car

7

j'ai eu aussi, dans mon temps, ma part de ces tempêtes
scolaires.) [*Mouvement*] : mais le professeur n'a mérité
aucun blâme. Il n'y a eu, quoi qu'on en ait dit, aucune
atteinte, du moins par sa faute, à la dignité de la chaire.
M. Sée a été ferme, patient, impassible, je le répète (et
non passif), énergique enfin sur le point essentiel qui était
de ne point déserter sa chaire sous le coup de l'orage et de
lasser les interrupteurs. La leçon a eu lieu. Dès qu'il
trouva jour à parler, M. Sée revendiqua son droit d'être
écouté au nom de la liberté de conscience et du libre examen. La fermeté et la persuasion agirent et obtinrent de
sa part ce que en de semblables tumultes scolaires il est
toujours excessif et odieux de demander à la force. Il
n'eut, dès les premiers mots, à faire d'autre profession de
foi qu'une profession scientifique.

Tout ceci est assez important, Messieurs, pour que vous
en soyez complétement informés, car nous sommes ici au
corps du délit et au nœud de la dénonciation. Or, M. Sée,
dès le premier moment où il lui fut donné de se faire entendre, a dit (et je redirai, pour m'en être bien informé,
ses paroles mêmes dans leurs propres termes ou très-
approchants) :

La médecine empirique, Messieurs, a-t-il dit, a fait son temps. Nous
chercherons à la combattre, ainsi que toute la routine, partout où elle
se trouvera. Nous voulons instituer une science expérimentale, exacte et
rationnelle, basée sur les lois de la physiologie, telle qu'elle a été formulée par les Magendie, les Claude Bernard et les Longet...

Et savez-vous ce qu'a dit ensuite M. Sée, et ce qui est
devenu un des chefs de l'accusation ? Il a dit :

Et comme exemple, Messieurs (c'est lui qui parle), je vais vous donner
la définition de la fièvre. Depuis Hippocrate jusqu'à nos jours, dans
l'école vitaliste, on considérait volontiers la fièvre comme un bienfait des
dieux, comme une réaction providentielle contre le principe morbifique.
Cette doctrine a encore des partisans aujourd'hui... Pour nous, la méde-

cine, les maladies et par conséquent la fièvre ne sont point le fait d'une
intervention occulte, elles sont tout simplement le résultat de l'exagération ou de la diminution de l'état physiologique. En effet, la fièvre a
son type dans l'état normal, où sans cesse se font des combustions de
l'organisme. Les combustions de nos tissus, de nos organes, sont la
source de la chaleur, et par conséquent, d'après la grande loi de la transmutation des forces, la chaleur se trouve être indirectement le point de
départ de tous les mouvements et de toutes les fonctions soit du cœur,
soit des artères, soit de la respiration.

Patience, Messieurs, nous allons avoir fini de la citation; mais il est nécessaire de tout entendre.

Dans l'état de fièvre, il se trouve simplement que les combustions
sont exagérées par suite de l'introduction dans l'organisme d'un miasme
ou d'un poison développé au dehors ou dans l'économie même. Or,
comme la chaleur est la source du mouvement, il est naturel que le cœur
et les artères battent avec plus de force que dans l'état normal. Voilà la
fièvre.

Eh bien, Messieurs, c'est cette théorie de la fièvre qui
est devenue l'un des points d'attaque contre le professeur.
Trois mois environ après cette première leçon, une lettre
de M. le ministre de l'intérieur fut adressée à M. le ministre
de l'instruction publique pour lui signaler les faits en question. La calomnie, on le voit, avait mis du temps à chemi-
ner et à suivre son détour. Là-dessus le professeur, mandé
par-devant le vice-recteur de l'Académie de Paris, eut à
se défendre et à se justifier sur deux points : 1° comme
accusé de n'avoir pas fait observer la discipline à son cours;
2° comme ayant donné une définition de la fièvre qui, ap-
paremment, n'était pas orthodoxe (ceci devient d'un haut
comique), ni conforme à ce qu'on doit enseigner dans une
chaire. Y aurait-il donc une définition catholique ou hérétique de la fièvre ? Ah ! Messieurs, prenons garde de revenir à des siècles en arrière, quand le Parlement rendait
des arrêts contre l'antimoine ou contre l'émétique ! (*Réclamations*.)

VOIX DIVERSES. Cela n'est pas sérieux! — C'est une plaisanterie !

M. SAINTE-BEUVE. Je vois, il est vrai, dans une lettre
publiée depuis peu par le plus ardent des évêques adversaires, je vois que la doctrine de l'école de Montpellier est
exceptée de l'anathème lancé contre l'école physiologique ;
que dis-je? cette doctrine (la doctrine ancienne et non actuelle de l'école de Montpellier) est exaltée, préconisée,
par contraste avec les *abjectes* théories de la Faculté de
Paris. Un évêque a là-dessus un avis formel : c'est son
affaire; mais, Sénat, gardez-vous de l'imiter et, sous peine
de ridicule, n'allons pas décréter la doctrine vitaliste en
médecine au préjudice de la méthode expérimentale.

Ne vous étonnez pas, Messieurs, que la pétition et le
rapport dont elle a été l'objet aient produit une sensation
profonde. Une grande Faculté s'est sentie atteinte. Les paroles bienveillantes de M. le rapporteur, entremêlées
qu'elles étaient d'une nuance de blâme et de regret, n'ont
pas suffi à la susceptibilité bien juste de la science, qui se
sentait remise en question et comme assise sur la sellette.
Vous ne sauriez vous figurer, Messieurs, l'inexprimable
attente et la faveur équitable que ce réveil et ces symptômes d'intolérance qui éclatent de toutes parts ont values
dans l'école à ces mêmes savants professeurs mis en cause
devant vous. Et il en sera toujours ainsi ; toujours il en
arrivera de même à tout nouvel assaut de l'intolérance :
elle a pour effet immanquable de créer et d'accroître des
popularités qui deviennent des puissances. Vous êtes mal
venus ensuite de vous plaindre de ces ovations décernées à
vos adversaires, et ne voyez-vous pas que c'est vous-
mêmes qui les avez préparées? A la reprise de son cours,
M. Sée a débuté en déterminant plus que jamais son programme et sa méthode : à savoir, l'indépendance absolue

de la médecine par rapport à aucune secte philosophique, quelle qu'elle soit, et surtout officielle :

> Je ferai en peu de mots, a-t-il dit, l'historique de la question. Depuis Hippocrate et Galien jusqu'à Broussais, la médecine, quand elle a été sous l'empire d'une idée philosophique, s'est constamment trompée... C'est seulement quand ils se sont livrés à l'observation pure et simple, ou à l'expérimentation, que ces grands hommes du passé ont produit leurs impérissables travaux. Le médecin doit faire de la science exacte, expérimentale, constater des faits, sans se préoccuper aucunement des conséquences qu'ils peuvent avoir. — Je ne demanderai pas à mes adversaires, a dit ici le professeur, en insistant avec un accent particulier, ce qu'ils peuvent conclure et penser au fond de leur conscience, mais je demande qu'ils respectent la mienne : *s'il y a quelque chose qui doive être muré, c'est la conscience.*

Et puis cette profession faite, M. Sée a repris l'étude d'une substance qui faisait l'objet de son examen, « la modeste fève de Calabar » (1).

Ce ne sont point là, Messieurs, des détails trop techniques pour être produits devant vous. Je maintiens de toute la force de la conscience scientifique que dans l'enseignement de la physiologie comme des autres sciences, les faits résultant de l'observation et de l'expérience doivent être acceptés, quels qu'ils soient : les déductions dernières à en tirer appartiennent ensuite à chacun. Il est tel esprit, telle forme d'esprit qui, dans les faits les plus précis et les mieux constatés qui tiennent à la physiologie du cerveau, ne verra aucune nécessité de conclure à la non-existence de la pensée pur esprit, de la pensée monade essentielle et indestructible : personne plus que moi n'honore de tels hommes qui procèdent, dans la sincérité de leur conscience, avec toutes les ressources d'une intelligence élevée et déliée, et qui dans un problème aussi complexe s'obstinent à réserver, à maintenir les éléments qui échappent à

_____

(1) Cette fève de Calabar agit sur les nerfs moteurs comme le curare.

nos sens, à nos instruments les plus perfectionnés, et qui ne tombent pas sous une prise immédiate; mais si d'autres venaient à conclure plus nettement et plus simplement, je ne verrais pas ce qui peut forcer l'État moderne, et le gouvernement qui en est l'expression, à les réprouver, à les plaindre ou à les morigéner.

On me dira : L'enseignement donné par l'État ne doit pas être irréligieux. C'est une maxime gouvernementale. — Oui; mais dans des matières aussi indépendantes et aussi distinctes de la religion, l'enseignement, s'il ne doit pas être irréligieux, ne doit pas être religieux non plus (ce qui n'aurait aucun sens) : il doit être strictement scientifique. Un illustre physiologiste, M. Claude Bernard, dont le nom a été invoqué dans cette discussion et qui s'est fait respecter des deux parts, dit un mot qui me paraît la règle la plus sage : « Quand je suis dans mon laboratoire, *je commence par mettre à la porte le spiritualisme et le matérialisme ;* je n'observe que des faits, je n'interroge que des expériences; je ne cherche que les conditions scientifiques dans lesquelles se produit et se manifeste la vie. » Ce sont là des principes de conduite qui font l'enseignement scientifique irréprochable à tous les points de vue. Mais qu'on n'aille pas, comme aujourd'hui, instituer par prévention contre tels ou tels professeurs des procès de *tendance :* il suffit que, dans la chaire, les limites légitimes de chaque enseignement spécial ne soient point outrepassées ni franchies.

J'en viens au fait peut-être le plus grave du rapport et qui s'y est introduit subsidiairement, bien qu'il soit étranger à la pétition. Il s'agit de la thèse de médecine de M. Grenier et des conséquences qu'elle a eues pour cet élève, hier encore docteur.

J'ai eu cette thèse sous les yeux; je n'en suis pas du tout juge; mais si j'avais eu, littérairement, à donner

mon avis, j'aurais dit qu'elle est trop longue. Il y est entré
trop de choses. Une première partie toute philosophique,
et pour laquelle le jeune auteur lui-même se déclare incompétent, est confuse, peu digérée. La fin aussi semble
excéder et entamer une question nouvelle, toute une
théorie pénale, sans la traiter et l'embrasser suffisamment.
Quant au milieu et au corps même de la thèse, il est
curieux et instructif par les faits et les extraits qui y sont
rassemblés ; s'animant d'un souffle sincère, d'un sentiment
d'humanitarisme parfois éloquent (voir notamment certaine page, la page 43), ce corps tout médical de la thèse
s'appuie, d'ailleurs, et s'autorise des expériences et des
observations les plus complètes et les plus récentes qui ont
été faites sur les nerfs et sur le cerveau. Toute cette partie
atteste de l'étude. De savants hommes toutefois, et qui ne
font pas si bon marché de la métaphysique (1), soutiennent
que là même le jeune auteur, à la suite de ses maitres,
abuse dans les conséquences qu'il prétend tirer. Mais n'est-
il pas étrange, Messieurs, que nous ayons à avoir un avis
sur pareille chose, un avis impossible à recueillir et à com-
biner ? Car enfin comment voulez-vous, rien qu'à considérer la composition de cette assemblée, que nous puissions
statuer et conclure pertinemment et librement sur de tels
sujets ? Que mon excellent et ancien ami et collègue d'autrefois durant mon court passage dans l'Université, que
M. le Ministre de l'instruction publique, si zélé pour le
bien, si occupé en ce moment même, avec des ressources
restreintes, de doter la science des instruments qui lui
sont indispensables, que ce parfait et honnête représentant en haut lieu de la classe moyenne éclairée, me permette de le lui dire : il a lui-même beaucoup pris sur lui

(1) Voir les articles du docteur Guardia dans la *Gazette médicale* des
2 et 16 mai 1868.

en déclarant que la thèse « contient la négation du principe même de la morale et de l'autorité des lois pénales. »
Telle n'est point, à mon sens, la conclusion obligée de
cette thèse, quelque jugement qu'on en porte. L'Université
a été trop longtemps habituée à vivre sous la doctrine
philosophique de M. Cousin; doctrine spécieuse, œuvre
d'éloquence et de talent, mais en grande partie artificielle,
abstraite, étrangère à toute recherche scientifique exacte.
Cette école essaye aujourd'hui, un peu tard et après coup,
par quelques-uns de ses disciples les plus distingués, de
réparer le temps perdu et de se mettre tant bien que mal
au courant. Quoi qu'il en soit, la doctrine dite éclectique
(il est bon de le savoir et de le dire) est des plus compro-
mises au fond, des plus entamées à l'heure qu'il est. Or,
c'est sous l'empire de cette philosophie de montre, trop
docilement acceptée de l'Université, que semble avoir été
conçu et motivé l'arrêté ministériel. Il est rédigé comme
si la philosophie néo-platonicienne ou éclectique était
unique et universellement reconnue, comme s'il n'y avait
pas d'autre théorie qui explique par d'autres raisons et
qui asseoie sur un principe différent l'autorité des lois
pénales.

Prenons bien garde, Messieurs, de retomber nous-
mêmes dans ce que nous trouvons de blâmable ou de ridicule quand nous lisons l'histoire du passé. Chose singulière! ce qui nous frappe et nous choque sous d'autres
noms à distance nous paraît tout simple de notre temps et
à nous-mêmes sous des noms différents. Qu'est-ce qui nous
paraît plus suranné, plus ridicule que les disputes du jansénisme et du molinisme? Eh bien! quel était le crime du
jansénisme aux yeux du molinisme? Son grand crime, di-
sait-on, était de nier et de supprimer le *libre arbitre*, la liberté humaine, la moralité des actions et ce qui s'ensuit.
Et là-dessus, quand le molinisme l'emportait, on refusait

les sacrements aux jansénistes; on leur refusait même les diplômes, c'est-à-dire d'être bacheliers ou docteurs en théologie. Prenons garde, Messieurs, de renouveler ces déplorables conflits éteints depuis un siècle. Quant à moi, M. Grenier ne me paraît guère, sous forme physiologique, qu'un janséniste foudroyé par des molinistes. Il a nié le libre arbitre! Voilà son crime. Pour moi, Messieurs, qui, sur ce chapitre du libre arbitre, si j'avais à m'expliquer, serais volontiers de l'opinion de Hobbes, de David Hume et de M. de Tracy, je nie que par cela seul qu'on explique d'une certaine façon cette entité subtile qu'on a étiquetée sous le nom de *libre arbitre*, on ruine pour cela la responsabilité et la culpabilité au point de vue social, le seul qui nous importe ici. Mais quel chemin a-t-on donc fait depuis M. de Tracy, membre honoré de l'ancien Sénat, pour qu'on en soit à discuter dans cette enceinte sur ces questions, comme si nous étions un concile philosophique ou théologique?

Je dis *quel chemin on a fait;* et sans sortir même de ce cercle spécial des thèses soutenues devant la Faculté de médecine, je citerai un exemple qui peut servir de mesure. Le 25 août 1828, Hippolyte Royer-Collard, fils du médecin aliéniste distingué, — neveu et digne neveu de l'illustre philosophe, — présenta et soutint sa thèse, intitulée : *Essai d'un système général de zoonomie.* Elle était des plus remarquables à son moment, et sans entrer dans aucun détail ni dans une analyse qui serait ici hors de propos, on peut dire que les inductions et les conclusions en étaient toutes dirigées contre les hypothèses ontologiques, contre les abstractions, contre les théories *vitalistes* et *animistes.* Je ne m'amuserai pas à détacher quelques-uns des passages de cette remarquable thèse; mais ils vous paraîtraient formels, à coup sûr. Eh bien! elle n'eut pour effet que de classer fort haut Hippolyte Royer-Collard dans

7.

l'estime de ses juges et de ses condisciples. Le président
de la thèse, M. Dupuytren, se contenta, en félicitant le
jeune docteur, — on me dit même en le couvrant, en l'ac-
cablant presque d'éloges pour sa soutenance, — se contenta de glisser un mot d'exhortation paternelle au sujet
des doctrines antispiritualistes qui ressortaient ouvertement de son étude. Ainsi pas un mot de blâme, quoiqu'on
vécût sous le gouvernement religieux de la Restauration ;
personne alors, personne au monde n'eût conçu l'idée
qu'une pareille thèse pût être repoussée, encore moins
cassée ministériellement, et elle devint un des titres qui
désignèrent à l'avance le jeune et brillant physiologiste
pour une des futures chaires de l'Ecole. Tant il est vrai
que depuis nous avons beaucoup marché : reste à savoir
en quel sens! Et croyez bien, Messieurs, que la Chambre
des pairs de 1828 eût été bien surprise, si elle s'était
trouvée saisie d'un pareil cas.

C'est qu'il y a péril en la demeure, me dira-t-on. J'accepte le mot et la chose. Un de nos honorables collègues,
il y a une année, M. le comte de Ségur d'Aguesseau, croyait
devoir parler au Sénat d'un danger, selon lui, imminent,
et qui menaçait la société, le Gouvernement même, ce
Gouvernement auquel nous sommes tous dévoués. Et moi
aussi je signalerai un danger, et j'aurai de l'écho au
dehors, j'aurai l'assentiment de la part de tous ceux qui,
amoureux du bien public, de la paix publique, du progrès
des idées justes et de l'avancement civil de la société, ne
désirent, dans cette large voie, d'autre guide et d'autre
appui que le Gouvernement impérial, issu du suffrage universel Un danger en ce moment nous menace, et une
grande partie de la France est inquiète. Elle l'est de l'attitude agressive et envahissante qu'a prise depuis quelque
temps et avec un redoublement d'audace le parti clérical.
(*Réclamations.*)

S. ÉM. LE CARDINAL DONNET. Monsieur Sainte-Beuve, permettez que je vous interrompe et vous prie de ne pas vous servir d'expressions qui ne doivent pas se faire entendre dans une assemblée comme la nôtre. En répondant demain à ceux de nos collègues qui marchent sous un autre drapeau que le mien, je ne les traiterai ni de francs-maçons, ni d'impies. Pourquoi donc, deux fois à cette tribune, ce mot de cléricaux, quand vous n'avez ici que des collègues, qui n'oublieront jamais ce qui vous est dû?

M. SAINTE-BEUVE. Je ne puis répondre d'avance. Le mot est dans la circulation et je m'en sers. Permettez-moi de reprendre et d'ajouter... Le parti clérical! Et en le nommant ainsi, je voudrais éviter, quoique cela soit bien difficile, de nommer et d'indiquer l'Église spirituelle; je voudrais séparer tous ces esprits, toutes ces âmes respectables et intérieures, tous ces croyants qui ne vivent que du suc intime du christianisme, et dont la vie est soumise à des préceptes de douceur et de charité, — et ce n'est pas ici un hommage d'apparat que je leur rends : j'ai le bonheur d'en compter plusieurs pour amis, et à travers les dissidences de la pensée, je n'ai jamais cessé de sympathiser avec eux par le cœur; — mais il faut bien le dire, des circonstances récentes, des déterminations politiques qui étaient peut-être nécessaires, ont donné aux hommes actifs et d'humeur ingérante, aux meneurs politiques qui dirigent le parti, des encouragements et des espérances qui, dans leur exaltation bruyante et leur redoublement fiévreux, sont faits pour inspirer des craintes, — non pas de l'effroi, — et pour inquiéter du moins ceux de mon âge, qui, se souvenant des misérables luttes du passé, voudraient en prévenir le retour.

Une singulière disposition de la haute société française est venue prêter à ce parti un surcroît de puissance ou de hardiesse : je veux parler de la connivence qui s'est établie, au vu et au su de tous, entre les moins croyants, les moins pieux et les moins édifiants des hommes, et ceux qui poussent avec une ferveur plus convaincue au triomphe et à la suprématie prédominante de l'intérêt religieux. Ce serait pour un moraliste, pour un nouveau La Bruyère, ou pour un nouveau Molière, un bien beau sujet, et plus vaste qu'aucun de ceux qu'a pu offrir une cour ou une classe restreinte de la société en ce temps-là, sous l'ancien régime. Oh! qu'il vienne, qu'il s'élève de quelque part ce libre esprit et peintre à la fois, ce génie dramatique, incisif, amer et éloquent! Il y a eu déjà quelques esquisses, mais la société française actuelle, dans son hypocrisie de forme nouvelle, mériterait un grand tableau.

Le temps du moins est venu, pour qui aime son pays et le Gouvernement de son pays, de représenter le sérieux danger de la situation au Prince lui-même (si bien informé qu'il soit) et de donner un signal d'alarme.

Je sais tout ce que méritent de respect les choses antiques et les institutions séculaires; mais c'est lorsque ayant conscience elles-mêmes de leur antiquité, et, pour tout dire, de leur vieillesse, elles s'abstiennent de violence, d'un rigorisme intempestif et d'une attaque corps à corps contre ce qui est jeune, moderne et qui grandit. Un moraliste religieux, un ami de Châteaubriand et de Fontanès, un des hommes qui ont le mieux senti et pratiqué selon l'esprit le vrai christianisme, M. Joubert, a dit une belle parole : « Les vieilles religions ressemblent à ces vieux vins généreux qui échauffent le cœur, mais qui n'enflamment plus la tête. » Combien je voudrais que cette parole se vérifiât parmi nous! Mais les démentis sont trop évidents. Je ne vois depuis quelques années que procédés et démarches qui sont les signes de têtes ardentes et enflammées. Ce ne sont de toutes parts qu'agressions immodérées, dénonciations intempérantes; elles abondent. Je me fatiguerais et vous fatiguerais à les énumérer. Tantôt, au sein de l'Institut, au seuil de l'Académie française, si un savant modeste, profond, exercé, un honnête homme modèle, déjà membre d'une autre classe de l'Institut, se présente, c'est un pétulant adversaire, un prélat zélé et plus que zélé (je voudrais rendre ma pensée en évitant toute qualification blessante), qui le dénonce aux pères de famille, qui le dénonce aux confrères eux-mêmes déjà prêts à l'élire, et par des considérations tout à fait extra-académiques qui ne laissent pas d'avoir action sur les timides et les tièdes, l'écarte, l'exclut et l'empêche d'arriver. Tantôt ce sont des dénonciations et des émotions d'un autre genre qui ont pour résultat d'éliminer et de bannir de la chaire d'une de nos grandes Écoles (du Collége de France) un savant éloquent qui y avait été régulièrement porté et nommé. Tantôt ce sont des accusations — et non pas des moins âpres ni des moins envenimées, — émanées du corps même de l'épiscopat, que dis-je? ratifiées par le pontife romain dans un bref que tout le monde a pu lire, accusations portées à propos d'une institution utile, contre l'un des plus louables ministres de l'Empereur et contre son secrétaire général, qui s'est vu qualifié, à cette occasion, de *sectaire.* Tantôt, comme dans un pamphlet récent, les imputations téméraires et calomnieuses s'étendent, se généralisent, ne se contiennent plus; les plus dignes institutrices sont nominalement désignées à la méfiance et à la mésestime publique. Tout ce qui, en matière d'éducation des femmes, n'est pas dans la main du clergé, a son anathème. Tantôt, comme dans le cas présent, c'est une dénonciation encore, dénonciation formelle bien qu'incertaine et vague en ses prétextes, qui vient soulever les plus graves questions de liberté d'enseignement supérieur, et qui s'attaque à une de nos Facultés qui jusqu'à ce jour avait été respectée dans sa liberté de doc-

trine. —Je sais qu'on établit des distinctions entre doctrine
et doctrine, et qu'il s'est élevé depuis une quarantaine
d'années une sorte de philosophie dont j'ai déjà indiqué le
caractère, philosophie à double fin, en quelque sorte bâ-
tarde et amphibie, tantôt dénoncée elle-même par le
clergé, tantôt, selon les circonstances, accueillie par lui
comme alliée et auxiliaire, laquelle prétend établir un
moyen terme entre le symbole religieux et la recherche
rigoureusement philosophique et scientifique, avec ses résultats quels qu'ils puissent être.

Cette philosophie, très-sincère chez les uns, est purement officielle et politique chez les autres. On s'en sert
comme d'une chose reçue. On est spiritualiste en paroles,
en public; on ne croirait pas être un homme comme il faut,
si l'on ne se donnait cette teinte, si l'on ne mettait en
avant ce genre de croyances dont les mêmes personnes
font souvent bon marché ensuite dans le discours et l'entretien familier. Ah! Messieurs, prenons garde que notre
pays de France n'en vienne à cet état commandé d'hypocrisie sociale où le langage public ne saurait se passer de
certaines formules convenues, quand le cœur et l'esprit de
chacun n'y adhéreraient pas. Oh! l'hypocrisie sociale,
la grande plaie moderne, comme l'appelait lord Byron!
C'est là un triste état moral pour une nation et le plus
grand symptôme de l'énervement intellectuel. Qu'il n'en
soit jamais ainsi dans notre noble pays!

M. DUMAS. La sincérité n'appartient pas seulement
aux libres penseurs. (*Très-bien! très-bien!*) Les spiritualistes, les hommes religieux, ont le droit d'être respectés
ici. (*Nouvelle et très-vive approbation.*)

M. SAINTE-BEUVE. L'honorable M. Dumas n'a pas entendu la parole que je viens de prononcer; je reconnais
précisément que cette philosophie peut être sincère. Je
suis donc allé au-devant de l'objection qui m'est faite.

M. FERDINAND BARROT. L'observation s'appliquait à l'ensemble du discours.

S. G. Mgr DARBOY. Vous parlez d'un langage d'apparat dont on s'affranchit quelques instants après dans l'entretien familier. Il faut être sincère ici, même à la tribune. (*Très-bien! très-bien!*)

M. SAINTE-BEUVE. Il nous est donné d'assister à une contradiction étrange et qui, je le pressens avec douleur (et rien qu'à voir les éléments inflammables qui s'amassent) est de nature à faire craindre quelque choc, une collision dans l'avenir. D'un côté, je l'ai dit et j'en ai la ferme conviction, le bon sens humain monte, s'accroît, s'aguerrit, recrute chaque jour de nombreux esprits vigoureux, sains, robustes, positifs et qui ne marchandent pas. Mais si le regard se porte dans une autre sphère, dans la sphère supérieure ou plutôt artificielle, que voyons-nous? La mollesse des mœurs, la lâcheté des opinions, la facilité ou la connivence des gens bien appris, laissent le champ libre plus que jamais en aucun temps, à l'activité et au succès d'un parti ardent qui a ses intelligences jusque dans le cœur de la place et qui semble, par instants, près de déborder le pouvoir lui-même.

Ceci me ramène à la question de la conclusion, — cette demande de la liberté de l'enseignement supérieur, car c'est sous cette humble et spécieuse forme de liberté que le parti aspire à l'ascendant dominant et à la suprématie. Je répondrai simplement et en deux mots : Si nous vivions dans un pays où toutes choses fussent parfaitement égales, socialement et politiquement, pour le clergé catholique et pour toute autre catégorie de citoyens, je pourrais aller sur ce terrain. Mais ici, en France, les conditions ne sont pas égales; le clergé catholique jouit de quantité de faveurs, avantages et immunités. Il est spécialement et magnifiquement protégé, rémunéré; il prime tout; il a de

droit ses représentants les plus dignes, — les plus élevés
en dignité — les princes français de l'Église, au sein et à
la tête de ce sénat même. Il n'est point dans la situation
d'égalité et de balance où on le voit dans un pays voisin,
souvent cité en exemple, et dans lequel il possède, en
effet, pour son compte sa propre université. Je n'examine
point si cela est bon ou mauvais pour le résultat, pour le
fond des choses, pour la force et l'intégrité des études;
mais enfin, en Belgique, l'ascendant que le clergé catholique possède en certaines provinces est contrebalancé par
l'esprit d'autres provinces voisines. Bruxelles, avec son
université libre, fait vis-à-vis à. Louvain; Liége y fait
contre-poids. Si vous concédiez ici au clergé catholique
l'enseignement supérieur et les Facultés, laisseriez-vous
(par compensation) se former de libres facultés laïques?
Laisseriez-vous, à certains jours, se convoquer tout à côté
et se tenir d'orageux congrès de Liége? Évidemment non.
Ce qui n'est que liberté en Belgique, envisagé d'ici, vous
paraît licence. Vous continueriez, en vertu de certains
articles positifs de la loi, de réprimer, de prévenir l'expression ouverte, la profession déclarée et la prédication
de doctrines philosophiques que vous considérez comme
dangereuses et antisociales. La guerre du clergé et de la
science pure, de l'enseignement catholique et de l'enseignement purement philosophique, ne se mènerait donc
point, de part et d'autre, à armes égales et enseignes dé-
ployées. Dans de telles conditions, il ne saurait être raisonnable de faire au clergé cette concession exorbitante
dont il userait aussitôt moins dans le sens de la science
même que dans l'intérêt de sa propre influence à lui. Lui
accorder cette liberté nouvelle serait lui accorder un privilége de plus; je l'estimerais dangereuse et funeste. Que
tout soit pour le mieux dans notre système actuel, qu'il
n'y ait pas lieu à modifier tel rouage, à lever tel empê-

chement, à introduire des améliorations secondaires, je suis bien loin de le soutenir. Mais je frémis pourtant lorsque j'entends dire que cette question de liberté d'enseignement est à l'étude ; car le moment est des moins propices, le quart d'heure est mauvais : on vit sous d'étranges pressions ; je tremblerais pour la science et je me défierais des facilités d'accès qu'on ménagerait désormais aux bien pensants. Il y aurait la science aisée, comme il y a la dévotion aisée. J'aime la liberté invoquée comme principe; mais je ne me paye pas de mots, et j'aime encore mieux la civilisation qui est le but; je désire pour la jeunesse française, dans l'ordre des sciences, en présence des jeunesses étrangères, émules et rivales, le plus ferme, le plus sain et le plus viril enseignement. Je suis trop d'accord sur ce point avec l'honorable rapporteur pour insister davantage.

Je vote pour l'ordre du jour.

M. Le Verrier. Et contre la liberté ! (*Rires d'approbation sur plusieurs bancs.*)

M. le Président. La discussion est continuée à demain.

La séance est levée à cinq heures.

Séance du mercredi 20 mai.

M. le Président. Mgr de Bordeaux a la parole.

S. Ém. M. le cardinal Donnet. Messieurs les sénateurs, un instant je me suis senti en communauté de pensées avec l'honorable M. Chaix d'Est-Ange; c'est lorsqu'à la fin de son rapport j'ai rencontré ces mots, rappelés hier

par l'honorable M. Dupin et qui répondaient à mon impression : « En lisant cette pétition, l'esprit se sent troublé,
la conscience émue, on se demande ce que deviendra, dans
un jour prochain, cette jeunesse turbulente et incrédule. »
Mais bientôt j'ai cessé de penser et de sentir comme
notre honorable collègue, quand j'ai vu si vite tomber ses
alarmes, quand je l'ai entendu si aisément amnistier ce
qu'il appelle les faiblesses du génie et les égarements
d'une jeunesse qu'un peu de réflexion devrait ramener à
des idées plus saines et plus mûres.

Non, Messieurs les sénateurs, une pareille confiance
n'est plus permise. Le temps est passé où quelques audaces
de doctrine pouvaient être regardées comme des manifestations isolées, sans écho et, par conséquent, sans danger, où la jeunesse trouvait dans un milieu plus calme, et
au sein d'une atmosphère morale plus salubre, un cor-
rectif à un enseignement dangereux. C'est en raisonnant
de la sorte qu'on a laissé progresser jusqu'à l'excès cet
esprit de négation que nous déplorons aujourd'hui, et que
les vérités les plus essentielles qui ont toujours été regardées comme le patrimoine inaliénable du genre humain et
comme la base des sociétés sont devenues le but des attaques les plus téméraires et les plus violentes.

L'esprit de négation, bien différent de l'esprit philosophique et qui joue dans le monde des idées religieuses le
même rôle que l'esprit révolutionnaire dans le monde
politique, a, il est vrai, des élans dont il s'épouvante lui-
même. Il recule quelquefois, mais jamais jusqu'à revenir
au point de départ. Et ainsi par un progrès lent, mais
réel, il agrandit le terrain de sa domination.

Que de choses, Messieurs, qui faisaient naguère contre-
poids aux vices de l'enseignement et qui n'existent plus !
Les traditions dont la famille était le sanctuaire disparaissent à chaque instant. Il y a un trop grand nombre de

pères qui ne donnent plus à leurs enfants les conseils de la sagesse ou n'ont plus conscience de leurs obligations, ou reculent devant une indépendance qui n'admet aucun contrôle. L'irréligion, il n'y a pas longtemps encore, s'enveloppait de certains voiles. Aujourd'hui, les plus prévenus contre elle s'habituent à la regarder sans effroi et sans colère.

Pourquoi se le dissimuler? Messieurs, le péril est imminent, à moins que la bonté divine ne nous fasse trouver un remède dans l'excès du mal. Le matérialisme peut ouvrir un abîme sous nos pas et je regarde comme un devoir de vous en avertir ; mais ne pensez pas, Messieurs les sénateurs, qu'en présence des désordres qu'ont constatés avec force, mais non révélés dans toute leur étendue les deux pétitions qui nous occupent, ce soit pour la religion que je réserve mes plus douloureuses appréhensions. L'Église souffre des maux qu'on fait à ses enfants, mais elle ne craint pas pour elle-même. Et d'ailleurs nous serions injustes envers les hommes de notre temps, si nous hésitions à déclarer que jamais notre ministère dans les villes et dans les campagnes n'a été environné de plus d'égards et de marques de confiance. Non, ce n'est pas le sort que lui prépare le matérialisme qui m'occupe le plus, mais la destinée qui sera faite à mon pays et à la société. Du domaine des idées, l'athéisme passera dans celui des faits, et l'athéisme dans les faits sera l'anéantissement de toute loi morale et la perversion des mœurs publiques dans une proportion que l'intelligence ose à peine mesurer. Que deviendront alors les sociétés? Que deviendront la famille et la propriété? Demandez-le, Messieurs les sénateurs, aux théoriciens qui travaillent à créer des droits nouveaux sans s'occuper des devoirs qui devront en être la sanction.

Ce ne sont pas là des craintes chimériques. Depuis que des voix trop connues ont dit : « *Dieu n'existe pas ou n'est qu'une hypothèse ; il n'y a pas de morale, il n y a que des mœurs, l'homme n'est qu'une portion de matière organisée,* » on a créé le plus grand danger politique et social que le monde ait connu.

Les armées permanentes, avec les formidables développements que le progrès leur a fait prendre, pourront le conjurer pendant quelques années peut-être, mais il grandira de plus en plus; et quand il aura atteint ses dernières limites, il n'y aura plus de puissance assez forte pour en triompher; alors ce sera la dissolution, le chaos ou la mort.

Ces considérations générales vous disent, Messieurs les sénateurs, avec quels sentiments j'ai accueilli la pétition qui fait l'objet de ces débats. J'ai applaudi à ceux qui en ont été les auteurs, et je proclame que tous les signataires ont fait acte d'intelligence, de religion et de patriotisme. Le cri d'alarme qu'ils ont jeté n'a fait d'ailleurs que traduire des appréhensions universelles. Ils sont deux mille qui se sont adressés à votre sollicitude, et ils auraient pu se compter par cent mille ceux qui vous expriment les mêmes vœux et mettent en votre sagesse la même confiance.

Le Sénat ne peut pas tromper cette confiance. Jamais son intervention n'a été plus nécessaire ; jamais il n'aura une occasion plus légitime d'user de ses prérogatives. Et qu'on ne nous dise pas, comme le fait M. le rapporteur, que la pétition ne doit pas être accueillie, parce qu'elle serait en opposition avec des lois depuis longtemps exis-tantes. Cette fin de non-recevoir me paraîtrait, Messieurs, inacceptable, et, dans la circonstance actuelle, indigne de la prévoyance et de l'initiative de cette haute assemblée. Ce n'est certes pas nous, chefs du clergé français, qui plaiderions en faveur de l'instabilité dans les lois ! Ce n'est pas nous qui chercherions à remuer le sol occupé par la société actuelle, pour établir les assises d'un monde nouveau, le monde de l'avenir ! Ce n'est pas nous qui voudrions modifier et altérer, par un mode inconnu d'enseignement, le rôle simple et sublime tout ensemble que la femme a joué jusqu'ici dans la famille. Ah ! Messieurs, je le demande en écartant toutes paroles blessantes, ne permettons pas qu'on substitue à la mère chrétienne et française que tous nous avons connue et aimée, la femme indépendante ou tout au moins libre penseuse. La loi est la loi pour nous plus que pour personne, parce qu'à nos yeux elle a une double majesté, celle qui lui vient de Dieu. Mais quand la loi sur l'enseignement supérieur des hommes et des femmes n'a pas été faite, nous demandons qu'on la fasse ou qu'on la modifie, si déjà elle existe. Les lois sont faites pour la société et non la société pour les lois ; et ce serait vraiment une puérilité de nous demander de sacrifier à je ne sais quel respect du *statu quo*, les intérêts supérieurs, les intérêts essentiels dont la garde nous est confiée.

Non, Messieurs les sénateurs, je ne comprends pas, je le confesse avec douleur, l'ordre du jour qui est proposé par l'honorable M. Chaix d'Est-Ange et si vivement appuyé par M. Sainte-Beuve. De deux choses l'une : ou la situation dénoncée par la pétition est réelle, ou elle est chimérique. Dans ce dernier cas, soyez sans pitié, et déchirant les pétitions qui vous sont soumises, proclamez hardiment qu'elles ont alarmé sans raison la conscience publique. Mais, s'il en est autrement, s'il est vrai que l'enseignement supérieur a des tendances déplorables et que le matérialisme en honneur dans certaines écoles prend tous les jours de plus grandes proportions, s'il est vrai que la perversité des doctrines doit amener fatalement la perversion des mœurs et que des mœurs corrompues aient pour corollaire indispensable l'impatience du joug et le mépris des lois qui régissent la famille et la société, oh ! alors, Messieurs les sénateurs, je vous en supplie, au nom de l'Université et de ses nobles traditions, au nom de cette France qui a vécu de foi et d'honneur, et qui ne veut ni de l'athéisme ni de la corruption, au nom de l'Église qui fut la créatrice et la gardienne de notre nationalité, prenez en main la cause des âmes et préservez des dangers qui l'entourent la jeunesse de notre pays, du moins celle qui voudra se sauver !

L'honorable M. Sainte-Beuve s'est efforcé hier, Messieurs les sénateurs, de prouver que les faits sur lesquels se base la pétition des deux mille Parisiens sont controuvés ou exagérés; j'ai voulu voir par moi-même. Eh bien, tout ce qui a été avancé par tant d'honorables pères de famille et par les pétitionnaires de la ville de Mende, dont plusieurs appartiennent au conseil général ou au conseil municipal du chef-lieu de la Lozère, je le tiens pour vrai et irréfutable, je le regarde comme un motif suffisant d'agir et d'agir énergiquement. Nous savons, on nous en a fourni une preuve convaincante, à quels subterfuges l'on peut recourir en s'érigeant en pontife du diocèse du sens commun, d'où seraient exclus tous les cultes, moins celui de la négation. Ce ne serait pas la première fois qu'on renierait en public des doctrines prêchées en secret, et des blasphèmes murmurés à l'oreille des initiés. Tout le monde n'a pas le courage, comme certains écrivains que je serais tenté de remercier pour leur sincérité, si le mal qu'ils font ne me rendait pas insensible à toute autre considération, de signer l'éclatante profession de foi de leur matérialisme.

Aussi, les efforts tentés par l'honorable rapporteur pour atténuer la portée de certaines accusations et contester la légitimité des autres me touchent peu, et dussé-je passer sous silence des faits articulés par les pétitionnaires, je persisterais à proclamer que la liberté de l'enseignement supérieur est une nécessité.

Il m'a été donné de suivre avec une grande attention la marche de l'esprit public, et je constate que, depuis un certain nombre d'années, des changements malheureux en fait de doctrine se sont opérés. Qu'il y a loin déjà des erreurs qui marquèrent la fin de la monarchie de Juillet aux erreurs qui nous épouvantent aujourd'hui! Alors c'était encore la puissance du spiritualisme, et la pensée humaine planait en des régions élevées. Mais qui pourrait nier qu'au sein même de la capitale, le plus abject matérialisme s'étale au grand jour; et en travaillant à pervertir la jeunesse, déshonore, aux yeux des peuples, cette France si intelligente et si respectée? Et cette recrudescence de l'enseignement matérialiste, savez-vous, Messieurs, quel jour elle a commencé? Le jour où les premiers coups ont été portés à toute espèce d'autorité. Étrange coïncidence qui prouverait, s'il en était besoin, qu'un lien étroit unit certains événements et que ce qui profite à l'erreur compromet toujours les bases essentielles de l'ordre moral. Depuis lors, en effet, la libre pensée est devenue plus hardie; elle a écrit dans des brochures, elle a parlé dans des conférences, elle a fait du prosélytisme. Après avoir enseigné l'erreur philosophique, elle a clandestinement enseigné dans les masses le venin politique et économique. Ces utopies couvent encore comme le feu sous la cendre; mais, si l'on n'y prend garde, elles s'affirmeront comme un fait et s'appelleront la révolution sociale. Si vous avez lu et approfondi tout ce qui a été écrit depuis quelque temps sur ces graves sujets, vous éprouverez les mêmes appréhensions. Je ne suis pas porté à voir les choses par le côté de l'exagération, mais je reste convaincu que le mal est plus grand que je ne saurais dire.

À vous, Messieurs les sénateurs, de répondre aux inquié-

tudes de la religion et des familles par un vote conservateur. Nous ne demandons pas la restriction, mais l'extension de la liberté. Et si du haut de certaines tribunes on
croyait pouvoir enseigner encore le matérialisme, nous
demandons que, dans d'autres chaires, en donnant à la
science tout le développement dont elle est susceptible, on
puisse la rattacher aux grandes vérités de l'ordre divin.
Pendant que les jeunes hommes prématurément acquis à la
négation absolue iront demander à certains professeurs
une doctrine conforme à leurs tendances ou à celles de
leurs familles, nous voulons que les étudiants chrétiens ne
soient plus condamnés à entendre outrager leurs croyances
les plus chères, part la plus belle de l'héritage de leurs
ancêtres. Pendant que d'autres régions viendront jusqu'au
peuple des maîtres d'athéisme, nous voulons que des régions de la vraie science lui arrivent des hommes d'ordre
de moralité et de religion. Pendant que certaines carrières
seront ouvertes aux adeptes de la libre pensée, nous
croyons avoir le droit d'exiger qu'elles ne soient pas fer-
mées à ceux qui mettent l'honneur de leur foi au-dessus de
leurs intérêts.

Il y a de jeunes hommes, Messieurs les sénateurs, que
déconcerte à l'avance la pensée d'un enseignement qu'ils
savent puisé à des sources malsaines, et qui par suite
renoncent à une carrière qu'ils auraient parcourue avec
honneur pour eux-mêmes et avec avantage pour leurs concitoyens. Il est des pères de famille qui, regardant la foi
des aïeux comme un trésor inaliénable, aiment mieux les
détourner de leurs voies que de les exposer aux séductions
d'un enseignement irréligieux : l'un d'eux, un fonctionnaire d'un ordre élevé, un homme énergiquement dévoué
à l'Empereur, me disait, pendant le cours d'une visite pas-
torale, des choses navrantes. Il venait de rappeler de la
capitale son fils, qui ne voulait plus, et son père l'en féli-

citait, s'asseoir au pied des chaires devenues des sources
d'incrédulité et de matérialisme.

Je pourrais, Messieurs les sénateurs, vous montrer de
nombreuses lettres émanant aussi de pères de famille et
de chefs d'établissements qui m'expriment énergiquement
leurs doléances sur les dangers que les doctrines ouvertement professées font courir aux croyances religieuses des
élèves condamnés à les subir, sous peine de renoncer à
leur carrière. Ils font appel à la fois à mon caractère
d'évêque, à la position d'homme politique que je tiens de
la Constitution. Ils me conjurent de redoubler d'efforts
pour amener le Sénat, averti par les pétitions que l'on discute, à provoquer le remède à un état de choses qui viole
outrageusement les deux libertés constitutionnelles auxquelles les familles tiennent le plus, la liberté de conscience
et la liberté des professions.

Que d'aveux sans réplique, Messieurs, n'ai-je pas entendus? de quels mécomptes, de quelles douleurs amères ne
nous a-t-on pas fait les confidents à cet égard? Pourrions-
nous dès lors nous étonner de la vivacité des réclamations
apportées à cette tribune? Lorsque un homme qu'on ne
saurait accuser d'être trop clérical ou trop conservateur
fait entendre les paroles que je vous demande la permission de citer textuellement : « Il n'existe pas une souffrance plus grande pour l'individu que l'oppression de la
conscience, que la déportation de ses fils dans des écoles
qu'il regarde comme des lieux de perdition; que cette con-
scription de la jeunesse traînée violemment dans un camp
ennemi et pour servir l'ennemi! » (Ledru-Rollin.)

Serait-il de la sagesse du Sénat et de la justice de frois-
ser les plus légitimes sentiments, les plus profondes convictions de tant de pères de famille; de jeter dans le camp
de ses adversaires tant de bons citoyens, tant de véritables
amis de l'ordre et de la patrie, pour donner satisfaction à

8

l'amour-propre et aux témérités ambitieuses de quelques
utopistes, moins préoccupés au fond, des intérêts de la
science et de la liberté que de la satisfaction de leur vanité
et de leurs rancunes religieuses et politiques?

Croyez-vous, Messieurs, que j'aie entendu sans douleur
toutes ces récriminations hors de propos sur les persécutions dont les juifs, les hussites, les albigeois et les protestants ont été l'objet? L'honorable préopinant sait bien
que la persécution n'est plus dans nos mœurs. Pourquoi
oublierait-il qu'il y a un autre public qui l'entend et qui
pourrait bien traduire en actes de violence des accusations
qu'il n'avait aucune raison de renouveler?

J'ai applaudi à la manière dont l'orateur a parlé
d'Henri IV. Mais pourquoi des rancunes mal déguisées
contre Louis IX? Est-on offusqué du titre de saint qui lui
a été donné par l'Église? Mais notre honorable collègue,
qui connaît bien des choses et qui sait les exprimer dans
un beau langage, n'a assisté à aucune canonisation; il aurait vu les précautions dont s'entoure le saint-siége, les
examens auxquels il se livre, le nombre et la qualité des
témoins qu'il invoque, il se serait peut-être alors montré
plus impartial, plus Français envers notre roi saint Louis.
Qu'il me permette de lui rappeler à cette occasion que si
le christianisme est la perfection de la nature, la sainteté
est la perfection du christianisme, et pour être mis au
rang des saints, puisse-t-il un jour en juger par lui-même!
Il faut avoir pratiqué jusqu'à l'héroïsme l'amour de Dieu
et l'amour de ses semblables, le pardon des injures, l'hu-
milité, le travail quotidien, le désintéressement, la morti-
fication des sens, l'oubli de soi, toutes choses fort bonnes
pour assurer la paix des familles et la sécurité des empires.

Ayons pitié, Messieurs, des générations qu'on cherche
à soustraire à toute influence religieuse. C'est ce forfait

qui faisait dire à Bossuet, dans son admirable langage, que pervertir les jeunes générations était un aussi grand crime que d'empoisonner les fontaines publiques. N'oublions pas qu'enlever à la jeunesse la foi, quand sa foi est vérité et amour, c'est détruire le charme de ses plus belles années, la priver de protection et de conseil; c'est mettre la nuit où était le jour, donner l'esclavage pour la liberté.

Appuyez donc, Messieurs les sénateurs, les pétitions qui vous sont présentées, vous ne ferez que réclamer la justice pour tous. Dans ma pensée, le renvoi à plusieurs ministres n'implique aucune tendance à un monopole quelconque. Puisque le malheur des temps a amené la déplorable confusion des doctrines dont nous sommes les témoins, et que la négation philosophique doit avoir pour corollaire l'anarchie dans les faits; puisque les conditions actuelles de l'enseignement supérieur constituent l'oppression la plus intolérable de toutes, l'oppression des consciences, et violent la liberté des vocations, je demande que le gouvernement, sans tenir tout d'abord compte des difficultés de mise en pratique, accorde au grand parti conservateur, comme en Angleterre et en Belgique, la liberté de l'enseignement supérieur, complément naturel et indispensable de la liberté de l'enseignement secondaire et primaire. Je n'ai plus besoin dès lors de dire que je voterai pour le renvoi de la pétition au Ministre de l'instruction publique, et même avec M. le baron Dupin, à M. le Ministre d'État, c'est-à-dire au gouvernement, car les choses en sont arrivées à ce point qu'il faut pour apaiser l'émotion publique une loi pour l'enseignement supérieur.

Remarquez, Messieurs, que je ne dis pas une nouvelle loi, car aucune n'existe sur ce point important. M. le comte de Falloux s'en était préoccupé, il avait même créé une commission composée d'hommes de toutes les nuances d'o-

pinion (1); il en présida la première séance, mais après
sa démission, aucun de ses successeurs ne reprit l'œuvre
commencée. On ignore peut-être aussi trop généralement
qu'à la même époque les défenseurs de la liberté d'enseignement constituèrent le comité de l'enseignement libre
dont M. le comte Molé fut nommé le président. Le premier
travail de ce comité fut un projet de loi sur la liberté de
l'enseignement supérieur. Le rapporteur était M. Beugnot;
je lisais encore hier ce projet de loi qui fut imprimé et qui
n'aurait besoin que d'être connu pour être apprécié à sa
juste valeur.

Que le gouvernement reprenne cette œuvre importante
sans hésitation et sans faiblesse, il rendra un service signalé aux familles et à la société, et, si on nous demande
quelles seront les conditions de la liberté, je m'empresse
de répondre que cette question devra être résolue par la
loi et non autrement. Je vote contre l'ordre du jour demandé par la commission, et pour le renvoi, en ce qui
concerne la liberté de l'enseignement supérieur. (*Très-
bien! très-bien!*)

M. LE PRÉSIDENT. La parole est à M. Quentin Bauchart.

M. QUENTIN BAUCHART. Messieurs, je me serais bien
gardé de prendre la parole dans ce grave débat, si je n'a-
vais l'honneur de faire partie de la majorité de la commission, et si à ce titre ma responsabilité n'était engagée.
Les trois orateurs qui m'ont précédé à cette tribune, qu'ils
me permettent de le leur dire, ont à peine parlé de la pétition. Je voudrais en parler un peu plus. Leurs opinions
ne sont pas les miennes, et je n'excepte pas celles de l'ho-

----

(1) C'étaient MM. Thénard, Paris, Thiers, de Vatiménil, Cousin, le
général Trézel, Agénor de Gasparin, Albert de Broglie, Dumas, Pellat,
Leclerc, Bérard, de Rémusat, Flourens, Le Verrier, Fortoul, de Ker-
drel, Gaslonde, les abbés Gerbet et Sibour, Le Normand, Andral et
Blanqui.

norable M. Sainte-Beuve, je ne les partage à aucun degré, et je voudrais dire pourquoi. Le point de vue auquel se sont placés les honorables préopinants n'est nullement celui de la commission. Si le Sénat veut m'accorder quelques instants d'une indulgente attention, j'exposerai simplement, aussi brièvement que possible, les considérations d'un ordre très-différent qui nous ont amenés à proposer l'ordre du jour.

Et d'abord, Messieurs, je tiens, pour moi, à faire une déclaration à laquelle j'attache la plus grande importance et qui devra dominer toute ma discussion.

Oui, il y a un principe incontestable, incontesté aujourd'hui, dans le droit public français : c'est le principe de la liberté de conscience ; mais il faut s'entendre. Vous avez le droit d'avoir et de manifester telle opinion individuelle, telle doctrine que bon vous semble, à vos risques et périls, et, sous votre responsabilité, de vous dire matérialiste, athée, positiviste ; cela ne regarde que vous, pourvu que vous n'en arriviez pas à des provocations irritantes et illégales, et que vous ne vous heurtiez pas aux dispositions de la loi. C'est un point que je crois certain ; mais il y en a un autre qui ne l'est pas moins. S'il s'agit d'enseignement, la question est toute différente. (*C'est clair !*)

Enseigner une opinion, une doctrine, quelle qu'elle soit, ce n'est pas faire œuvre de liberté individuelle, c'est engager les autres...

PLUSIEURS SÉNATEURS. Très-bien ! — C'est cela !

M. LE BARON BRENIER. C'est la question tout entière.

M. QUENTIN BAUCHART... C'est engager des enfants, des jeunes gens, si vous voulez, qui sont obligés de vous croire. Ils sont obligés de vous croire, et pourquoi ? Vous êtes les professeurs nommés par l'État ; vous avez une autorité qu'ils n'ont pas le droit d'examiner et de contester ; il faut qu'ils sachent les choses que vous leur enseignez et

8.

telles que vous les leur enseignez, car ce sont ces mêmes
professeurs qui président aux épreuves pour l'obtention
des grades, et les grades ne sont pas conférés si les candidats ne prouvent pas qu'ils ont appris et qu'ils savent ce
qui leur a été enseigné, tel qu'on le leur a enseigné. (*Très-
bien! très-bien!*)

Voilà, Messieurs, une distinction essentielle, fondamentale et qui domine toute la question. S'il en est ainsi,
est-ce que l'État, pour lui, pour ses écoles, pour ses professeurs, pourrait revendiquer le droit d'enseigner ou de
faire enseigner le matérialisme, par exemple, puisque c'est
de lui que nous nous occupons, à des catholiques, à des
protestants, à des israélites? Ce serait la violation la plus
flagrante du principe que je rappelais tout à l'heure, du
principe de la liberté de conscience. (*Marques nombreuses
d'adhésion.*)

Ce serait la violation la plus flagrante du droit des pères
de famille. (*Nouvelles marques d'approbation. — M. le
ministre de l'instruction publique fait un signe d'assentiment.*) Aussi, Messieurs, et ceci est très-consolant, est-ce
que personne dans la hiérarchie universitaire, à quelque
degré qu'on s'adresse, revendique ce droit? Interrogez si
haut qu'il vous plaira, on vous répond qu'on honore la
science, mais qu'on l'honore parce que ses découvertes,
parce que ses inventions, parce que ses merveilles sont une
seconde révélation de Dieu.

Si vous interrogez les fonctionnaires chargés de l'administration des Académies et des Facultés, ils vous déclarent
que nulle part, dans aucune école, dans aucun coin d'aucune école, les doctrines malsaines du matérialisme ne
sont enseignées; et les professeurs, si vous les interpellez,
formulent les mêmes protestations, et avec la même
énergie.

Les élèves eux-mêmes, Messieurs, si quelques-uns ont

ou le malheur de céder à de tristes entraînements, s'ils ont eu le malheur d'être en proie à ces doctrines pernicieuses que nous sommes unanimes à condamner ici, ils s'empressent de vous prévenir que leurs professeurs en sont innocents. Ainsi, celui qui serait le plus blâmable de tous, celui dont la thèse a été annulée par les motifs que vous savez, est-ce qu'il ne vous dit pas avec une triste naïveté : « Mon père était matérialiste et libre penseur, je suis libre penseur et matérialiste comme lui; il ne faut pas en vouloir à mes maîtres? »

Ainsi, Messieurs, dans l'Université, dans ses établissements, de la part de tous les fonctionnaires chargés de l'enseignement, de la part des élèves eux-mêmes, il y a une protestation unanime contre l'accusation de matérialisme qui est portée par les pétitionnaires.

C'est une grande conquête, Messieurs; car les principes sont en dehors, les principes sont incontestés de part et d'autre. Ce n'est pas sur des principes que nous sommes en dissidence. Sur les principes, nous sommes unanimes.

Que reste-t-il donc? Il reste des faits, des faits diversement appréciés. Quels sont ces faits? Quelle en est la portée? Forment-ils un ensemble suffisant pour que l'attention du gouvernement soit appelée? La vigilance du gouvernement d'ailleurs a-t-elle été trouvée en défaut?

Voilà la question, la seule question sur laquelle nous ayons de part et d'autre à nous expliquer.

Mais, Messieurs, avant tout, quels sont les pétitionnaires? Qui sont-ils? Sans doute toutes les opinions ont le droit de s'adresser au Sénat, toutes sont respectables quand elles sont sincères, et celles qui se sont adressées à nous sont sincères. Mais nous avons parfaitement le droit de savoir quels sont leurs mobiles et quel est le but qu'elles poursuivent.

La pétition, à vrai dire, Messieurs, est l'œuvre d'une

seule personne; elle est l'œuvre d'un journal, ou si vous aimez mieux, du rédacteur d'un journal.

Ce n'est pas à dire qu'elle ne porte qu'une seule signature, elle en porte un grand nombre; mais plus de six cents de ces signatures ont été apposées par la personne dont je parle. Des lettres l'y autorisaient, dit-elle; je n'en doute en aucune façon; mais enfin cette circonstance elle-même ne prouve-t-elle pas jusqu'à la dernière évidence que les adhésions ont été sollicitées?

La pétition est donc une œuvre inspirée, provoquée; et, si vous me permettez de le dire, certainement, en affirmant que ce n'est pas de la génération spontanée, on ne court pas chance de se tromper. (Sourires.)

Toutefois, Messieurs, ces opinions qui se sont produites dans le débat, et dont vous voyez l'analyse dans la pétition ces opinions sont vives de leur nature, elles sont ardentes, et, parce qu'elles sont ardentes et qu'elles sont vives, elles conduisent souvent, — c'est dans l'ordre naturel des choses, — à des exagérations évidentes. La pétition actuelle en est un exemple et une preuve. Que signale-t-on? Des faits particuliers à la Faculté de médecine de Paris, des désordres qui auraient éclaté dans certains cours, des abus sur le caractère desquels je ne me prononce pas encore; et puis, cependant, on s'attaque à l'enseignement supérieur tout entier; on en demande la réforme, on en demande la liberté : c'est un grand mot, c'est un noble mot, mais il faut savoir l'appliquer, il faut se garder d'en abuser... Je dirai ce que j'en pense.

Messieurs, qu'est-ce que cela veut dire au fond? Cela veut dire que c'est une attaque loyale, parfaitement permise, mais une attaque générale contre l'Université, contre l'enseignement de l'État. Cette attaque, vous le savez, n'est pas nouvelle, elle s'est produite souvent dans le passé, et, pour ne parler que d'une époque assez rapprochée de nous, elle s'est produite en 1844 et en 1845, avec la même vivacité, par les mêmes moyens, dans le même but. On peut dire que nous sommes en 1844!

Eh bien, Messieurs, examinons donc, — car avant de parler du remède il faut voir si le mal existe, et la liberté de l'enseignement est demandée comme un remède à des désordres qui déshonoreraient, s'ils existaient, l'enseignement de l'Etat, — avant de parler du remède, dis-je, il faut voir si le mal existe, le mal signalé par les pétitionnaires ; je dis à dessein « signalé par les pétitionnaires », car, depuis la présentation du rapport (on vous l'a rappelé hier), il y a eu toutes sortes de publications, des articles de journaux, des brochures qui accumulent les accusations, des accusations nouvelles et beaucoup plus graves contre tout enseignement, — sans exception aucune, — dirigé ou autorisé par l'Etat. On a profité, il fallait un peu s'y attendre, du long intervalle qui a séparé le dépôt du rapport de la discussion actuelle. Mais ces publications, ces articles de journaux, ces brochures ne sont pas des pétitions adressées au Sénat.

La commission n'en a pas été saisie, elle n'a pas examiné, elle n'a pas vérifié, elle n'a pas contrôlé les faits énoncés dans ces publications ; elle n'en peut pas répondre, car elles n'ont pour elle aucune autorité ; elles ne vous apportent aucun renseignement, aucune lumière que vous puissiez accepter. Comment donc, en assemblée générale, pourriez-vous vous en occuper ? ce serait courir une chance périlleuse ! Vous pourriez vous tromper, vous vous tromperiez certainement, et ce n'est pas sans des motifs sérieux que votre règlement a institué des commissions des pétitions. Or, ce serait les supprimer purement et simplement si vous deviez, quand on les apporte dans une discussion comme celle-ci, en assemblée générale, vous saisir de faits nouveaux, d'accusations nouvelles, que la commission n'a pas connus, que la commission n'a pas pu examiner, qu'elle n'a pas pu apprécier. (*Bruit, interruption.*)

Je ne saisis pas l'interruption et je n'y puis répondre... Au surplus, Messieurs, les auteurs de ces brochures et de ces publications se sont adressés à d'autres juges, ils se sont adressés au public ; ce sont des écrits imprimés et publiés, et le public a déjà répondu et répondu d'une façon que l'on aurait dû prévoir à des assertions hardies ; on a répondu par des démentis plus hardis encore, souvent violents et quelquefois cruels ; on devait s'y attendre.

Quant à nous, Messieurs, nous devons laisser toute cette partie du débat ; elle est en dehors de nous, et nous devons regretter, je regrette quant à moi, toute cette publicité, tout ce bruit, tout cet éclat ; et je doute très-fort que rien de tout cela profite aux intérêts que les pétitionnaires ont la prétention de représenter. (*Mouvement.*)

Voici les faits formulés par les pétitionnaires. Vous rappellerai-je, Messieurs, cette ironie cruelle qui, si elle était vraie, eût constitué le plus affreux scandale, et eût été digne au plus haut degré de tout votre mépris ; cette ironie cruelle qu'un médecin se serait permise à l'égard d'une pauvre femme malade dans un hospice de Paris ?

Un sénateur. Cela a été démenti !

M. Quentin Bauchart. Heureusement, les pétitionnaires n'ont pu apporter aucune preuve, aucun indice à l'appui de leur assertion, et depuis, les médecins et les chirurgiens de l'établissement se sont réunis et, à l'unanimité, ils ont protesté contre l'imputation qui leur était faite. Les pétitionnaires s'étaient, du reste, trompés d'adresse ; ils avaient fait fausse route. Un médecin, chargé d'un service dans un hospice, dans un hôpital, ne dépend pas de l'Université ; il ne dépend pas du Ministre de l'instruction publique, il dépend de l'assistance publique, du Ministre de l'intérieur ; de telle sorte qu'ils avaient visé un ministre et que, sans s'en douter, ils en atteignaient un autre. Peut-être n'était-ce pas leur affaire. (*Sourires.*)

Maintenant, je ne veux dire qu'un mot, et très-rapidement, sur cet éloge prétendu de Malthus qu'on attribuait à un professeur. Messieurs, j'admets la tolérance des opinions, comme le disait hier notre honorable collègue M. Sainte-Beuve. Les contemporains de Malthus l'ont considéré comme un grand philosophe, même comme un grand économiste. Je lui laisse, quant à moi, cette réputation. Qu'il soit mieux dans une école publique, dans une école de l'Etat de se dispenser de faire l'éloge de Malthus, je le crois ; mais que si cédant à un certain entraînement de l'improvisation, un professeur vante les doctrines de Malthus, en toute vérité, quelle atteinte porte-t-il à la morale publique et à l'ordre social ?

Mais voici des faits plus graves, et l'honorable cardinal auquel je succède à cette tribune a insisté avec tant de vivacité sur cette partie de la discussion, que je crois devoir moi-même peser un peu plus et m'arrêter plus longtemps. Nos grandes Facultés, particulièrement la Faculté de médecine de Paris, seraient infectées de doctrines matérialistes. On n'a pas marchandé l'expression.

M. LE BARON DE VINCENT. C'est vrai.

M. QUENTIN BAUCHART. Vous dites : C'est vrai ; je dis moi, que ce n'est pas vrai.

Quoi qu'il en soit, il y a eu une époque, un temps, où des rumeurs, je suis obligé de le reconnaître, des rumeurs assez accentuées sur les tendances malsaines dont nous nous occupons, s'étaient répandues dans le public et étaient parvenues jusqu'au Ministre lui-même. Ainsi, un professeur (on l'a désigné par son nom et par les paroles que l'on prétend qu'il avait prononcées) aurait dit : « L'âme n'existe pas. Si elle existe, elle n'est pas immortelle ; l'homme, c'est un animal comme un autre. »

M. LE BARON BRENIER. C'est un singe !

M. QUENTIN BAUCHART. Vous comprenez, Messieurs, que de pareilles appréciations dans une chaire de l'État, si on se les fût permises, étaient de nature à appeler la sévérité la plus grande du Ministre et du Gouvernement tout entier sur de telles manœuvres. Car j'appellerais une manœuvre frauduleuse un enseignement qui aurait pour résultat infaillible (je reprends sans hésiter une expression dont on s'est servi) d'empoisonner la jeunesse française. Mais la sollicitude du Ministre a été éveillée, et il n'a pas fallu de pétition pour cela. Vous allez en juger par le rapprochement de quelques dates qui ont ici une importance et une signification capitale. Le professeur que ces accusations, que ces rumeurs vagues désignaient, est mandé par le Ministre, il faut qu'il s'explique. Il vient ; vous allez voir par une lettre du Ministre au Recteur, lettre qui est du 2 avril...

M. LE MINISTRE DE L'INSTRUCTION PUBLIQUE. Du 25 novembre 1866.

M. QUENTIN BAUCHART. Oui, du 25 novembre 1866, et la pétition est du 7 juin 1867. Vous allez voir quelle attitude prit le Ministre, et quelle fut celle du professeur.

Voici la lettre :

« M. le Vice-Recteur de Paris,

« J'ai vu hier M. le docteur N..., professeur à la Faculté de médecine de Paris, qui avait été mandé à mon cabinet pour s'expliquer sur certaines paroles qu'on lui prête. J'ai reçu de lui l'assurance qu'il n'avait pas prononcé la parole qui lui est imputée. Sa pensée, dit-il, a été mal comprise et mal rendue.

« J'ai fait connaître à M. N..., et je vous prie de rappeler aux membres de l'enseignement supérieur, dans l'occasion, que, sans gêner les opinions de personne, sans imposer aucune doctrine ni aucune méthode, je dois exiger que chacun se renferme dans le programme de son enseignement. Tout écart que se permettrait un professeur, en se détournant vers des questions étrangères à l'objet de sa chaire et en choquant par des digressions inutiles des croyances respectables, serait immédiatement réprimé.

« Vous aurez également à surveiller certains étudiants qui, dans l'école même et en plein amphithéâtre, se laissent aller à fronder publiquement des croyances avec lesquelles les études médicales n'ont aucun rapport. Sans prendre au sérieux ces manifestations qui tiennent moins à une conviction réfléchie qu'à un goût de turbulence, je vous prie de faire sentir à ces jeunes gens que je suis décidé à ne tolérer le désordre sous aucune forme, ni sous aucun prétexte. »

S. Exc. M. Duruy, *Ministre de l'instruction publique.* Monsieur Quentin Bauchart, puisque vous attachez de l'importance à ce fait, voulez-vous me permettre de donner connaissance au Sénat des paroles qui furent échangées à cette date du 25 novembre entre le professeur et le Ministre?

Le professeur ayant été invité à passer à mon cabinet pour donner des explications sur la phrase suivante qui lui était attribuée : « La matière est divisible, la matière est pondérable, la matière est pensante, » il lui fut dit ceci : « Examinons d'abord de savant à savant vos trois propositions. Vous dites que la matière est divisible et vous avez raison, parce que vous pouvez la diviser. Vous dites que la matière est pondérable, et vous avez encore raison, parce que vous pouvez la mettre dans vos balances et trouver ce qu'elle pèse. Mais au nom de la science et de votre méthode, au nom de ce qui vous consacre savant, et de ce qui fait votre notoriété, je vous refuse absolument le droit de dire que la matière est pensante, car jamais vous n'avez vu au bout de votre scalpel ou sous le verre de votre microscope la matière penser. En l'affirmant, vous ne feriez plus de la science avec les procédés ordinaires de la méthode expérimentale ; vous feriez de la mauvaise métaphysique et vous n'êtes pas pour cela à l'École de médecine. Aussi, j'ajoute maintenant, comme Ministre, que s'il était vrai qu'une semblable doctrine fût professée par vous dans une chaire de la Faculté, vous ne pourriez pas y rester. »

Le professeur répondit par une dénégation formelle, et me présenta le passage d'un livre écrit par un médecin d'une haute renommée, d'une piété profonde, que tout le monde respecte et vénère, M. le docteur Cruveilhier, en me disant : « Voilà le texte de ma leçon et voilà avec quoi j'ouvre chaque année mon cours ; » et ce passage, lu par une personne peu au courant du langage scientifique, autoriserait contre le docteur Cruveilhier des imputations de matérialisme. C'est à la suite de cette conversation que la lettre dont il vient de vous être donné lecture fut écrite.

M. QUENTIN BAUCHART. Ces explications devront satisfaire même les plus difficiles et entre autres, qu'il me permette de le nommer, M. le baron de Vincent, qui m'interrompait tout à l'heure ; mais j'ajoute un témoignage plus important peut-être, c'est le témoignage de l'honorable M. Charles Dupin (et il est précieux à recueillir, ce témoignage). En effet, hier l'honorable baron Dupin vous a dit qu'il avait reçu les communications et les confidences d'un de ses collègues de l'Institut, chargé d'une chaire à la Faculté de médecine de Paris, et c'était précisément ce professeur sur les doctrines duquel M. le ministre vient de s'expliquer. M. Charles Dupin vous a déclaré qu'il lui avait remis une analyse anciennement écrite de la leçon dans laquelle il aurait tenu le propos qui lui était attribué et qu'en toute franchise il devait à l'honnêteté de son cœur et de sa conscience de déclarer que cette leçon était de toute part irréprochable.

Ainsi, Messieurs, s'évanouissent les faits les plus sérieux, les plus graves, qui étaient énoncés dans la pétition ; ceux-là avaient un caractère de généralité et de gravité qu'on ne pouvait méconnaître. C'étaient des tendances à peu près générales, et, s'ils eussent été vrais, de tels faits étaient de nature à porter le découragement dans le cœur des pères de famille, j'en fais très-volontiers l'aveu. Mais tout s'est expliqué, et comment l'honorable cardinal auquel je réponds a-t-il pu dire, répéter tout à l'heure, avec l'autorité qui lui appartient : « Tout ce qui est dit dans la pétition, je le tiens pour vrai ? » Eh bien, je suis désolé d'avoir à lui répondre : « Je le tiens, moi, pour absolument inexact, et je l'affirme, pièces en mains. »

M. CHARLES ROBERT, *commissaire du gouvernement, et* PLUSIEURS SÉNATEURS. Très-bien !

S. ÉM. LE CARDINAL DE BONNECHOSE. Nous verrons cela tout à l'heure.

S. EXC. M. DURUY, *Ministre de l'instruction publique.* Ce sera prouvé, Monseigneur.

M. QUENTIN BAUCHART. C'est quelque chose, et j'y insiste, c'est quelque chose que cette lettre et que ces instructions qui remontent à novembre 1866, à une époque bien antérieure à la pétition. Vous le voyez, on n'avait pas besoin de toutes ces émotions, de ce bruit, de ces conseils prétendus, de ces avertissements; on faisait son devoir naturellement, on le faisait parce qu'on devait le faire ; et, dès cette époque, rappelez-vous les termes de la lettre : les professeurs étaient avertis qu'ils devaient se renfermer strictement dans le programme qui leur était tracé, et les élèves étaient prévenus qu'aucun désordre, sous aucune forme, sous aucun prétexte, ne serait toléré, et que s'il éclatait, il serait sévèrement et immédiatement réprimé.

Est-ce là encourager le matérialisme? Est-ce là le fait d'une administration coupable de ces pensées, de ces tendances dont on faisait un si sombre tableau? C'est à vous, Messieurs, de répondre.

J'arrive à la scène tumultueuse, à ce cours inaugural troublé par un immense tumulte. Je ne veux rien contester des faits; les faits, je les admets quand ils sont prouvés, ou même, — je suis très-facile en pareille matière, en matière si délicate, — quand ils sont vraisemblables. Eh bien, il y a eu un professeur nouveau qui a fait un jour, comme il arrive à tous, sa première leçon. Selon l'usage, — et cet usage, vous en avez tous été témoins comme moi dans votre jeunesse, — tout le monde se donna rendez-vous à cette sorte de solennité. C'est un professeur nouveau, c'est un cours nouveau qui s'ouvre, c'est une première leçon; il faut voir, il faut juger. Tout ce qu'il y a de turbulents esprits, d'esprits agités, tout ce qu'il y a de jeunes gens disposés à fomenter le désordre se donne rendez-vous ce jour-là.

Il y a, donc eu un désordre? Oui; mais est-ce que vous croyez que la vigilance de l'administration supérieure a été surprise? Est-ce que vous croyez que le Ministre n'a pas été informé? Est-ce que vous croyez qu'il soit resté inactif?

Quand je parle de l'honorable Ministre de l'instruction publique, je n'ai pas la prétention de le défendre; il se défendra, à coup sûr, beaucoup mieux lui-même que je ne pourrais le faire. Mais des explications ont été données en son nom à la commission; j'ai le droit et le devoir, comme membre de la commission, ayant concouru à former la majorité, de m'emparer des renseignements, des explications qui lui ont été fournis, et d'en faire un usage honnête dans ma discussion.

Le Ministre a donc été informé, et informé sur l'heure,
et il a ordonné une enquête immédiate. Je vais vous dire
ce qu'a produit cette enquête. Mais, auparavant, je vous le
demande, croyez-vous que les pétitionnaires qui dénoncent
ces faits en aient eu connaissance? Croyez-vous qu'ils les
aient vérifiés, qu'ils aient cherché à s'en rendre compte,
qu'ils se soient assurés qu'en les dénonçant à une autorité
aussi haute que le Sénat, ils ne se trompaient pas?

Voici ce qui s'est passé.

Le récit de ces tumultes regrettables, profondément regrettables, ce récit a été fait dans un journal, *le Phare de
la Loire*. Ce journal représente très-exactement les doctrines qu'exprimait hier à cette tribune l'honorable
M. Sainte-Beuve, ce qui n'a pas empêché les pétitionnaires
ou le pétitionnaire, — car les pétitionnaires, pour moi,
c'est un journal, je vous l'ai dit, je puis le nommer maintenant, c'est le *Journal des Villes et des Campagnes*, —
ce qui n'a pas empêché, dis-je, le pétitionnaire, malgré la
différence des opinions et des convictions, de s'emparer de
ce récit et de l'annexer matériellement à la pétition. On
ne savait rien par soi-même, on trouve les faits énoncés
de la manière la plus frauduleuse, j'insiste sur le mot, dans
ce journal...

M. CHARLES ROBERT, *commissaire du gouvernement.*
C'est vrai! c'est vrai!

M. QUENTIN BAUCHART... et on a le courage, — car on
a dit hier que la pétition était un acte de courage, et aujourd'hui que c'était un acte de patriotisme! — on a le
courage, le patriotisme de dénoncer au Sénat ce récit d'un
journal dont on n'avait pas contrôlé les allégations. On
affirme, et non-seulement dans la pétition, mais à cette
tribune, encore il n'y a qu'un instant, que tous ces faits,

tels qu'ils sont énoncés dans le *Phare de la Loire,* sont de
la plus rigoureuse exactitude.

Je suis obligé de le déclarer, j'ai entendu avec douleur
cette parole échappée à l'improvisation du vénérable cardinal Donnet.

Maintenant, Messieurs, j'ai dit qu'une enquête avait été
prescrite sur l'heure, — sur l'heure, entendez-vous, — par
le Ministre, sur ces scènes tumultueuses.

Qu'en est-il résulté? Sans doute que la première leçon
d'un professeur nouvellement nommé avait été troublée,
que des vociférations matérialistes avaient éclaté de toutes
parts; oui, cela est vrai. Mais l'enquête a constaté ce que
j'ai eu l'honneur de vous dire d'avance, que ce jour-là il
s'était introduit des élèves n'appartenant pas au cours, des
étrangers même, des étudiants expulsés de l'École pour leurs
opinions anarchiques, des personnes enfin qui n'avaient
d'autre pensée que de faire beaucoup de bruit et de tumulte. Pourquoi? pour se faire valoir à leur manière. C'est
triste, mais ils n'ont pas d'autre mobile, ils se créent partout où ils le peuvent un piédestal, et de la ils débitent les
harangues que vous savez.

Il y a donc eu du tumulte, des scènes que je suis le premier
à regretter et à blâmer, mais enfin il faut les apprécier à
leur juste valeur. Ce n'était pas toute la jeunesse de l'École
de médecine, c'étaient quelques jeunes gens, quelques esprits égarés, quelques cerveaux malades, c'étaient des étrangers. Est-ce que, dans vos souvenirs, il n'y a pas pour vous
tous, comme pour moi, quelque chose de semblable? Est-ce
que vous n'avez jamais vu les Écoles de Paris, l'École de
droit elle-même, s'émouvoir quelquefois, s'agiter, faire
tapage? Hélas! oui, cela a été de tout temps, ce sera de
tout temps; le cœur humain, et surtout le cœur de la jeunesse, ne change pas.

Mais, Messieurs, il faut bien se garder de jeter l'anathème à ces jeunes gens; il faut se rappeler qu'ils seront un jour, à leur tour, la société française, cette grande et noble société française qui, quoi qu'on en dise, ne craint ni ne redoute la comparaison avec aucune autre dans le monde.

Voilà donc ce que l'enquête, une enquête très-consciencieuse, a constaté.

Elle a encore constaté autre chose.

Les pétitionnaires alléguaient, et alléguaient avec l'ardeur qui les caractérise — je leur en demande pardon — que le nouveau professeur avait accepté lâchement le patronage de deux étudiants chassés de l'École pour leurs doctrines subversives, et que, pour se faire agréer des élèves, pour se rendre populaire, il avait fait publiquement acte d'adhésion à leurs doctrines. Messieurs, cela est contraire à la vérité !

Le professeur, puisqu'il a été accusé, a été appelé, comme le précédent, à s'expliquer, et la lettre qu'il a écrite alors au Recteur de l'Académie l'honore trop pour que je ne demande pas au Sénat la permission de la replacer sous ses yeux. C'est une lettre de quelques lignes :

« Monsieur le Recteur,

« Vous m'avez mandé dans votre cabinet pour m'interroger sur mon attitude et les paroles que j'ai prononcées le 22 mars, à la séance d'ouverture de mon cours.

« Vous me dites que je suis accusé de m'être placé sous le patronage de deux étudiants condamnés pour la violence de leurs opinions. Je viens répondre par les faits eux-mêmes que vous devez connaître, par les informations que vous avez prises.

« Avant de monter en chaire, j'avais eu l'honneur de vous voir à la Faculté et de vous promettre que je resterais impassible au milieu du désordre, si l'on troublait mon cours ; je crois avoir largement tenu ma promesse jusqu'au bout. Des cris d'origine très-diverse et mêlés d'applaudissements de la grande majorité de l'auditoire m'ont empêché de faire ma leçon. Dès que j'ai pu me faire entendre, j'ai affirmé ma doctrine scientifique, qui est celle-ci : Guerre à l'empirisme et progrès de la médecine par la méthode expérimentale. C'est d'après cette méthode que j'ai défini la fièvre. Je n'ai pas prononcé un mot de plus ; je n'ai pas dit une seule parole relative aux opinions philosophiques, soit matérialistes, soit vitalistes.

« J'affirme, en outre, que je ne connais aucun des assistants qui ont pris la parole pour ou contre moi ; je ne me suis donc mis sous le patronage de personne, si ce n'est de mes maîtres, les professeurs de la Faculté.

« Quant aux questions de matérialisme, elles ne sont pas de mon ressort ; elles sont toutes restées étrangères à mon enseignement et à mes études.

« Veuillez agréer, etc. »

Allez-vous, Messieurs, suspecter cette déclaration ? N'est elle pas le meilleur des témoignages, la meilleure des autorités ? Quand un homme haut placé dans la science, accusé comme l'était ce professeur, s'explique avec cette netteté, avec cette franchise, ne devez-vous pas le croire, pouvez-vous ne pas le croire ? Serait-il bon, serait-il politique de ne pas le croire ? Dans tous les cas, cette déclaration est corroborée par le témoignage du Recteur, par le témoignage du Doyen de la Faculté, par celui du Secrétaire de la Faculté, qui assistait à la séance, et par un témoignage que je ne puis m'empêcher de vous rappeler, par celui de l'honorable baron Dupin. Hier, en effet, il nous racontait qu'il avait reçu des confidences, des communications de l'honorable Doyen de la Faculté, et que ce fonctionnaire avait protesté chaleureusement contre les tendances matérialistes qu'on supposait exister à la Faculté, et M. le baron Dupin ajoutait qu'il l'avait cru sans hésitation, que l'accent de franchise, de loyauté de ses déclarations l'avait convaincu.

Si le Doyen de la Faculté doit être cru, si le professeur qui a écrit la lettre que j'ai lue doit être cru, que reste-t-il, Messieurs, de ce chef d'accusation si formidable? qu'en reste-t-il? une séance troublée, un professeur nouveau empêché de faire son cours, éprouvant des difficultés dont on se rend facilement compte, placé dans une situation pénible, et refusant après tout, c'est là le point essentiel, d'accepter ce patronage qui lui était offert et de s'associer aux manifestations matérialistes qui éclataient dans la salle.

Je dois encore ici, Messieurs, faire une réflexion qui n'est qu'un mot. Cette lettre que je viens de lire est du 2 avril 1867; elle annonce que tout est terminé, que l'enquête s'est faite, que les faits ont été appréciés et rectifiés, que la vérité a été rétablie, ce qui n'empêche pas la pétition, qui vient trois mois plus tard, le 7 juin 1867, de reprendre les mêmes faits, d'en faire sortir un grief, le grief le plus grave et le plus redoutable pour l'administration, et d'en saisir le Sénat.

Voilà, Messieurs, la pétition. Il n'y a pas autre chose. Si vous écartez tout ce qui a été pris en dehors, dans les publications, dans les articles de journaux, dans les brochures dont on vous a parlé hier et à cette séance encore, il n'y a dans la pétition que ce que je viens d'indiquer. Apercevez-vous que ce soit si considérable, si effrayant, que ce soit de nature à vous épouvanter? Telle est encore une fois la pétition.

Je dois reconnaître que plus tard il est survenu un fait qui a peut-être une plus haute importance, envisagé en lui-même : je veux parler de la thèse matérialiste dont l'annulation a été prononcée. Ce n'est pas la pétition, ce ne sont pas les pétitionnaires qui ont révélé le monstre à l'administration supérieure. Non, certainement, ils ne connaissaient rien, car ils ne lui eussent pas fait grâce. C'est la commission qui l'a découvert.

M. LE COMTE DE SÉGUR D'AGUESSEAU. Le fait était postérieur à la pétition, il date du 30 décembre 1867.

M. QUENTIN BAUCHART. Oui, peu importe; ce que je veux dire, c'est que, si cette thèse, qui est un fait grave, a été connue de l'administration et du Sénat, ce n'est pas grâce à la pétition, ni grâce au zèle des pétitionnaires. Je ne veux pas dire autre chose. C'est la commission, de son autorité propre, usant d'un droit incontestable, qui s'en est saisie et qui en a saisi le Sénat.

Il faut, Messieurs, examiner ce fait; il faut l'apprécier avec calme et avec impartialité. Rien n'est à contester ici. C'est un étudiant qui nie l'immortalité de l'âme, la liberté des actions humaines et prêche ouvertement le matérialisme. Il n'y a rien à dissimuler à cet égard. Mais cependant, Messieurs, faut-il croire que pour cela tout est perdu? Faut-il désespérer de ce jeune homme lui-même? (*Légères rumeurs.*) Un éminent prélat, qui lui a écrit une lettre qui restera comme un monument, — j'ai grand plaisir à le dire, — comme un monument de tendresse et de bonté, n'en a pas désespéré. Vous savez à quel document je fais allusion. Hélas! Messieurs, à vingt ans on est incrédule, on est radical (*Interruptions.*), et à quarante ans, on est croyant, on est conservateur, on est alors engagé dans l'exercice d'une profession, dans les liens d'une industrie, on est aux prises avec les réalités de la vie, et on croit alors en Dieu, parce qu'on a des peines; on croit au gouvernement, parce qu'on a des intérêts. (*Mouvement.*) Même de ceux qui paraissent coupables, Messieurs, il ne faut donc pas désespérer. Mais que prouve, pour le sujet qui nous occupe et qui fait l'objet de la discussion, que

prouve cette thèse? prouve-t-elle que le matérialisme soit
enseigné à la Faculté de médecine de Paris? Non! car son
auteur déclare, — c'est l'étudiant dont je vous ai déjà
parlé, — que son père était libre penseur et matérialiste,
et qu'il est libre penseur et matérialiste comme son père.
Donc la responsabilité n'appartiendrait pas à la Faculté.

Maintenant cette thèse, comme les autres faits, a-t-elle
trouvé le Ministre inattentif? Non! Vous le savez, la thèse
a été annulée; il y a eu des questions sur la compétence,
il en est résulté certaines lenteurs, mais enfin la thèse a
été annulée, et le professeur qui l'avait signée, qui en
avait autorisé l'impression, a été réprimandé devant le
Conseil académique, avec inscription sur le registre de ce
Conseil et sur les registres de la Faculté. Que voulez-vous
de plus?

Cette fois, Messieurs, voilà tous les faits, ceux de la
pétition et les autres; certainement, ces faits sont regrettables; mais si vous voulez les envisager avec calme, sans
émotion aucune, dans toute votre impartialité, qu'y voyez-
vous? Quels caractères vous présentent-ils? Ce sont des
faits isolés, à l'état accidentel. C'est une thèse sur douze
cents qui sont soutenues chaque année dans toutes les
Facultés, sur trois cents qui sont soutenues à la Faculté
de Paris. C'est un élève qui cède à des aberrations qu'il
faut regretter, plus pour lui que pour nous, plus pour lui
que pour la société, soyez-en bien convaincus; c'est un
élève sur dix mille qui peuplent toutes les Facutés de
l'Empire, sur cinq mille et plus qui étudient à la Faculté
de Paris. Est-ce là quelque chose qui doive jeter tant
d'effroi dans vos esprits? car enfin le mot a été employé;
on a dit : « Nous sommes épouvantés! »

Quant à moi, Messieurs, je suis attristé, je le déclare, de
ces faits, tout isolés et exceptionnels qu'ils soient; j'en
suis profondément attristé, mais je n'en suis pas épouvanté.

Que doit donc faire le Sénat? Doit-il prononcer l'ordre du jour ou le renvoi au Gouvernement?

Le renvoi au Gouvernement, qu'est-ce que cela voudrait dire? Il faut s'en rendre, Messieurs, un compte bien exact, en hommes pratiques, en hommes politiques. On nous en a prévenus, et nous ne sommes ni un concile, ni une académie. Que signifierait donc le renvoi au Gouvernement, quelle en serait la portée morale, la portée politique? C'est un blâme. (*Réclamations sur quelques bancs.*)

M. LE BARON BRENIER. Non, non, du tout.

M. QUENTIN BAUCHART. C'est un blâme, que vous le vouliez ou non.

M. LE BARON BRENIER. Et pourquoi donc ?

M. LE VERRIER. Contre qui ?

M. QUENTIN BAUCHART. Je vais vous le dire. C'est un blâme contre ceux qui auraient laissé s'introduire ces désordres dans le haut enseignement de l'Université, contre ceux dont l'attention n'aurait pas été suffisamment éveillée. Ce serait un engagement, une invitation à veiller davantage, à faire plus qu'on n'a fait. Or, je maintiens qu'on a fait tout ce qu'on devait faire.

Messieurs, vous me pardonnerez cette réflexion, dans une autre enceinte, depuis huit jours, je n'en fais reproche à personne, on répète sur tous les tons que le Gouvernement a compromis et qu'il compromet à toute heure davantage les intérêts matériels, les intérêts économiques du pays. L'agriculture est aux abois, l'industrie se meurt, le commerce est ruiné, la puissance financière du pays est épuisée.

Si nous laissions dire ceci, que le Gouvernement, et nous le laisserions supposer par le renvoi... (*Dénégations.*) C'est ma pensée.

M. DE CHABRIER. Mais non ! c'est l'autorité du Sénat ajoutée à l'autorité du Gouvernement, voilà tout !

M. LE PRÉSIDENT. C'est l'opinion de l'orateur, souffrez· qu'il l'exprime (*C'est juste!*)

M. QUENTIN BAUCHART. Je n'ai pas la prétention d'exprimer votre opinion, j'exprime fermement la mienne ; elle est le résultat de convictions profondes et parfaitement étudiées.

M. LE BARON BRENIER. Les nôtres sont aussi sincères et aussi étudiées.

M. QUENTIN BAUCHART. Je ne le conteste pas... Toutes les opinions sont également sincères, toutes sont également loyales, c'est pour cela que je demande la permission d'exprimer la mienne librement (*Parlez! parlez!*)

UN SÉNATEUR. Vous n'êtes pas le seul de votre opinion.

M. QUENTIN BAUCHARD. Je dis que si nous prononcions le renvoi au Gouvernement, nous laisserions supposer plus ou moins ce qu'on a allégué, que les intérêts moraux de la société française sont, dans une certaine limite, compromis, qu'ils l'ont été et qu'ils pourront l'être davantage. (*Réclamations sur plusieurs bancs.*) Où en serions-nous alors, Messieurs?...

M. DE CHABRIER. Mais encore une fois, ce n'est que l'autorité du Sénat ajoutée à celle du Gouvernement. Quel mal y a-t-il là?

M. LE PRÉSIDENT. L'orateur, en exprimant son opinion, ne fait qu'user de l'exercice de son droit, et j'engage M. de Chabrier à ne pas l'interrompre.

M. DE CHABRIER. On a le droit de dire qu'on ne veut pas blâmer le Gouvernement quand on veut, au contraire, l'appuyer.

M. LE PRÉSIDENT. Vous n'avez pas du tout ce droit quant à présent. Vous ne pouvez prendre la parole sans la permission du président, et je vous demande formellement de ne pas interrompre. (*Assentiment.*)

M. QUENTIN BAUCHART. Je serais très-heureux et très-flatté que mon honorable collègue et ami, M. de Chabrier, voulût bien me faire l'honneur de me répondre.

M. DE CHABRIER. Je ne demande pas mieux, je dirai tout à l'heure quelques mots.

UN SÉNATEUR. On répondra très-certainement à M. Quentin Bauchart.

M. LE PRÉSIDENT. C'est précisément pour cela qu'il ne faut pas interrompre, puisque le droit de réponse de chacun est réservé.

M. QUENTIN BAUCHART. Si, dis-je, nous laissions croire à un degré quelconque que les intérêts moraux de la société française sont compromis, où en serions-nous? D'une part, des désastres, une ruine générale dans l'ordre matériel, et, de l'autre, l'immoralité, l'irréligion coulant à pleins bords dans toutes les couches sociales, voilà où nous en serions. (*Mouvement.*)

Messieurs, vous repousserez la pétition; vous la repousserez parce qu'elle n'est justifiée en rien. Que pouvez-vous demander au Gouvernement? A-t-il fait ce qu'il devait? A-t-il laissé quelque chose à faire? Qu'on le dise. Jusqu'à présent aucun des orateurs entendus ne nous a fait rien connaître à cet égard.

J'aurais compris le renvoi, Messieurs, si le Gouvernement n'était pas suffisamment armé, et pour combler les lacunes qu'aurait pu présenter la législation. Mais le Gouvernement a pour ces matières, et il l'a bien prouvé par l'usage qu'il en a fait, les pouvoirs nécessaires.

Les pouvoirs vis-à-vis des professeurs vont jusqu'à la révocation; avez-vous oublié qu'un professeur célèbre du collége de France a été révoqué? Vis-à-vis des élèves, ses pouvoirs vont jusqu'à l'exclusion d'une ou plusieurs Facultés ou de toutes les Facultés de l'Empire. Avez-vous oublié l'usage qui en a été fait, avez-vous oublié l'exclusion prononcée contre les étudiants du congrès de Liége?... Les pouvoirs du Gouvernement contre les présidents des thèses, contre ceux qui signent des thèses sans les avoir lues, ne les connaissez-vous pas? Est-ce qu'ils ne sont pas traduits dans une ordonnance de 1825, toujours en vigueur?

Est-ce que le président d'une thèse n'en est pas responsable sous le rapport de la religion, des bonnes mœurs et des lois? Que vous faut-il de plus? Ah! si le Gouvernement avait négligé l'exercice de son droit, l'accomplissement de la mission qu'il a reçue de la loi, je comprendrais vos appréhensions, vos inquiétudes... mais pouvez-vous le prétendre? Non, évidemment.

Messieurs, ne poussons pas les choses à l'extrème; peut-être pourrait-on, sans le vouloir à coup sûr, provoquer certaines représailles.

Ainsi, il y a eu des pétitions contre les établissements de l'État; qui vous dit qu'il n'y en aurait pas contre l'enseignement libre, contre les établissements privés?

Si parfaits qu'on les suppose, qui peut répondre qu'il ne s'y soit jamais introduit une irrégularité, un abus quelconque, un certain désordre?

On a dénoncé des thèses de docteurs en médecine, qui vous dit qu'on ne dénoncera pas des thèses de docteurs en théologie? On a signalé des tendances matérialistes, qui vous dit que l'on ne signalerait pas des tendances cléricales? Et ce n'est pas une vaine hypothèse que je fais. Il y a à l'heure où je parle, devant le Sénat, une pétition dans ce dernier sens.

Quelle attitude devez-vous prendre, Messieurs? Elle me paraît bien simple.

Repousser toutes ces exagérations, de quelque côté qu'elles viennent, obliger tous les exagérés, de quelque bord qu'ils soient, à rentrer dans le calme et la modération.

Vous atteindrez ce résultat par l'ordre du jour.

L'Université, messieurs, je suis fils de l'Université, et — vous pourriez croire que je plaide pour ma mère, que j'y mets une certaine sensibilité — non, Messieurs, j'ai la prétention de parler en homme pratique et en homme politique : cette Université, quel si grand mal a-t-elle fait? Quel si grand bien a-t-elle empêché?

Regardons avec impartialité autour de nous. Que voyons-nous? Est-ce que jamais la religion a été plus honorée? Est-ce que jamais, à aucune époque, sous aucun gouvernement, les ministres de la religion ont été plus respectés, plus comblés d'égards, de distinctions?

Est-ce que jamais, à aucune époque et sous aucun gouvernement, il s'est élevé ou restauré plus de cathédrales, plus d'églises, plus de chapelles, plus de presbytères?

Est-ce que jamais, à aucune époque, il y a eu de plus grandes affluences dans les temples, dans les églises, plus de recueillement parmi ces foules pieuses? Qu'on le dise!...

Et dans cet autre ordre d'idées, Messieurs, nos savants, nos artistes, nos agriculteurs, nos industriels, nos littérateurs, nos orateurs mêmes, sont-ils inférieurs à ceux des pays voisins?

Et tous ces hommes distingués, souvent éminents et quelquefois illustres, n'est-ce pas l'Université qui les a faits?

Soyons donc plus justes et plus reconnaissants pour une de nos plus grandes et de nos plus belles institutions, et pour marquer ce sentiment d'une manière qui n'échappe à personne, n'hésitons pas à voter l'ordre du jour. (*Très-bien!*)

Si vous le permettez, Messieurs, je vous dirai un mot maintenant de la liberté de l'enseignement supérieur, et je serai bref.

Il est impossible que la commission ne s'explique pas

sur cette question, qui est en définitive la vraie question, la question capitale.

La liberté de l'enseignement supérieur, je n'en veux pas, — je ne dis pas d'une manière absolue, — je n'en veux pas alors qu'elle est demandée comme un remède à des désordres qui déshonoreraient l'État et l'enseignement donné par l'État.

Ah! si c'était une thèse de principe, si l'on posait la question de savoir s'il est opportun et s'il est désirable qu'une concurrence légitime s'établisse entre l'enseignement privé et l'enseignement de l'État, j'examinerais.

Aussi bien, Messieurs, cette thèse, on peut la prévoir; et si vous m'y autorisez, je vais en dire quelques mots.

La liberté de l'enseignement supérieur ne manquerait pas de partisans.

Elle aurait d'abord, pour partisans, et le vénérable cardinal auquel j'ai succédé à la tribune, vous le rappelait lui-même, elle aurait pour partisans ceux qui ont fait la Constitution de 1848.

Mais les pétitionnaires croient-ils que les hommes de ce temps-là feraient de cette liberté l'usage qu'ils en feraient eux-mêmes? Elle aurait pour partisans les médecins sans aucun doute; la plupart des médecins seraient très-heureux et très flattés de ce droit nouveau. Ils seraient très-heureux et très-flattés d'ouvrir des cours, des conférences publiques sur la médecine.

Il me revient à la mémoire qu'il y a quelque vingt ans, en 1845 je crois, un congrès de médecins se tint à Paris. A l'unanimité, on vota en principe la liberté de l'enseignement médical. Mais, croyez-vous, Messieurs, que des médecins qui échapperaient à la surveillance de l'État, à tout contrôle, seraient moins matérialistes que des médecins qui occupent une chaire à la Faculté de Paris? Le croyez-vous?

La liberté de l'enseignement supérieur aurait encore
d'autres partisans : les philosophes et les libres penseurs,
dont on vous a parlé hier et aujourd'hui. Les empêcheriez-
vous d'avoir leurs écoles, leurs cours publics? Le tort des
pétitionnaires et de ceux qui partagent leurs idées, c'est
de croire qu'entre les écoles de l'État et les leurs il n'y
aurait pas place pour des écoles d'une autre nature, qui
leur plairaient infiniment moins.

Je n'ai plus qu'un mot. Je vous ai dit que cette discussion n'était pas nouvelle, que la question de la liberté de
l'enseignement supérieur avait été souvent agitée, qu'elle
l'avait été sous la Restauration, sous le gouvernement de
Juillet, à différentes époques. Voici, sur cette grave question et sur les conséquences inévitables de cette liberté
formidable, je puis la qualifier ainsi : car elle est si formidable qu'aucun gouvernement, jusqu'à cette heure, même
le gouvernement parlementaire, n'a pu, ni osé la donner;
voici l'opinion de deux hommes que vous êtes habitués à
considérer comme des autorités dans cette matière :
d'abord M. le duc de Broglie :

« La liberté de l'enseignement sur ce point ne tournera
pas seulement au profit de telle ou telle communion, elle
tournera au profit de toutes les opinions philosophiques
sans aucune exception... »

Il s'agissait d'un projet de loi discuté en 1844, à la
Chambre des pairs, sur l'enseignement secondaire, projet
de loi qui n'a pas abouti.

M. le duc de Broglie continue :

« Il faut vous attendre, il faut vous préparer, quand
cette loi sera passée, à entendre parler pour tout de bon
cette fois, d'écoles dans lesquelles le cours de philosophie
aura, sous des dehors plus ou moins ménagés, une tendance
matérialiste(ce sera vrai cette fois-là), une tendance socia-
liste, une tendance panthéiste. Il y en aurait de tous les

genres : cela est dans le résultat même de la liberté d'enseignement.

« Eh bien, les accusations qu'on a portées très-injustement, à mon avis, contre l'enseignement de la philosophie, dans les écoles de l'État, seront portées bientôt, et très-justement peut-être, contre beaucoup d'écoles qui s'ouvriront sous les auspices de la loi nouvelle. »

Voici maintenant ce que dit M. le comte Portalis, qui a laissé parmi vous de si grands et si honorables souvenirs :

« .... Je crois que les faits ont été exagérés, qu'on a conclu du particulier au général, que les parties intéressées et incriminées n'ont pas été contradictoirement entendues; je crois qu'on s'est laissé aller à des préventions plus ou moins justifiables; je crois qu'il est arrivé, ce qui arrive presque toujours en pareil cas, qu'on s'est laissé emporter par le zèle ou par la passion, qu'on a dépassé les bornes, et que, par un amour excessif de la vérité de doctrine, on n'a pas pris assez soin de la vérité matérielle, on n'a pas été à sa recherche avec un esprit assez dégagé de toute prévention.

« J'écarte tout à fait ce qui a été dit de trop absolu sur la liberté de l'enseignement; je crois que l'Église aurait à déplorer un jour le succès qu'elle aurait obtenu, si la loi l'instituait parmi nous. Le but qu'elle se propose d'atteindre ne tarderait pas à être dépassé; cette liberté, qui compromettrait l'ordre public et la sûreté de l'État, ne pourrait manquer de tourner contre l'Église, car l'État et l'Église ont des intérêts communs.... J'ajoute même que l'Église en cette matière courrait encore plus de dangers que l'État. »

Il ne faut donc pas se hâter de se prononcer sur ce grave problème. Le Gouvernement a annoncé à la commission, il a fait connaître, je crois, déjà à l'Assemblée elle-même son intention. La question est à l'étude, des enquêtes se font, non-seulement en France, mais à l'étrangèr. Attendons patiemment. Je ne suis pas, quant à moi, en principe, opposé d'une manière absolue à la liberté de l'enseignement supérieur. Je suis de ceux qui croient très-résolû-, ment que l'Empereur a sagement fait d'entrer prudemment dans la voie des concessions libérales. Il n'y a pas de raison pour qu'un jour, mais il faut que l'heure soit venue, la liberté de l'enseignement supérieur n'ait pas son tour.

Mais gardons-nous de demander que le Gouvernement se presse, que le Gouvernement se hâte. Rappelez-vous tout ce qu'il a fallu d'années pour aboutir à la liberté de l'enseignement primaire. Ce n'est qu'en 1833 qu'on a pu s'entendre pour faire une loi sur l'instruction primaire qui consacre le principe de la liberté. Rappelez-vous encore combien il a fallu d'années pour que l'on se mît d'accord sur une loi relative à l'enseignement secondaire. Ce n'est qu'en 1850, après de longues discussions, que la loi qui proclame la liberté de l'enseignement secondaire a pu être votée, grâce à des transactions que de part et d'autre on semble regretter aujourd'hui.

Je vais finir; je ne vous demande plus que quelques instants.

Rappelez-vous le jugement que M. Guizot a porté sur cette loi. M. Guizot a déclaré que la lutte est encore ouverte, qu'elle continue sur la question de la liberté de l'enseignement secondaire. Que serait-ce donc si vous alliez l'ouvrir sur la question bien autrement redoutable de la liberté de l'enseignement supérieur? Et de quel enseignement s'agit-il? S'agit-il du système consacré par la loi de 1850? Est-ce ce système qu'on voudrait appliquer à l'enseignement supérieur? Je n'y répugnerais pas pour ma part.

Mais on va plus loin, et j'en dois juger par certaines expressions qui ont échappé aux pétitionnaires et à certaines déclarations que nous avons entendu émettre au milieu même de cette assemblée.

On veut aller beaucoup plus loin, jusqu'au système belge pour le moins. — Mais alors c'est l'exclusion de toute surveillance de l'État dans les écoles libres, même au point de vue de la santé et des bonnes mœurs; peut être voudrait-on aller, — et je suis autorisé à le croire, car il y a à cet égard, sinon des indications précises, au moins des rumeurs suffisantes pour nous éclairer, — peut-être irait-on, dis-je, jusqu'à l'organisation des grandes facultés protestantes d'Angleterre, des universités d'Oxford et de Cambridge. Ces universités, en effet, confèrent des grades, et c'est là où l'on veut en arriver. Si un système d'enseignement morcelé, d'instruction morcelée, convient à la société anglaise, avec ses divisions, avec ses couches sociales superposées, avec son aristocratie, avec ses corporations ouvrières, est-ce qu'un pareil système conviendrait à notre nation, à son unité, non-seulement territoriale, mais politique, morale, intellectuelle, à cette unité qui a fait dans le passé et qui fera de tout temps sa grandeur? Incontestablement non.

Dans tous les cas, vous auriez tous ces problèmes à résoudre, vous auriez des discussions extrêmement passionnées. C'est inévitable; dans ces matières, toutes les susceptibilités, toutes les passions sont mises en mouvement, et savez-vous quel en serait l'effet le plus immédiat et le plus certain? Ce serait de nous diviser profondément dans un temps où le concours de tous nos efforts et la réunion de toutes nos forces ne sont pas de trop pour conjurer le péril commun. Eh bien, Messieurs, c'est parce que nous avons eu cette pensée et qu'après une étude sérieuse nous avons craint des discussions irritantes, faites pour agiter les esprits dans un temps où tout rend désirable, au contraire, plus de calme et de modération dans les idées et dans les sentiments ; c'est parce que nous avons eu cette pensée que nous nous sommes décidés à l'unanimité cette fois, — car sur la question de principe, sur la question de liberté d'enseignement, il n'y a pas eu de désaccord dans la commission, — à proposer au Sénat l'ordre du jour et que nous y insistons avec plus de force que jamais. (*Mouvement d'approbation.*)

M. LE BARON DUPIN. Monsieur le Président, je demande à dire un mot pour un fait personnel.

M. LE PRÉSIDENT. La parole est à S. Ém. le cardinal de Bonnechose ; toutefois, s'il s'agit d'un fait personnel, M. Dupin peut prendre la parole.

M. LE BARON DUPIN. Messieurs les sénateurs, vous venez d'entendre un des membres de la commission qui a bien voulu me faire l'honneur de me citer deux fois sur deux faits particuliers. Il aurait dû être complet.

J'ai été sincère à l'égard de différentes personnes; je ne l'ai pas été moins pour la commission; j'ai droit à ce que nos honorables contradicteurs le soient également vis-à-vis de moi. Eh bien, chose extraordinaire ! l'orateur qui descend de la tribune a combattu positivement une des considérations les plus importantes qu'a fait valoir la commission. C'est la déclaration que j'ai citée et lue à la tribune, déclaration rédigée par M. Chaix d'Est-Ange, le rapporteur, qui constate ce qui s'est passé dans la séance de l'École de médecine. Et cependant vous venez d'entendre tout ce qu'on vous a dit pour prouver que, de tout ceci, il n'en était rien.

M. LE PRÉSIDENT. Il n'y a pas là de fait personnel; vous rentrez dans la discussion.

M. LE BARON DUPIN. Je vous demande pardon, Monsieur le Président.

PLUSIEURS SÉNATEURS. Ce n'est pas là un fait personnel.

M. LE PRÉSIDENT. C'est étranger au fait personnel, pour

lequel seul vous avez la parole. Monsieur le baron Dupin, vous n'avez pas été attaqué personnellement. Vous parlez sur le fond du discours.

M. LE BARON DUPIN. Je l'ai été assez souvent. (*Non! non!*)

Quoi qu'il en soit, je voulais protester et bien établir que du moment que j'ai apprécié avec impartialité ce qui peut atténuer la gravité des faits allégués, j'avais le droit de réclamer la même justice que j'ai rendue à M. le rapporteur de la commission quand il a montré ce qu'on a voulu précisément détruire ici; car il résulte de ce que vous venez d'entendre que si l'orateur qui descend de la tribune et qui a parlé comme membre de la commission a eu raison, M. le rapporteur a eu tort.

M. CHAIX D'EST-ANGE, *rapporteur.* Le Sénat veut-il me permettre un mot de rectification relativement à l'opinion que l'honorable M. Dupin vient d'émettre ?

M. le baron Dupin a eu la bonté de me citer, dans des termes dont je le remercie, lorsqu'il a parlé du rapport; mais il a cru que j'avais raconté moi-même au nom de la commission les faits articulés dans la pétition, et que la commission en avait reconnu la vérité. La commission n'en a pas le moins du monde reconnu la vérité, pas plus que le rapporteur. Pour être exact et impartial, j'ai donné la pétition tout entière; le Sénat a été mis ainsi au courant de tout ce qui avait été dit. Je ne me suis pas approprié la pétition, non plus que ne l'a fait la commission. Je me suis borné à répéter ce que dit le pétitionnaire, dont le récit n'est autre que celui du *Phare de la Loire*, démenti, ainsi que l'a dit la commission, par l'enquête ordonnée par M. le Ministre de l'instruction publique. C'est donc par une erreur assurément très-involontaire que l'honorable baron Dupin, d'ailleurs si bienveillant pour moi, a pensé que la commission avait reconnu la vérité des faits articulés dans la pétition, concernant la scène de l'École de médecine de Paris.

Non ! nous n'avons pas reconnu la vérité de ces faits. J'ai copié la pétition ; j'ai reproduit l'article du *Phare de la Loire*, et voilà tout.

M. LE BARON DUPIN. Le rapport renferme des appréciations très-positives et sur lesquelles il ne saurait y avoir de doute ; c'est à celles-là que j'ai adressé des éloges.

M. LACAZE. La page 22 du rapport est-elle une appréciation de la pétition, contient-elle l'expression des sentiments de la Commission ?

PLUSIEURS VOIX. C'est cela !

M. LE RAPPORTEUR. Je veux bien discuter le rapport, je ne demande pas mieux ; mais ce n'est pas, je crois, le moment, et je ne sais pas de quel passage vous voulez parler, sur lequel vous demandez des explications.

M. LACAZE. Voulez-vous que je vous le lise ?

PLUSIEURS SÉNATEURS. Non ! non ! Laissez la discussion suivre son cours.

M. LE PRÉSIDENT. La parole est à monseigneur de Bonnechose.

S. ÉM. M. LE CARDINAL DE BONNECHOSE. Après une séance déjà très-prolongée, votre attention est peut-être un peu fatiguée. Je réclame donc toute votre indulgence et votre patience.

M. DE CHABRIER. Son Éminence voudrait-elle me permettre, puisque j'ai été interpellé, de dire un mot de ma place !...

PLUSIEURS SÉNATEURS. Laissez parler Son Éminence.

M. LE PRÉSIDENT. Monsieur de Chabrier, vous n'avez pas la parole.

M. DE CHABRIER. Si Son Éminence le permet ?

M. LE PRÉSIDENT. On ne peut pas ainsi intervertir des inscriptions.

S. ÉM. M. LE CARDINAL DE BONNECHOSE. Je ne m'y oppose pas pour ma part.

DE TOUTES PARTS. Non! non! Parlez, Monseigneur.

S. ÉM. LE CARDINAL DE BONNECHOSE. La question qui nous occupe, Messieurs, est une question de raison et de justice. Je désire la dégager de toutes les considérations personnelles qui pourraient la rétrécir et rendre sa solution plus difficile. Quant aux personnes, je ne suis animé envers elles que de sentiments de confiance et de bienveillance. Mais quant aux doctrines, nous leur devons un examen exact et sévère.

J'examine d'abord la pétition en elle-même. J'y vois deux points : on demande la liberté de l'enseignement supérieur, et on se fonde pour la demander sur l'enseignement matérialiste de l'École de médecine de Paris. Différents arguments sont donnés pour prouver cet enseignement matérialiste; ils ont été tout à l'heure appréciés; je pourrais les apprécier à mon tour. Mais, comment motiver l'ordre du jour sur une pareille pétition? Elle est convenable dans la forme, le fond en est sérieux, et touche à des intérêts de l'ordre le plus élevé.

Les faits allégués par le pétitionnaire sont *vrais*. De plus ils sont *graves* et dénotent un danger réel pour les familles et pour la société.

Un remède est donc nécessaire. Celui qu'indique le pétitionnaire est demandé par beaucoup d'esprits éclairés. Ce remède, la liberté de l'enseignement supérieur, est mis en pratique dans plusieurs États de l'Europe; on peut donc examiner comment il fonctionne et l'apprécier par ses résultats. Si le Sénat ne le juge pas parfaitement efficace ou opportun, il reconnaîtra du moins que la situation ne peut demeurer ce qu'elle est.

Il est évident qu'il y a quelque chose à faire. En renvoyant la pétition au Ministre compétent, nous l'invite-

10

rons à y pourvoir. Cette mesure assurément n'aurait rien
d'injurieux, et n'offrirait aucun inconvénient.

L'ordre du jour au contraire serait funeste ; car, comme
le disait tout à l'heure l'honorable M. Quentin Bauchart,
il serait interprété par l'opinion publique en ce sens que
le mal signalé, et qui excite de si vives réclamations,
est à vos yeux chimérique, ou que les remèdes appliqués
jusqu'à présent vous paraissent suffisants, enfin que le
Sénat est satisfait de l'état de choses actuel à la Faculté
de médecine de Paris, ou tout au moins qu'il s'y résigne.

Or, telle ne peut être la pensée du Sénat. Messieurs,
nous devons une satisfaction aux alarmes et aux plaintes
des familles, nous devons à la société, menacée par l'invasion du matérialisme une protestation et un témoignage
de sollicitude qui la rassure. Nous devons à notre conscience de faire tout ce qui est en notre pouvoir pour
arrêter le mal et lui opposer un remède. A tous ces points
de vue, le renvoi à Messieurs les Ministres me semble
indispensable, et je vous prie de me permettre de développer mes motifs.

J'ai d'abord dit que les faits allégués par le pétitionnaire
sont vrais.

Il déclare que l'enseignement de la Faculté de médecine de Paris est, dans un grand nombre de chaires, matérialiste; et on le conteste, mais je maintiens qu'il a raison.
Interrogez les élèves, les familles, les hommes de tous les
rangs, interrogez les médecins eux-mêmes, parmi lesquels
il y en a tant d'honorables, pour ne pas dire tous, ils vous
diront qu'aujourd'hui même, par une fatale tendance,
l'enseignement matérialiste est devenu dominant dans la
Faculté de médecine de Paris. Si la commission en
doutait, elle pourrait faire une enquête. Mais à quoi bon
une enquête? elle est déjà faite. Vous avez au bas de cette

pétition deux mille cent trente-deux signatures. On a prétendu que six cents de ces signatures y avaient été apposées par le pétitionnaire lui-même. Mais qu'a-t-on voulu
dire? Qu'il était un faussaire? Évidemment, non. Ces
signatures ont été apposées à la suite de lettres qui sont
elles-mêmes déposées dans les archives du Sénat, et qui
l'autorisaient à le faire.

On ne peut donc pas contester ces signatures.

Voilà donc 2,132 citoyens français qui appellent votre
attention, Messieurs les sénateurs, sur l'enseignement
matérialiste de l'École de médecine de Paris.

D'ailleurs, comment l'enseignement oral des professeurs
ne serait-il pas matérialiste, lorsque dans tous leurs écrits
nous trouvons l'empreinte de doctrines matérialistes.
MM. Robin, Broca, Vulpian, Sée et plusieurs autres ne
s'en cachent pas. Leurs nombreux disciples le proclament
ouvertement dans leurs thèses et dans les journaux. Il
faudrait fermer les yeux à l'évidence pour conserver à cet
égard le moindre doute.

Il y a dans l'École de médecine un livre qui est considéré
comme le manuel des élèves. Je lisais aujourd'hui même
dans un journal que les élèves entr'eux l'appellent leur
bréviaire. (*Hilarité.*) C'est un dictionnaire abrégé de médecine, ouvrage très-commode, puisqu'on n'a qu'à l'ouvrir
pour y trouver tout ce dont on a besoin. Ce dictionnaire
qui existe depuis de longues années s'est transformé.

Il était, primitivement, parfaitement spiritualiste et
chrétien, car il avait eu pour auteur M. Capuron. Après
M. Capuron est venu M. Nysten, qui en a donné une autre
édition, à laquelle il conserva le caractère spiritualiste.
Depuis M. Nysten, MM. Robin et Littré s'en sont emparés
et en ont donné de nouvelles éditions dans lesquelles ils
ont empreint le cachet de leur doctrine tout entière matérialiste.

Je vous demande la permission, pour vous montrer, Messieurs, que je ne m'appuie pas seulement sur des allégations, de vous en lire quelques citations.

M. Robin, vous le savez probablement, est un élève de Comte, le triste auteur du positivisme; M. Littré partage la même doctrine. Positivisme et matérialisme, malgré certaines subtilités qui divisent ces Messieurs, c'est tout un. Voici quelques définitions qui suffiront pour vous faire juger du reste.

Au mot : *âme,* on lit ceci : « L'*âme* est un *terme* qui, en biologie, exprime, considérée anatomiquement, l'ensemble des fonctions du cerveau et de la moelle épinière, et considérée physiologiquement, l'ensemble des fonctions de la sensibilité. »

Évidemment la conséquence d'une telle définition est qu'en nous tout est matière et que l'âme est un vain mot.

« L'*esprit*, disent encore les auteurs du dictionnaire, défini physiologiquement, c'est la propriété qu'à le cerveau de connaître le vrai et le faux. »

Ainsi on voudrait nous condamner à croire que la matière enfermée dans la boite osseuse du crâne est douée du discernement du vrai et du faux.

Veut-on savoir comment ces Messieurs caractérisent les idées ? « *Idées :* on donne ce nom au résultat exprimé ou non, du mode d'activité propre à chaque partie du cerveau, qui préside aux instincts, à l'intelligence et au caractère. »

Voyons maintenant la pensée :

« La *pensée* est inhérente à la substance cérébrale, tant que celle-ci se nourrit, comme la contractibilité aux muscles, l'élasticité aux cartilages et aux ligaments jaunes.

« L'une ne va pas sans l'autre; elle est innée, en un

mot, au même titre que la contractibilité, ou que les propriétés appartenant à chaque corps. »

Idée, pensée, ne sont donc, selon cette doctrine, que des propriétés de la matière.

Mais la conscience, qui doit servir de règle à la vie, la conscience, qu'en font-ils ? Écoutez encore :

« La *conscience*, dans l'acception ordinaire du mot, est un mode d'émotion ou de modification de l'ensemble des instincts altruistes (dit ordinairement sens moral). »

Je ne sais, Messieurs, si vous pouvez comprendre ce que c'est qu'un « *mode de modification*, » (*Hilarité*.), mais ce qui m'apparaît clairement dans ce jargon, c'est qu'une conscience ainsi définie n'est plus rien du tout. (*Rires d'approbation*.); et que les jeunes gens qui n'auront plus d'autre frein pour leurs passions qu'un « mode de modification de l'ensemble des instincts altruistes, » se donneront licence en toutes choses. (*Très-bien! très-bien!*)

Je ne veux pas abuser, Messieurs les sénateurs, de votre patience et de votre attention. J'abrége donc ces citations du dictionnaire de MM. Robin et Littré, et, au lieu de les multiplier, je m'en réfère à l'étude que vous avez pu ou que vous pourrez en faire.

Cependant, je dois vous avertir qu'un grand nombre d'éditions ont été faites; les citations que j'ai données ont été tirées du livre que j'avais entre les mains; il a été imprimé en 1855, et c'était déjà la dixième édition.

PLUSIEURS SÉNATEURS. Quel est son titre?

S. ÉM. M. LE CARDINAL DE BONNECHOSE. C'est le *Dictionnaire de Médecine*, par MM. Robin et Littré.

M. LE COMTE DE SÉGUR-D'AGUESSEAU. Il s'appelait autrefois le *Dictionnaire de Nysten*.

S. ÉM. M. LE CARDINAL DE BONNECHOSE. Or, depuis 1855, une autre édition a été faite, en 1858; j'ai vérifié les mêmes mots, et je n'ai vu de différence que dans le mot *pensée*. Cette différence est à peine perceptible, et ne change rien à l'esprit de la définition. Enfin, la douzième et dernière édition, qui a été faite depuis les réclamations qui se sont élevées, est de 1865.

Voici ce que j'y trouve. Permettez-moi de reprendre encore quelques-uns des mots que je viens de vous lire, afin que vous sachiez bien que je suis sur un terrain solide et incontestable.

« *Ame*. Terme qui, en biologie, exprime l'ensemble des fonctions du cerveau, ou l'innervation encéphalique... Cette définition résulte du dogme scientifique actuel qui n'admet ni propriété ou force sans matière, ni matière sans propriété ou force, tout en déclarant ignorer absolument ce que c'est en soi que force et matière. »

Ainsi tout n'est que force et matière. Voilà des jeunes gens bien avancés ! (*Rires.*)

Quant à l'*esprit*, après une dissertation sur l'existence des esprits en dehors de nous, auxquels on a cru dans l'ancien temps, mais auxquels on ne peut plus croire maintenant, l'article se termine par ces deux lignes qui donnent la signification de tout le passage. On définit l'esprit « physiologiquement, la propriété qu'a le cerveau de connaître le vrai et le faux. » C'est toujours la même chose.

« L'*idée* est le résultat de l'application à un objet particulier de la faculté générale de penser que possède le cerveau. »

Quant à la *pensée*, dont ils ont voulu un peu modifier la définition, l'article est dans son ensemble complétement matérialiste. Vous pouvez le lire, l'auteur cherche à expliquer la définition qu'il a donnée de la pensée dans son édition précédente.

L'article *métaphysique* est également matérialiste.

Voyez le mot *philosophie* avec ses trois phases successives : *théologique*, *métaphysique* et *positive*.

Il me resterait la définition de l'homme, qui nous intéresse tous.

M. LE COMTE DE SÉGUR-D'AGUESSEAU. Voyons la définition de l'homme par ces Messieurs.

S. ÉM. M. LE CARDINAL DE BONNECHOSE. Elle est extrêmement longue; je ne vous en lirai qu'une partie, vous
pourrez lire le reste.

M. de Bonald avait défini l'homme : « Une intelligence
servie par des organes. » Béclard avait adopté cette définition.

Diderot et d'Alembert eux-mêmes, dans leur encyclo-
pédie, l'avaient ainsi défini :

« L'homme est un composé de deux substances : l'une
qu'on appelle âme, l'autre connue sous le nom de corps. »

Voici maintenant comment les auteurs du dictionnaire
le définissent :

« *Homme :* Animal mammifère de l'ordre des primates,
(*Hilarité générale.*) famille des bimanes, caractérisé taxi-
nomiquement par une peau à duvet, ou à poils rares; nez
proéminent au-dessus et en avant de la bouche, qui est
pourvue d'un menton bien distinct; oreille nue, fine, bor-
dée, lobulée; cheveux abondants; pieds et mains différents, nus ou à peine duvetés; muscles fessiers saillants
au-dessus des cuisses, jambe à angle droit sur le pied avec
des hanches saillantes. »

Voilà toute la définition de l'homme. (*Nouvelle hilarité
prolongée.*)

Voici d'autres erreurs que je crois devoir signaler, parce
qu'elles nous attaquent directement.

« Ce sont les tendances à la recherche absolue des
causes premières, et divers préjugés religieux qui ont fait
admettre la dérivation de toutes les espèces d'un couple
unique.

« Dans les premiers temps du développement humain,

cette possession de la raison abstraite ne donna pas à l'homme de très-grands avantages sur les animaux supérieurs. Tout se borne à ce qu'il se fabrique quelques instruments et quelques armes pour satisfaire mieux qu'eux les besoins qu'il a en commun avec eux, et rien d'abord ne pourrait faire prévoir l'écart énorme qui finalement va survenir. »

Ainsi, vous voyez, Messieurs, la Bible, la création de l'homme, le péché originel, la croyance chrétienne, etc., tout cela est sapé par la base.

S'ils arrivaient à cette espèce de dogme par des déductions logiques, on pourrait dire que la science réclame ses droits; mais non, ils se bornent à affirmer, et il n'y a absolument aucune preuve à l'appui de leurs assertions. Mais ce n'est pas tout, je dois avoir recours à un autre ordre d'idées. Ce qui n'est pas moins concluant, ce sont les cours sur la physiologie...

M. LE MINISTRE DE L'INSTRUCTION PUBLIQUE. Monseigneur, voulez-vous me permettre un simple mot sur ce dictionnaire de Nysten?

L'Université, Messieurs, est responsable de tous les livres qui sont dans les écoles primaires et secondaires.

Elle n'a aucun moyen d'action sur les ouvrages qui peuvent circuler dans les écoles d'enseignement supérieur, attendu que ces livres sont achetés ou lus au gré des élèves, et que les professeurs s'interdisent, par un scrupule que l'on comprendra, toute recommandation particulière d'un ouvrage.

Des deux auteurs qui viennent d'être nommés, l'un, il est vrai, est professeur à l'École de médecine; l'autre n'appartient pas à l'Université.

Quelle est la part de l'un ou de l'autre? je n'en sais rien, mais la collaboration de M. Robin au dictionnaire de Nysten est très-ancienne et antérieure à sa nomination;

qui date de six années, et ne peut justifier les accusations adressées en ce moment à l'École de médecine.

Je prendrai la liberté de demander à Monseigneur de vouloir bien me dire quel moyen un ministre de l'instruction publique peut employer pour empêcher un étudiant en médecine, qui demeure dans une maison soustraite à la direction de l'État, de prendre tel ou tel livre. Quels sont les ouvrages dont se servent les étudiants? Je n'en sais rien et n'en peux rien savoir.

M. LE COMTE DE SÉGUR-D'AGUESSEAU. C'est un avertissement de père de famille.

M. LE MINISTRE DE L'INSTRUCTION PUBLIQUE. L'avertissement est donné.

S. ÉM. M. LE CARDINAL DE BONNECHOSE. Ce que M le Ministre a l'honneur de me dire en m'interrompant confirme ce que je disais en commençant. Je ne dirige d'attaque contre personne; j'écarte tout ce qui pourrait être un blâme pour qui que ce soit, mais je crois devoir constater le fait que j'ai sous les yeux. Un peu plus tard, nous en tirerons des conséquences.

M. le Ministre pourra décliner sa responsabilité, et moi même je serai peut-être heureux de prendre acte de son impuissance à cet égard, pour en tirer d'autres conclusions. (*Très-bien! très-bien!*)

J'avance, et cependant je m'arrête encore un instant sur ce dictionnaire, puisque Son Excellence m'a interrompu. Ce dictionnaire porte pour noms d'auteurs MM. Robin et Littré. M. Robin est un médecin, un professeur connu, et je dois croire que sa part de collaboration est la plus grande. Tout au moins il en prend la responsabilité : c'est son livre; il en a les profits. Or, M. Robin est professeur titulaire, il est par cela même examinateur et il voit bien, quand l'élève passe sous ses yeux à l'examen, s'il a plongé le regard dans son dictionnaire, et s'il est pénétré de ses doctrines. Croyez-vous qu'il pousse toujours l'impartialité jusqu'à mettre au même niveau celui qui repousse ses doctrines ou celui qui s'en est pénétré ? Je n'en dis pas davantage.

Mais ce qui n'est pas moins concluant, Messieurs, ce sont certaines leçons sur la physiologie du système nerveux faites au Muséum par M. Vulpian, — il faut bien le nommer, — alors agrégé à la Faculté de médecine, et maintenant titulaire. Ces leçons sont imprimées, et voici ce que j'y lis :

« La volonté, telle qu'on l'entend habituellement, fait partie intégrante des facultés cérébrales.

« Les volitions sont des manifestations exclusivement cérébrales.

« Nous admettons sans aucune restriction que les phénomènes intellectuels des animaux sont du même ordre que ceux de l'homme. »

On dira que ces doctrines n'ont pas été enseignées à la Faculté de médecine. Non, c'est possible; mais elles l'ont été dans une autre enceinte; le professeur n'en a probablement pas changé. Nous pouvons donc supposer qu'il donne toujours le même enseignement à ses élèves.

Enfin, Messieurs, serait-il hors de propos de rappeler ici le témoignage d'un interne des hôpitaux, écrivant à plusieurs journaux une lettre dans laquelle on trouve ce qui suit : « Allez aux cours de MM. Vulpian, Sée, Broca, Axenfeld, Robin et autres ; voyez l'amphithéâtre comble, quinze cents jeunes gens attentifs à la parole du maître, et dites à vos lecteurs que le matérialisme, c'est-à-dire la science, compte des adeptes énergiques? »

Faut-il s'étonner que les élèves deviennent matérialistes lorsqu'ils reçoivent de leurs professeurs des leçons telles que celles-ci :

« Voici ce qu'il faut penser de la vieille hypothèse de

l'âme humaine. Rien ne se perd. Une pile électrique est en activité, on la démonte, plus d'action électrique... Un homme vit. Sous l'influence de ses organes, il se produit une espèce particulière de mouvement que j'appellerai le mouvement vital, et qui renferme le sentiment et l'intelligence. Un organe essentiel est lésé, ce mouvement cesse de se produire... la vie s'éteint, l'individu cesse d'exister. Entre un être vivant et une pile en activité, entre un être mort et les débris d'une pile détruite, l'analogie est complète... Les atomes qui composent mon corps iront, après ma mort et même pendant ma vie, former d'autres corps différents du mien; mais moi, individu déterminé, défini, ayant une existence séparée de ce qui m'entoure, j'aurai cessé d'exister. »

Ainsi s'exprimait, l'année dernière, dans la leçon d'ouverture de son cours complémentaire, M. Naquet, agrégé des sciences chimiques, en exercice près la Faculté de médecine de Paris. Et comme les actes doivent être en harmonie avec les paroles, voici l'exemple qu'il donna à ses élèves : « M. Naquet, dit l'*Avenir*, vient de perdre sa petite fille. On se réunira à la maison mortuaire pour se rendre directement au cimetière. »

Depuis, ce professeur, agrégé à l'École de médecine, a été impliqué dans un procès politique et condamné à la détention. Je n'en suis pas surpris. M. de Bonald n'a-t-il pas dit : « Il y a toujours de grands désordres là où il y a de grandes erreurs, et de grandes erreurs là où y a de grands désordres. »

S'il fallait d'autres preuves de l'enseignement matérialiste donné à la Faculté de médecine de Paris, nous les trouverions dans les thèses soutenues devant elle par les jeunes gens qui suivent les cours de certains professeurs.

Je me crois autorisé à vous parler de ces thèses, puisque M. le rapporteur m'a donné l'exemple, puisqu'une de ces thèses a donné lieu à une répression de la part de M. le Ministre; mais vous avez entendu tout à l'heure l'honorable préopinant arguer de l'isolement de cette thèse : qu'est-ce qu'une thèse passée dans le cours de plusieurs années, qu'est-ce qu'un élève sur dix mille? Je me suis procuré un grand nombre de ces thèses, et il y en a beaucoup que je pourrais vous soumettre, qui renferment des opinions et des assertions aussi monstrueuses que celles qui ont donné lieu à cette dernière condamnation. Je ne puis vous fatiguer en vous faisant passer tout cela sous les yeux ; je vous demande la permission de vous en citer seulement deux ou trois

Je ne prends que les années dernières.

Dans celle soutenue en 1865 par M. Paul Escot, ce jeune homme déclare que la matière est éternelle, qu'il n'y a pas de Créateur ni de vie future, et que les grands hommes qui ont revendiqué l'immortalité l'ont fait par orgueil.

Dans la thèse dont vous a entretenus M. le rapporteur et qui fut présentée à la Faculté de médecine le 30 décembre dernier, l'élève niait le libre arbitre, la distinction du bien et du mal, et la responsabilité humaine. Il assimilait l'homme à la bête et refusait à la société le droit de juger et de punir.

Dans une autre thèse, soutenue le 15 juillet 1867 par M. Paul Cholet, cet élève professe ouvertement le matérialisme et le socialisme. Il dit en toutes lettres, en s'appropriant les paroles du docteur Moleschott : « La pensée nous apparaît comme un mouvement de la matière; » et un peu plus loin : « Sans la matière, rien ne peut exister : *Nihil ex nihilo, nihil in nihilum posse reverti*, a dit Lucrèce. Cette vérité, reconnue après le poète latin par l'expérience et l'observation, poursuit l'auteur de la thèse, ne pourra plus être bannie du domaine de la science. »

Ailleurs il dit : « Le calorique résume en lui toutes les

forces... Il ne procède point de ce *mythe nommé la cause première*, mais il est le résultat de la transformation de la matière, et à ce titre nous le trouvons tout entier dans l'alimentation. »

Il ne faut pas s'étonner si les jeunes gens, imbus de ces doctrines, s'en font une arme pour soutenir le socialisme et provoquer les révolutions. Veuillez écouter le même M. Cholet dans la même thèse, soutenue sans réclamation de la Faculté, en juillet dernier : « L'économie officielle, d'après la loi de l'offre et de la demande, assimile le travail à la marchandise. L'homme est pour elle comme la machine à feu... lorsqu'il est usé, on le renouvelle. Que le producteur se pénètre bien de cette idée : tant que le travail sera considéré comme marchandise, il arrivera fatalement à la servitude, à la maladie, à la mort... Cette loi du travail déclare la classe ouvrière exploitable à merci, comme la gent corvéable et taillable de la société féodale. »

« Le prolétariat dont nous nous occupons exclusivement dans cette étude, dit un peu plus loin M. Paul Cholet, put un moment, sous le règne de la Commune, revendiquer ses droits à l'alimentation : malheureusement ce moment fut trop court, grâce à la réaction bourgeoise, qui aurait dû se rappeler son esclavage de la veille... De nos jours, le travailleur est obligé de se brûler pour une caste nouvelle, la bourgeoisie. » (P. 21 de la thèse.)

Dans cette thèse de quoi l'élève ne s'occupe-t-il pas ? Les maisons ouvrières, les crèches, la propriété, la charité sont condamnées au nom de la science.

Les maisons ouvrières, « ce sont des espèces de cabanons où la vie est impossible, et pour l'acquisition desquelles l'ouvrier est obligé de se tuer trois ou quatre ans plus tôt. C'est un nouveau genre d'exploitation très-habile de la part des maîtres. »

Les crèches, « ce sont des boîtes de mort ». (*Rumeurs.*)

Le capital, « ce n'est rien. »

La charité, je cite textuellement : « elle doit être condamnée, parce qu'elle ne donne point droit à la vie, et qu'elle est la loi du bon plaisir. »

Voici les conclusions de ce monsieur (*On rit*) :

« Revenons à la science pure ; là seulement nous trouverons une bonne organisation du travail. Voilà les résultats de la science, seule elle aura conduit à ce grand axiome : Tous les hommes doivent produire. Aussi le corps social ne se maintiendra et ne progressera qu'en renversant la classe des oisifs vivant aux dépens du travailleur, c'est-à-dire de ses aliments et de ses propres tissus. Il doit donc s'organiser de telle sorte qu'il n'ait des devoirs à remplir et des garanties à offrir qu'à la classe productive seule. » (*Rumeurs prolongées. — Sensation.*)

Croyez-vous, Messieurs, qu'un jeune homme animé de tels sentiments et professant de telles théories donne beaucoup de garanties à la société ? (*Mouvement.*)

M. LE BARON BRENIER. A-t-il été reçu ?

S. ÉM. M. LE CARDINAL DE BONNECHOSE. Oui, il l'a été.

Voilà pourtant quelles thèses on peut soutenir impunément à l'École de médecine de Paris !

Un autre élève, qui a soutenu sa thèse le 25 juillet 1867, en présence de MM. Robin, Béhier, Sée et Naquet, déclare dans sa préface imprimée que toutes les bases de son travail sont empruntées à M. Auguste Comte, et que, quoi qu'il advienne de cette étude, elle aura toujours pour résultat de manifester son entière adhésion à la doctrine positiviste... « Si je puis contribuer à en vulgariser quelques idées, dit-il, j'aurai atteint mon but. » Or, vous savez, Messieurs, que, malgré des distinctions subtiles, le positivisme et le matérialisme ne font qu'un.

Cette thèse a pour sujet : *Les symptômes intellectuels*

de la folie, et l'auteur, M. Eugène Sémerie, y affirme que la morale, malgré ses prétentions absolues, est la plus relative de toutes les sciences... que la stabilité de nos opinions résulte de la subordination du cerveau à l'humanité et au monde.

« Il m'a paru, ajoute-t-il, — ceci est nouveau, — que tandis que l'état normal se caractérise par un abandon de plus en plus complet des idées théologiques, la maladie, au contraire, se caractérisait par un retour de plus en plus marqué vers ces sortes d'idées. » Et d'après ce principe, l'auteur de la thèse attribue à la folie le retour au catholicisme, ou à des idées religieuses plus marquées, de Pascal, de Newton, de Descartes, de Rousseau lui-même, et de son cher maître, Auguste Comte, qui a eu aussi, à ce qu'il paraît, son court moment « d'égarement et de rétrogradation », et s'est confessé à Lamennais. L'auteur de la thèse conclut ainsi :

« Donc, rétrogradation monothéique caractérisée par un retour complet chez ceux qui étaient émancipés, par une exagération très-notable chez ceux qui ne l'étaient pas, tel est dans le plus grand nombre des cas le commencement du délire. »

Ainsi, Messieurs, d'après les théories de cette thèse soutenue devant la Faculté, et admise par elle, plus on se rapproche des idées religieuses et plus on se rapproche de la folie ; plus, au contraire, on repousse toute espèce de surnaturel, plus on revient à l'état normal de l'homme, plus l'homme rentre en possession de la santé intellectuelle. Je vous laisse à tirer les conséquences de telles doctrines.

Je prie le Sénat d'excuser la longueur de ces citations, et de ne pas regretter le temps que j'ai pris pour les lui faire connaître.

UN TRÈS-GRAND NOMBRE DE SÉNATEURS. Parlez! parlez! très-bien!

S. ÉM. M. LE CARDINAL DE BONNECHOSE. Si je ne voulais ménager ses moments, je montrerais comment ce mouvement des esprits, dans la Faculté de médecine de Paris, se rattache à un travail général pour corrompre la société tout entière. Je parlerais de ces établissements où trois cents jeunes filles reçoivent dans Paris même un enseignement en dehors de toute religion, et dont la directrice est morte dernièrement aussi en dehors de toute religion. Je rappellerais le discours de l'époux qui a survécu, glorifiant cette mort en présence de toutes ses élèves réunies autour de la tombe. J'appellerais votre attention sur un fait plus grave, sur cette ligue de l'enseignement dont M. Macé est le principal promoteur.

Il a commencé par quelques départements de l'Est; il a envoyé partout son programme; et maintenant il s'étend de proche en proche. Il n'y a plus qu'un petit nombre de départements qui ne soient pas compris dans son réseau, quoiqu'il y ait, dans le nombre des personnes qui ont souscrit, des gens honorables, des personnes qui ne savent pas de quoi il s'agit, parce qu'ils n'ont pas approfondi la direction de tout cet enseignement, qui est contre toute espèce de religion.

Enfin, je citerais les paroles des professeurs, faisant aux citoyens de toutes les conditions des cours publics où l'Église, ses dogmes, ses traditions et son histoire sont tournés en dérision, ou déchirés par le scepticisme.

Je mettrais enfin sous vos yeux ce nombre incalculable de livres, de journaux, de revues, de feuilles légères ou sérieuses qui paraissent chaque matin dans Paris, dans nos villes de province et même dans nos campagnes pour répandre partout le mépris de ce qu'il faut croire et de ce qu'il faut respecter.

Je ne veux pas citer d'autres faits qui prolongeraient cette discussion, je veux dire seulement un mot qui rappelle l'effet de ces théories pénétrant, ainsi que le disait hier l'honorable baron Dupin, jusque dans les classes ouvrières.

Comme on les a vues se révéler pour les étudiants en médecine à Liége, on les a vues se renouveler pour les ouvriers à Genève et à Lausanne, et on a pu lire des programmes, des règlements dont le premier article était l'athéisme, et dont le dernier était la destruction du capital.

Je crois en avoir dit assez, au moins à mon point de vue, pour prouver que le grand fait qui sert de fondement à la pétition n'est pas une chimère, qu'il a sa réalité, et que nous avons sujet de nous alarmer sur la nature de l'enseignement qui est donné par un très-grand nombre de professeurs dans l'École de médecine de Paris.

Maintenant apprécions ces faits.

Ne les trouvez-vous pas très-graves, Messieurs? quelle situation font-ils aux élèves?

Les élèves arrivent, les uns avec des sentiments encore tout chrétiens; ils sortent de leur famille; ils ont un père chrétien, une mère chrétienne, qui les envoient à Paris parce qu'ils veulent leur faire embrasser la profession de médecin, et qu'il n'y a pas d'autres écoles, sauf celles de Montpellier et de Strasbourg, qui sont peut-être fort éloignées de leur résidence. Ces jeunes gens se trouvent en présence d'un enseignement qui les révolte, qui blesse leur conscience et qui est ainsi une oppression pour leur liberté.

Et ensuite, quand vient le moment des examens, et quand ils se trouvent en face de ces mêmes professeurs qui leur ont enseigné le matérialisme, quelle est leur situation, à eux qui ont voulu rester et qui sont restés chré-

tiens? N'est-elle pas de nature à leur inspirer des inquiétudes, n'est-elle pas une gêne, une injustice révoltante ?
Mais, hélas! croyez-vous qu'il s'en conserve beaucoup ?
N'est-ce pas là ce qui alarme tant de familles? Oh! nous
en avons vu plongées dans la plus profonde affliction en
voyant ce qu'étaient devenus leurs enfants. Il est assurément, bien difficile pour un jeune homme de résister à
cette fatale influence. Qui ne connaît le charme et la puissance d'une parole éloquente sortant de la bouche d'un
professeur enseignant avec l'autorité de sa position officielle et de la science? Cette séduction du dehors ne
trouve-t-elle pas des intelligences dans le cœur du jeune
homme qu'échauffent et aiguillonnent ses passions nais-
santes? Leur langage, d'accord avec celui du maître qui
aurait dû leur servir de contre-poids, ne sera que trop
persuasif.

Lorsqu'il entend dire qu'il n'y a plus de distinction entre
le *bien* et le *mal*, entre le vice et la vertu, lui est-il facile
de résister à la doctrine qui lui est enseignée? Il faudrait
une vertu bien haute, Messieurs, pour la repousser; il est
si doux, si commode, à cet âge, de croire que tout ce qui
est agréable est permis!

S'il n'y a vraiment pas d'autre Dieu que la matière;
s'il n'y a pas de vie future; si les jouissances sensuelles
doivent être tout pour l'homme, pourquoi se les refuser?

Si nous n'avons à aspirer qu'à des jouissances sensuelles
et matérielles, la plus grande sagesse ne consiste-t-elle pas
à s'en procurer le plus possible? Buvons donc, mangeons,
couronnons-nous de roses, accordons à nos sens tout ce
qu'ils désirent, car nous mourrons peut-être demain; et au
delà du tombeau il n'y a que le néant. Suivons le précepte
d'Horace : *Præsentem carpe diem*, et vivons de la vie d'Épi-
cure. Telles sont les conclusions logiques de ces doctrines
enseignées à la jeunesse sous prétexte de lui faire con-

naître la structure du corps humain et l'art de le guérir. A
l'appui de ces déductions, je citerai ce que je lisais le 1er de
ce mois dans une feuille hebdomadaire de Paris, et qui
paraît être leur organe :

« Depuis deux ou trois ans, la Faculté de médecine se
relève, et la secte obscurantiste essaye de l'étouffer à
peine naissante. Et elle a raison la secte, car elle sait bien
que, sous le nom de matérialisme, c'est la science elle-
même qui, en ruinant l'âme immortelle et la révélation,
ruine du même coup et ses espérances et sa gloire. C'est
l'humanité, et pourquoi pas? c'est la matière, c'est notre
sang, notre chair, et tous nos sens et tout notre être, flé-
tris et torturés pendant quinze siècles par le spiritualisme
nazaréen qui réclament enfin leur place au banquet, le
droit à la vie et au bonheur. Assez de paradis, assez de
symboles et de promesses; gardez vos cieux, la terre nous
suffit. Elle est à nous, veuillez nous la rendre. » (*Mouvement.*)

Voilà, Messieurs, des paroles qui ne laissent aucune équivoque.

UN SÉNATEUR. Quel journal est-ce?

S. ÉM. M. LE CARDINAL DE BONNECHOSE. C'est *le Nain
jaune.* Messieurs, pas d'équivoque, je n'attaque pas l'École
de médecine. Mais que de jeunes gens se sont laissé prendre
à ces fatales amorces d'une science falsifiée ! Qu'il me soit
permis de le dire, car souvent nous sommes les confidents
des familles, que de jeunes gens partis pleins de respect
pour les auteurs de leurs jours et d'affection pour leurs
frères, reviennent égoïstes, dédaigneux, contempteurs de
la famille, de la religion, de la société et de ses lois, ennemis de toute autorité ! Sans doute, en tout temps, comme
l'a fait remarquer l'honorable préopinant, la jeunesse a
connu les passions, et elle a eu à souffrir de leurs excès.
Mais quand elle se laissait entraîner aux voluptés sans

laisser corrompre son esprit, la conscience tôt ou tard reprenait son empire; l'homme fait, en retrouvant sa dignité, pouvait encore réparer le temps perdu et remplir dignement sa mission sur la terre.

Mais que voulez-vous attendre de celui qui ne croit plus qu'à la matière et au néant?

Et ce jeune homme, devenu médecin, comment exercera-t-il sa profession ?

Le médecin chrétien voit dans le corps humain la merveilleuse enveloppe d'une âme immortelle, et plus il l'étudie, plus il se sent pénétré de sentiments d'admiration et d'adoration pour le Créateur. Il respecte ce chef-d'œuvre de la divinité et le soigne avec amour. La charité habite avec la foi dans son cœur. Il est l'ami du riche et du pauvre. Il se prodigue le jour et la nuit, non pas pour un vil salaire, mais pour obéir à la voix du devoir et à la volonté de ce Dieu qui lui montre dans le malade un frère racheté comme lui par le sang de Jésus-Christ. Il devient son confident ; et lorsqu'il voit le péril s'approcher, lorsqu'il pressent que bientôt pour ce malade le temps va finir et l'éternité commencer, ne pouvant plus rien pour le corps qui se dissout, il donne à l'âme un dernier témoignage d'amour en l'avertissant doucement pour qu'elle se prépare à sa nouvelle existence.

Non, après le sacerdoce, je ne connais rien de plus digne de vénération et de reconnaissance que le médecin chrétien, tel que nous l'avons connu et tel que nous avons le bonheur de le connaître encore.

Mais le médecin athée, le médecin matérialiste, le médecin tel que nous le montrent ces cours, ces dictionnaires, ces thèses que j'ai eu l'honneur de vous mettre sous les yeux, que sera-t-il auprès de ses malades ?

Il ne voit en eux que des animaux un peu plus perfectionnés que le singe et le cheval. Vous figurez-vous, Messieurs, quelle répugnance vous éprouverez lorsqu'il faudra l'appeler et vous remettre entre ses mains? Que sera-t-il pendant la maladie et aux approches de la mort? Que sera-t-il auprès de votre femme, auprès de votre fille ? En certaines circonstances données, quel respect aura-t-il pour la vie de l'enfant prêt à naître? Et ces connaissances médicales dont il s'est enrichi ne peuvent-elles pas devenir, en présence de certaines tentations, des ressources et des moyens pour le crime ? (*Sensation.*) Je n'exagère rien. Nos annales judiciaires relatent sous ce rapport des faits qui font frémir.

Mais l'influence du médecin n'est pas bornée à la chambre des malades. Elle s'étend au dehors et au loin : dans nos campagnes elle peut être immense. Il a une éducation plus soignée que celle des paysans ; le docteur est le savant du lieu. Il est admis partout, il peut parler de tout, et sa parole fait autorité.

Par lui donc le matérialisme se répandra dans nos populations des champs, et alors qu'adviendra-t-il ?

Si jamais cette fatale doctrine y prend la place de la religion, le peuple français retombera plus bas que les musulmans et que les nations païennes, il retournera à la barbarie. Il y a donc là un vrai danger social.

Je crois donc, Messieurs, que les faits signalés sont vrais, qu'ils sont graves et de nature à appeler toute l'attention du Sénat, de nature aussi à nous faire rompre le silence et à nous imposer le devoir d'appeler la vigilance bienveillante et la sollicitude du gouvernement, car il ne peut tout voir. Il y a des scandales, il y a des dangers qui peuvent lui échapper, quelque attentif qu'il soit. A ce point de vue donc déjà je ne voudrais pas voter l'ordre du jour ; je voterai le renvoi à M. le Ministre. Mais il y a un autre point de vue dont nous allons nous occuper quelques instants, si vous le permettez.

11.

Le mal est constaté, quel sera le remède ? Il faut choisir entre la répression et la liberté. Le Gouvernement voudra-t-il, pourra-t-il employer le premier moyen ? J'en doute. On nous a déjà dit, au nom de M. le Ministre, que des actes de répression avaient été accomplis par l'autorité afin d'empêcher le retour de pareilles déviations.

Mais, Messieurs, vous ne changerez pas le fond des opinions ; pour couper court à tout le mal dont nous craignons le débordement, il faudrait changer les professeurs, et pour cela il faudrait licencier l'École. On ne peut en venir là. Maintenant la majorité, à ce qu'il paraît, est acquise aux professeurs matérialistes...

S. Exc. M. LE MINISTRE DE L'INSTRUCTION PUBLIQUE. Je proteste formellement contre cette assertion.

S. ÉM. M. LE CARDINAL DE BONNECHOSE. Ils font dans ce sens les présentations aux places de professeur vacantes ; cela s'est déjà fait, et c'est ainsi que se sont introduits les professeurs qui ont été nommés depuis quelque temps.

Vous courez donc le danger d'avoir, dans un avenir plus ou moins prochain, une école tout à fait matérialiste.

Que peut y faire le Gouvernement?

M. DUMAS. Monseigneur, comme ancien professeur de l'École de médecine, ayant le droit de voter, je joins ma protestation la plus complète et la plus sincère à celle de M. le Ministre de l'instruction publique. (*Très-bien ! très-bien !*)

S. ÉM. LE CARDINAL DE BONNECHOSE. Sur quoi porte-t-elle ?

M. LE MINISTRE DE L'INSTRUCTION PUBLIQUE. Sur le matérialisme prétendu de l'École de médecine.

M. DUMAS. Je ne veux laisser aucune équivoque sur ma protestation.

L'orateur affirmait tout à l'heure qu'il y avait aujourd'hui à l'École de médecine de Paris une majorité acquise parmi les professeurs en faveur de l'enseignement matérialiste.

J'ai eu l'honneur d'être professeur pendant quinze ans à la Faculté de médecine ; j'ai conservé comme professeur honoraire le droit de voter, et je suis autorisé à dire que cette majorité n'existe pas. (*Nouvelle approbation.*)

S. ÉM. M. LE CARDINAL DE BONNECHOSE. N'existe plus ?

M QUENTIN BAUCHART. N'existe pas maintenant.

S. ÉM. M. LE CARDINAL DE BONNECHOSE. Je ne demande pas mieux que d'arriver à cette conviction, que le Gouvernement, qui ne peut vouloir la diffusion des doctrines matérialistes, est investi de moyens assez efficaces, et qu'il a la volonté de les employer, pour maintenir l'enseignement de l'École de médecine dans la direction dont elle ne doit pas s'écarter.

Mais la situation est arrivée à un tel point qu'il m'est impossible de croire à une pareille efficacité dans la surveillance que le Gouvernement peut exercer. Il aurait la ressource de nommer d'autres professeurs directement et sans présentation. Or le Gouvernement a déjà essayé d'user de ce moyen. Comment l'essai a-t-il réussi ? Il s'agissait pourtant d'un homme investi de la confiance de l'Empereur. C'était M. le docteur Rayer, enlevé depuis par la mort à ses amis et à la science. M. Rayer, quoique couvert d'un si haut patronage, voulant prendre possession de sa chaire, a été accueilli de telle manière qu'il a dû donner sa démission. Donc, je crois que la demande des pétitionnaires est on ne peut plus juste et on ne peut plus opportune ; car il est souverainement inique, il est souverainement contraire à la liberté de conscience que des pères de famille chrétiens, grâce au monopole universitaire, soient condamnés à envoyer leurs enfants à l'École de médecine subir un enseignement matérialiste qui, dans certaines chaires, est incontestablement donné.

M. LE MINISTRE DE L'INSTRUCTION PUBLIQUE. Je proteste
énergiquement; si le matérialisme se produisait à l'École
de médecine, il serait à l'instant même réprimé. (*Très-
bien!*)

S. ÉM. M. LE CARDINAL DE BONNECHOSE. Eh bien, je dis
que la situation de ces jeunes gens est intolérable, parce
qu'ils sont condamnés, à leur examen, à passer sous les
fourches caudines du matérialisme. Il y a là une iniquité
qui révolte tous les cœurs. Voici ce qui justifie et légitime
la création d'un enseignement chrétien à l'École de médecine. Il faut la liberté, et nous la demandons. Tout
est là.

Cette demande est également opportune, parce que je
ne vois aucun autre moyen de satisfaire aux légitimes exi-
gences des familles. D'ailleurs, tout est préparé pour cela
depuis la Restauration. On a demandé la liberté de l'enseignement, non-seulement pour les petites écoles, pour
l'enseignement primaire et pour l'enseignement supérieur. On a attendu jusqu'en 1830. A cette époque, des
promesses ont été faites. Bien des années se sont écoulées.
Des pétitions ont été adressées aux Chambres, notamment
en 1843, pour le même objet, et M. Villemain, qui occu-
pait alors le ministère de l'instruction publique, ne crut
pas devoir s'y opposer. Je désirerais voir cet exemple
imité.

En 1847, un projet de loi sur l'enseignement supérieur
fut présenté et adopté par la Chambre des pairs; mais
les circonstances politiques ne permirent pas d'y donner
suite.

Enfin, la loi de 1850 a donné la liberté de l'enseignement
primaire et de l'enseignement secondaire sous certaines
conditions. Cette loi devait être complétée par des dispositions affranchissant et réglementant l'enseignement supérieur.

Cette loi complémentaire, demandée par les familles et promise par les pouvoirs publics, n'a pas été faite. Voici dix-huit ans qu'elle est attendue. Les pétitionnaires demandent que le Gouvernement veuille bien s'en occuper, et prient le Sénat d'appeler son attention sur ce grave sujet, en le signalant à sa sollicitude.

Je ne vois pas comment le Sénat pourrait s'y refuser.

Ce que nous demandons, ce n'est pas une chimère. C'est une chose qui fonctionne à nos portes. En Belgique, il y a quatre Universités : deux officielles, deux libres; les deux libres sont à Bruxelles et à Louvain. L'Université de Louvain peut être nommée cléricale, elle est entre les mains du clergé. Sur son organisation, sur le bien qu'elle fait, sur les inconvénients qu'elle évite, je vous engage à lire les pages si remarquables écrites par M. Le Play, aujourd'hui notre collègue.

Les jeunes gens étudient à Bruxelles et à Louvain comme à Liége et à Gand. Ces Universités libres sont autorisées même à conférer des grades, mais ces grades n'ont qu'une valeur purement scientifique. Pour être autorisé à exercer la médecine dans le royaume, il faut se soumettre à l'intervention de la puissance publique et passer un examen devant un jury mixte, composé, par le Gouvernement, de professeurs membres de l'Académie officielle, de professeurs membres des Académies libres et de médecins pratiquant la médecine. Les élèves trouvent ainsi des garanties d'impartialité; en même temps, le Gouvernement a toutes les garanties de science et d'instruction qu'il est en droit d'exiger. Il me semble qu'une pareille organisation concilie tous les droits, ceux de la science et de la conscience, puisqu'elle a respecté ceux des familles et ceux de la société.

Voyons les objections.

On a élevé des doutes sur les paroles citées dans la pétition par M. Giraud. On a prétendu que c'était un journal qui pétitionnait.

Ce monsieur est rédacteur d'un journal. Nous connaissons bien d'autres journalistes parfaitement honorables ; mais compte-t-on pour rien ces 2,132 personnes, dont la plupart sont pères de famille, qui se sont jointes à lui en le remerciant de s'être fait leur organe? D'ailleurs, le fait positif qu'il allègue sert de base fondamentale à sa vraie demande, celle de la liberté de l'enseignement : c'est le matérialisme dans l'École de médecine.

Je crois en avoir dit assez pour faire partager nos inquiétudes à la plupart d'entre vous, ainsi que la conviction où je suis que, dans un trop grand nombre de chaires de l'École de médecine, l'enseignement est empreint de la doctrine matérialiste qui, ainsi, se propage parmi les élèves.

A qui fera-t-on croire que ce sont les élèves qui font les professeurs? Ce sont toujours les professeurs qui font les élèves. Et puisque vous avez, parmi les élèves, une majorité matérialiste qui fait chaque jour des ovations aux professeurs matérialistes, c'est qu'il y a eu des professeurs qui ont enseigné le matérialisme. (*Marques d'assentiment.*)

En second lieu, on a mis en doute le fait de la Salpêtrière. Or, ce fait a été affirmé par l'auteur de la pétition, qui déclare en avoir été lui-même témoin. Je sais qu'il est contesté maintenant par les deux médecins chargés de ce service. Chacun d'eux le nie. Entre ces affirmations contraires chacun ici peut garder sa conviction. Le pétitionnaire aussi est un homme très-honorable : il m'a déclaré qu'il l'avait entendu, que c'est lui qui a fait à ce sujet des observations au professeur, et que si le Sénat le demandait, il était prêt à le nommer.

On dit aussi que la médecine n'a pas besoin de doctrines,

qu'elle se borne à l'observation des faits. Les matérialistes vont plus loin et ils ajoutent : La médecine n'a jamais fait de progrès quand elle a été associée à une doctrine philosophique. J'affirme le contraire. Ce n'est pas pour rien que l'École de Salerne, qu'on a appelée si longtemps l'École de la véritable science et de la sagesse, imposait trois années de philosophie à ses élèves. Comment voulez-vous faire de la véritable médecine sans philosophie? Nous n'admettons pas que l'homme soit un animal ou un morceau de bois, l'homme n'est pas une âme, il n'est pas un corps, c'est un composé de corps et d'âme. Nous savons qu'il y a une affinité si grande entre le corps et l'âme que perpétuellement l'âme agit sur le corps et le corps réagit sur l'âme.

Or, pour connaître jusqu'à quel point cette action et cette réaction des deux éléments dont l'homme se compose peuvent occuper une place dans les phénomènes de la médecine, il faut assurément avoir une doctrine philosophique, il faut savoir ce qu'est l'âme.

Si vous vous bornez uniquement, comme ces messieurs le veulent, à ne croire que ce que les sens pourront saisir au moyen du scalpel ou du microscope, vous ne connaîtrez jamais les vraies causes des maladies, jamais vous n'acquerrez l'art de les guérir. (*Vive approbation.*)

Enfin, dans le rapport dont je suis obligé de combattre les conclusions, mais dont j'aime à reconnaître la modération, le talent et l'esprit de bienveillance, on a dit qu'on ne savait pas quelle était la liberté réclamée par le pétitionnaire. On se demandait si c'est une liberté sans contrôle, illimitée, comme en Belgique, ou bien une liberté contrôlée, soumise à une certaine surveillance.

Le pétitionnaire s'est servi du langage ordinaire; il a demandé la liberté de l'enseignement supérieur, comme on a demandé pendant vingt ans la liberté de l'enseignement secondaire et de l'enseignement primaire.

Il ne peut être question d'une liberté illimitée, dont nous ne voudrions à aucun prix, qui compromettrait tous les intérêts sacrés confiés à notre garde. Il faut une liberté qui, en donnant satisfaction aux pères de famille et à la liberté de conscience, soit cependant contrôlée et surveillée par le Gouvernement, dans la juste mesure où l'intérêt public demande qu'elle le soit.

Enfin, le Ministre, dit-on, a déjà averti, il a même sévi, réprimé. Je ne voudrais dire rien de désobligeant pour personne, mais qu'il me soit permis de faire observer qu'on a averti bien tard. On a réprimé, on a sévi! Mais croyez-vous que ces avertissements, ces mesures de sévérité changent le fond des choses, et, je l'ai déjà dit, puissent être, pour l'avenir, un remède suffisant? Le mal est trop profond, trop étendu, trop enraciné, pour qu'il puisse s'éteindre en présence de pareilles mesures. On vous accusera d'être un inquisiteur. Déjà vous voyez quels murmures, quels cris d'indignation ont excité dans une presse très-populaire ces mesures très-sages, ces mesures de fermeté que l'autorité a prises. On ne pourra donc marcher dans cette voie qu'avec une grande circonspection, une grande timidité, quand surtout on connaît l'audace des doctrines contraires.

Je me demande pourquoi le Gouvernement refuserait la liberté de l'enseignement supérieur, dans un moment où il ouvre la porte à tant d'autres libertés.

Comment! c'est lorsque, sans que nous l'ayons demandé, on donne spontanément la liberté de la presse, la liberté du droit de réunion, lorsqu'on donne et même qu'on impose la liberté du commerce, que nous ne pourrions pas, nous, au nom des pères de famille, réclamer cette liberté de l'enseignement supérieur, qui est cependant un complément nécessairement appelé par la liberté de l'enseignement primaire et de l'enseignement secondaire. (Mouvement.)

Eh quoi! on a cru pouvoir confier toute la jeunesse de 10 ou 12 ans jusqu'à 17 ans à l'enseignement libre, et on croirait ne pas pouvoir lui confier la jeunesse de 17 ans jusqu'à 22 ou 23? N'y a-t-il pas là une contradiction?

On dira que peut-être des hommes animés d'intentions coupables à l'égard du Gouvernement voudront se faire de l'enseignement supérieur une machine de guerre. Si cela est, le Gouvernement est en mesure de se défendre : assurément, dès qu'on enseignera publiquement des doctrines de nature à compromettre sa stabilité et les bases de l'ordre social, vous pourrez employer soit les moyens administratifs, soit les moyens judiciaires pour réprimer de pareilles tentatives.

Je termine. Hier, on vous a signalé un bien plus grand inconvénient! Que dis-je un inconvénient? un véritable danger social! car, a-t-on dit, si la liberté de l'enseignement est donnée, ce sera le clergé qui en profitera, ce sera lui qui s'en emparera pour augmenter son influence et pour dominer la société.

Je ne m'attendais pas à une pareille crainte, et je ne crois pas, s'il y a un danger, qu'il soit de ce côté.

M. LE COMTE DE SÉGUR-D'AGUESSEAU. Non.

S. ÉM. M. LE CARDINAL DE BONNECHOSE. Que fait le clergé? Tous les jours, nous enseignons le catéchisme, nous enseignons les commandements de Dieu, et c'est ainsi que chaque jour nous posons dans le cœur de l'enfant et de la jeunesse, les bases de l'obéissance et du respect pour les lois du pays et pour le souverain. Et là où cette influence du clergé est assez libre et assez étendue, croyez-le bien, vous n'avez pas de révolution à craindre, vous pouvez conserver vos propriétés et goûter avec sécurité les joies de la famille.

Ce qu'il y a à redouter, ce sont d'autres passions, passions qui mettent en péril l'ordre social, qui en font trembler les fondements et qui veulent détourner l'attention en la reportant sur le clergé et en le signalant aux soupçons et aux alarmes de l'opinion publique.

On a parlé, Messieurs, dans le rapport, de l'honneur de l'École de médecine de Paris qu'il faut respecter ; on a dit que cette institution était une des gloires de la France.

Assurément, Messieurs, et comme Français j'en prends ma part.

Tout ce que je désire, c'est de la conserver pure et d'effacer les taches qui pourraient l'obscurcir.

Mais pour qu'elle conserve tout son lustre, il faut qu'elle demeure fidèle aux principes d'une saine philosophie, toujours compatibles avec les principes fondamentaux de la religion. Ainsi, ce que je vous demande est dans l'intérêt de l'École comme dans l'intérêt de la véritable science. N'êtes-vous pas révoltés de l'abus que l'on fait de ce nom? Tous ces excès que nous avons signalés se couvrent du manteau de la science, et c'est au nom du respect dû à la science qu'on prétend arrêter notre parole ; mais il faut démasquer cette fausse science, qui est la plus cruelle ennemie de la vraie. (*Très-bien! très-bien!*)

La vraie science est un don du Dieu créateur des intelligences. Vous la reconnaîtrez infailliblement à deux caractères ; elle est toujours modeste et religieuse. Elle est modeste, car plus elle cherche à connaître l'homme et l'univers, plus elle sonde les mystères et en pénètre les secrets, plus aussi elle arrive à discerner ces bornes qu'il n'est pas permis à l'esprit humain de franchir ; elle s'arrête alors en avouant son impuissance. (*Nouvelle approbation.*)

La vraie science est religieuse, car, plus elle contemple les merveilles de la création, plus elle se sent pénétrée d'admiration et de respect pour son auteur ; elle ne rougit pas de s'incliner devant lui et de l'adorer ; tout en déclarant qu'elle ne peut pas le comprendre dans son immense et infinie majesté.

La fausse science, au contraire, vaine et orgueilleuse, ne pouvant expliquer Dieu, se révolte contre lui ; elle le nie, elle voudrait le chasser du ciel, de la terre, du monde entier. Elle dit, comme le premier auteur de toute rébellion : *Non serviam*, je ne veux pas obéir ; je ne veux pas d'une loi morale imposée par un Dieu qui ne m'a pas consulté, d'une loi à laquelle je n'ai pas consenti. Je veux être ma loi à moi-même et ma propre providence. Tel est son langage, Messieurs, et l'homme qu'elle a enivré de son breuvage séducteur finit par s'adorer lui-même. Mais tout aussitôt, par un juste châtiment, il est condamné à se déshonorer lui-même, et à se dégrader par sa propre bouche, en reconnaissant qu'il n'est rien de plus qu'un animal, que le fils du singe ! (*Très-bien ! très-bien !*)

Plus de Dieu, plus d'âme, plus d'immortalité, plus de vie future, plus de responsabilité, plus de distinction entre le bien et le mal, entre l'homme et l'animal ; tout pour les sens, tout pour la matière, voilà le cri sauvage qu'une École malheureusement devenue trop prépondérante fait entendre aux jeunes générations qui viennent dans cette grande capitale s'abreuver aux sources de la science. Voilà pourquoi les familles désolées et la société alarmée ont maintenant les yeux tournés sur vous, Messieurs, de tous les points de la France et tendent vers vous des mains suppliantes afin que vous daigniez opposer une digue à ce torrent dévastateur du champ des intelligences. Et nous, évêques de France, nous, clergé catholique, nous partageons les inquiétudes de ces familles, nous partageons leur affliction, et nous venons aussi implorer votre concours dans la résistance que nous devons opposer à ce flot de mensonges qui menace de tout envahir. Voilà pourquoi j'espère que vous ne répondrez pas à notre confiance géné-reuse par un ordre du jour qui, à mes yeux, dans les circonstances actuelles, je n'hésite pas à le dire, serait une calamité.

(Ce discours est suivi de marques d'approbation et d'applaudissements. — En descendant de la tribune, Son Eminence est entourée d'un très-grand nombre de ses collègues qui lui adressent leurs félicitations.)

M. le Président. Je propose au Sénat de se réunir vendredi prochain pour continuer la discussion.

La séance est levée à six heures.

Séance du vendredi 22 mai 1868.

M. le Président. L'ordre du jour appelle la délibération sur les conclusions d'un rapport présenté par M. Chaix d'Est-Ange, dans la séance du 27 mars dernier, sur des pétitions signalant au Sénat les tendances matérialistes de l'enseignement dans certaines Facultés, et demandant la liberté de l'enseignement supérieur.

La commission a conclu à l'ordre du jour.

M. Charles Robert a la parole.

M. Charles Robert, *Commissaire du Gouvernement.* Messieurs, je n'ai pas demandé la parole pour traiter d'une manière complète les divers points successivement parcourus par Monseigneur de Bonnechose dans son éloquent discours. Mais, après avoir caractérisé à son point de vue

l'enseignement scientifique donné par la Faculté de médecine de Paris, Monseigneur de Bonnechose a dit : « Les
faits allégués par les pétitionnaires sont vrais. » C'est cette
déclaration qui rend nécessaires dès maintenant les explications que je viens apporter au Sénat.

Dès le début de ma discussion, je dois avant tout établir
une distinction bien naturelle entre les jugements portés à
cette tribune par Monseigneur de Rouen et les accusations
formulées par les pétitionnaires.

Si j'ai le devoir d'invoquer moi-même la vérité et la justice contre la double condamnation dont Monseigneur de
Bonnechose a frappé la Faculté de médecine de Paris et la
science qu'on y enseigne, je ressens pour les opinions et
la personne de l'éminent orateur, dont les éloquentes paroles ont ému et entraîné le Sénat, un respect profond et
sincère.

Obligé, pour faire la lumière dans cette discussion, de
lire des textes et des documents nombreux, je fais appel,
non-seulement à l'indulgence, mais à la patience du
Sénat.

Quant à la pétition, je ne prétends pas contester la
bonne foi de ceux qui y ont adhéré de confiance ; mais eu
égard à la fausseté des inculpations qu'elle renferme, j'ai
le droit de n'y voir qu'une manœuvre plus ou moins habile.

Une grave accusation de matérialisme est dirigée par la
pétition et par Monseigneur contre l'École de médecine.
Examinons-la.

Trop souvent, par une étrange confusion, qui ressemble
à un jeu de mots, d'où l'on voudrait faire sortir la négation de la liberté scientifique, on considère un savant
comme un matérialiste, par cela qu'il étudie, sans opinion
préconçue, les lois de la matière.

« Il est inutile de nier, dit M. Léopold Giraud, que dans

l'enseignement supérieur et notamment à l'École de médecine de Paris, l'école matérialiste domine. « (*Journal des villes et des campagnes* du 26 avril 1868.)

Et Monseigneur de Rouen, dans le discours prononcé à la dernière séance, a reproduit cette accusation.

Monseigneur de Bonnechose pense, et le Gouvernement, comme le Sénat tout entier, partage cette conviction, que la doctrine matérialiste et athée qui nie tout ce qui n'est pas tangible par nos sens, qui nie Dieu, l'âme, l'immortalité, le libre arbitre, est un système funeste, désolant et déplorable. (*Très-bien! très-bien!*) Mais l'éminent prélat déclare aussitôt que l'École de médecine est infectée de matérialisme; que la majorité des professeurs de l'École est matérialiste; que le seul remède efficace, s'il était possible, serait le licenciement de l'École.

Voici ses paroles : « Pour couper court à tout le mal dont nous craignons le débordement, a-t-il dit, il faudrait changer les professeurs, et, pour cela, il faudrait licencier l'École. On ne peut en venir là. Maintenant, la majorité, à ce qu'il paraît, est acquise aux professeurs matérialistes. » Monseigneur de Bonnechose ajoute que les dernières présentations ont été faites dans un sens matérialiste; que l'enseignement matérialiste est incontestablement donné dans un trop grand nombre de chaires. Où sont les preuves? L'enseignement est matérialiste, dit Monseigneur de Bonnechose, parce qu'il y a eu quelques thèses matérialistes, dignes de réprobation, parce qu'il y a des écrits matérialistes faits par un professeur; parce qu'un ancien étudiant (c'est un de ceux qui ont été poursuivis et condamnés lors du congrès de Liége) qualifie l'enseignement de matérialiste; parce que des journaux, comme *le Nain jaune*, demandent la suppression du paradis et des cieux.

Et cela suffirait! Non, Messieurs; un examen plus approfondi est nécessaire, et je crois que, dans toute cette

discussion, on s'égare en confondant la méthode expérimentale et la philosophie matérialiste? Cette confusion est
exploitée par les partis en présence. Je demande la permission de mettre immédiatement sous les yeux du Sénat
la lettre qui a été adressée, à la date du 8 avril 1868, à
S. Exc. M. le Ministre de l'instruction publique, par le savant et honorable doyen de la Faculté de médecine de
Paris. Cette lettre éclairera la question.

« Monsieur le Ministre, depuis quelque temps la Faculté
de médecine est l'objet d'attaques qui jettent une vive
émotion dans le monde savant et dans le public. Des protestations se sont élevées contre plusieurs professeurs. Divers cours ont été incriminés successivement. Telle proposition, accidentellement émise dans une leçon et inexacte-
ment rapportée, telle définition scientifique transformée à
tort en affirmation dogmatique, tel propos malicieusement
inventé et mis dans la bouche d'un médecin d'hôpital appartenant à la Faculté, une thèse de médecine légale sur
le libre arbitre, récemment soutenue devant un jury qui,
tout en blâmant la doctrine, avait cru pouvoir admettre le
candidat ; tout cela a été habilement exploité, si bien que
l'enseignement est représenté comme imprégné d'idées
subversives, et la Faculté dénoncée comme une école de
matérialisme.

« Rien n'est plus inexact et plus injuste. La Faculté de
médecine fait des médecins ; elle est à la fois une école pro-
fessionnelle et une institution de haut enseignement. Les
études y présentent un double caractère de théorie et
d'application : d'un côté, la démonstration des faits ; de
l'autre, leur interprétation, leur enchaînement ; ainsi, la
pratique donnant la main à la théorie, telle est la double
condition que doit présenter l'enseignement dans une école
de médecine. L'art du médecin ne serait en effet qu'un

vain empirisme s'il n'était éclairé par la science. C'est cette science elle-même qui est en cause dans les attaques dirigées contre la Faculté.

« De nos jours, la médecine est entrée dans des voies nouvelles. Elle ne cherche plus l'alliance de tel ou tel système philosophique qui puisse servir de prémisses à ses déductions, de fondement à ses doctrines. Rompant avec les traditions du passé, elle a renoncé à la méthode *a priori* et a trouvé une base plus solide dans l'expérience et dans l'observation. Voulant mériter le nom de science, elle a adopté franchement la méthode scientifique. Ainsi que la physique et la chimie, la médecine commence aujourd'hui par établir des faits, et après avoir tiré de ces faits les conséquences immédiates, prochaines, elle ne s'élève à des inductions plus générales qu'à la condition que la base affermie permette l'accès des hauteurs.

« Telle est la méthode expérimentale, instrument de découvertes sans nombre. Pour être positive, elle n'a rien de commun avec le positivisme, doctrine philosophique avec laquelle certaines personnes affectent de la confondre.

« La science est maîtresse de choisir la méthode qui lui convient, de répudier cette vaine dialectique qui faisait plier les faits devant l'autorité d'un système, de se maintenir sur son domaine, qui est celui de la raison et du libre examen. Il faut qu'elle y conserve une indépendance absolue.

« La Faculté de médecine a introduit dans son enseignement cette méthode exacte de la science moderne. Elle enseigne la physiologie d'après les expériences, la médecine d'après les faits. Dans ces cours, des maîtres autorisés exposent la structure des organes, le jeu régulier ou troublé de leurs fonctions, en se préoccupant uniquement des conditions matérielles des phénomènes. C'est là la tendance qu'on voudrait faire condamner, en l'accusant de conduire au matérialisme. On voudrait que l'État, affirmant une doctrine opposée à celle qui prévaut aujourd'hui et se chargeant de la faire triompher, imposât aux professeurs non-seulement des programmes, mais des convictions.

« Il n'en sera pas ainsi ; la Faculté en a la ferme espérance. Elle ne s'émeut point de toutes ces attaques, et poursuit avec calme le cours de ses travaux en se maintenant dans la voie purement médicale. Elle ne prend parti pour aucun système philosophique, et respecte ce qui est respectable en dehors et au delà de la science. Elle ne redoute point la liberté de l'enseignement, mais elle demande énergiquement, pour ses programmes scientifiques la liberté des doctrines, et pour ses membres ce premier droit de tous les citoyens, la liberté de conscience. (*Marques d'approbation.*)

« Veuillez agréer, etc.

« *Le doyen*, Wurtz. »

Messieurs, cette méthode expérimentale, qui est la doctrine acceptée par la Faculté de Paris, est aussi la règle du corps médical pris dans son ensemble, et tout récemment dans une assemblée nombreuse de l'Association générale de prévoyance et de secours mutuels des médecins de France, tenue le 2 mai 1868, le Secrétaire général de cette association disait, à l'occasion de l'éloge de M. le professeur Rayer :

« Parce que M. Rayer a été l'un des investigateurs les plus persévérants, l'initiateur le plus convaincu de l'application de toutes les sciences collatérales à l'étude de la biologie, en faut-il conclure que M. Rayer fût tombé dans la contemplation pure de la matière, n'ait vu et compris que la matière ? M. Rayer n'a jamais fait une déclaration

12

semblable, et dès lors personne n'a le droit d'assurer qu'il a pensé ce qu'il n'a jamais dit, ce qu'il n'a jamais écrit. Ce qu'il est plus naturel de croire, c'est que le savant avait compris que l'éternel problème qui tourmente l'esprit humain échappant à la démonstration scientifique, il faut le laisser dans le domaine de la conscience et du sentiment ; c'est que le médecin, à cause même de son ministère familial, intime et consolateur, ne doit blesser aucune conviction, ne doit attrister aucune espérance. Que d'autres conséquences aient été tirées de la méthode, ne l'imputons pas à la méthode, mais à la vaniteuse présomption de quelques-uns de ceux qui la pratiquent et qui croient que c'est faiblesse de penser ce qu'ont pensé Socrate et Platon, Aristote et Galien, Descartes, Newton, Harvey, Cuvier et tant d'autres grands esprits, l'honneur et la gloire de l'humanité. »

Devant un auditoire considérable composé de médecins, le passage que je viens de lire a été couvert d'applaudissements répétés.

Messieurs, la distinction entre les vérités de l'ordre scientifique auxquelles l'homme parvient par des sources particulières de certitude, et les vérités religieuses et philosophiques, est fondamentale, essentielle.

Le respect de cette distinction est, en réalité, la pierre angulaire de la science.

M. le Ministre de l'instruction publique le proclamait récemment à la Sorbonne, devant un auditoire composé des représentants de la science et des lettres.

Comment peut-on confondre cette méthode avec le matérialisme philosophique ?

Messieurs, au début d'une pareille discussion, il est très-important de préciser le matérialisme philosophique dans toute sa crudité, dans toute sa nudité.

Le matérialisme, c'est une affirmation à *priori*. Le matérialiste, celui qui professe cette philosophie du désespoir et du néant, ose s'écrier : Je sais et j'affirme, sans l'avoir montré, qu'il n'existe rien au delà de la matière et des forces qui lui sont inhérentes. — Je sais et j'affirme, sans l'avoir prouvé, qu'il n'y a point de Dieu ; — je sais et j'affirme, sans l'avoir prouvé, qu'il n'y a point d'âme immortelle, dans le sens religieux du mot; — je sais et j'affirme, sans l'avoir prouvé, que l'homme est dépourvu du libre arbitre, passif et irresponsable.

Voilà le langage téméraire du matérialisme s'affirmant *à priori*.

Quant à l'homme voué à l'étude scientifique de la matière, son langage est tout autre. Le savant digne de ce nom (mathématicien, chimiste, géologue, naturaliste, médecin), considère le vaste champ de la connaissance humaine, et y fait deux parts : celle des sciences d'observation ; celle des recherches, des convictions, des espérances d'un autre ordre.

Le savant voué à la méthode expérimentale trace lui-même d'une main prudente cette ligne qui sépare le connu de l'inconnu. Il s'arrête respectueux au bord de l'abîme insondable. Il est maître légitime de toute région qu'il conquiert à la certitude scientifique. Il est absolument libre et souverain dans ce domaine ; mais s'il va plus loin, s'il donne des hypothèses pour des faits, il se confond avec le vulgaire ; il perd toute autorité ; il perd jusqu'à son nom même de savant.

S'il occupe une chaire de l'enseignement supérieur public, le Ministre aura le droit de lui rappeler ses devoirs de professeur, et les conditions de la science sérieuse. Le Ministre n'interviendra pas au nom d'une philosophie d'école ou d'une orthodoxie quelconque ; il interviendra parce que le professeur aura cessé de remplir son mandat, parce qu'il aura mis l'imagination à la place de l'observation, de l'analyse et du raisonnement. (*Très-bien! très-bien!*)

Deux vérités ne peuvent se contredire.

D'où il suit que la méthode expérimentale ainsi comprise, vouée à la recherche sincère de la vérité scientifique *démontrable*, est absolument inattaquable par qui que ce soit.

Est-ce le matérialisme? Non, Messieurs.

Écoutez M. Claude Bernard parlant au Ministre de l'instruction publique dans le *Rapport sur les progrès et la marche de la physiologie générale en France*, rédigé à l'occasion de l'Exposition universelle (p. 227, 228) :

« Je n'ai pas à entrer ici dans l'examen des questions de matérialisme et de spiritualisme... Je me bornerai seulement à dire que ces deux questions sont en général très-mal posées dans la science, de sorte qu'elles nuisent à son avancement... La matière, quelle qu'elle soit, est toujours, par elle-même, dénuée de spontanéité et n'engendre rien ; elle ne fait qu'exprimer par ses propriétés l'*idée* de celui qui a créé la machine qui fonctionne. De sorte que la matière organisée du cerveau, qui manifeste des phénomènes de sensibilité et d'intelligence propres à l'être vivant, n'a pas plus conscience de la pensée et des phénomènes qu'elle manifeste, que la matière brute d'une machine inerte, d'une horloge, par exemple, n'a conscience des mouvements qu'elle manifeste et de l'heure qu'elle indique; (*Très-bien! très-bien!*) pas plus que les caractères d'imprimerie et le papier n'ont la conscience des idées qu'ils retracent, etc. (*Nouvelle approbation.*) Dire que le cerveau secrète la pensée, cela équivaudrait à dire que l'horloge sécrète l'heure ou l'idée du temps. « (*Bravo! très-bien!*)

Messieurs, la méthode expérimentale, notamment en médecine, n'est pas irréligieuse, mais elle ne se rattache à aucune religion révélée, ni à aucun système philosophique.

Comme la physique, comme la chimie, la médecine est une science positive exacte, c'est-à-dire une science consacrée à l'étude expérimentale de la nature. « Elle repose sur l'observation des faits et sur la vérification des hypothèses par l'observation des faits. »

Le domaine de ces sciences doit être rigoureusement séparé de celui de la religion et de la philosophie, de la métaphysique, « science rationnelle des premiers principes et des premières causes. »

Il y a là une loi de l'esprit, une sorte de division nécessaire du travail intellectuel de l'homme.

La médecine n'est ni catholique, ni protestante, ni israélite, ni philosophe, ni spiritualiste, ni matérialiste; elle est la médecine. (*Très-bien ! très-bien !*)

Tel n'est pas l'avis de quelques personnes.

J'ai lieu de craindre qu'au fond les pétitionnaires et ceux qui les soutiennent ne soient pas des partisans bien résolus de la méthode expérimentale, de l'indépendance scientifique ainsi déterminée.

Ainsi, l'*Univers* du 18 avril 1867 demande expressément l'alliance scientifique de la médecine et de la religion. Il proteste contre ces paroles si justes d'un professeur de la Faculté : « La médecine et la religion sont de deux ordres différents, et doivent marcher sur deux lignes parallèles, sans jamais se rencontrer. » C'est bien là sans doute, dit ce journal, et « sans vergogne, une irréligion complète. »

« La science, dit-il dans le numéro du 19 avril 1867, signé par le docteur Frédault, la science est religieuse ou irréligieuse... Aussi, qu'est devenue la science complétement séparée de la religion? Et ici je veux spécialement parler de la médecine. Elle est forcément tombée dans le matérialisme... On nie la vie morale, ou, si l'on aime mieux, on l'écarte de la science, ce qui revient au même. »

12.

L'un des pétitionnaires, M. le baron Duroy de Bruignac, dit dans une récente brochure :

« Nous défions qu'on professe convenablement la science médicale sans aborder les plus hauts problèmes de religion et de philosophie. On le fait actuellement, et dans un sens funeste. » (*Un mot sur la liberté de l'enseignement supérieur*, p. 20.)

Messieurs, dans la péroraison de son discours, Mgr de Bonnechose a déterminé les conditions auxquelles il subordonne la légitimité des recherches scientifiques. Il déclare que, pour suivre la seule voie légitime et permise, l'École de médecine à Paris « doit demeurer fidèle aux principes d'une saine philosophie toujours compatibles avec les principes fondamentaux de la religion. » Il a opposé en termes éloquents la vraie science et la fausse science; il a déclaré que la vraie science se reconnaît infailliblement à deux caractères : le premier, c'est la modestie, la modestie devant le mystère, devant l'infini, devant l'incompréhensible ; et tous les savants véritables applaudiront, j'en suis sûr, à cette pensée si juste; mais le second caractère nécessaire, assigné par Mgr de Bonnechose à la vraie science, c'est qu'elle soit religieuse.

Messieurs, j'applaudirais sans réserve encore à ces paroles, si je ne craignais de rencontrer dans l'interprétation dont elles sont susceptibles un double péril pour la religion et pour la science.

Je pense, avec Mgr de Bonnechose, que rien n'est plus grand ni plus noble que la libre rencontre de la science et de la foi dans une belle intelligence; mais en l'entendant parler de ces bornes qu'il n'est pas permis à l'esprit humain de franchir, je me demandais avec inquiétude si cette limite difficile à tracer se déterminerait toute seule par le libre suffrage du monde savant, ou si l'autorité ecclésiastique ne songerait pas, dans certains cas, à fixer elle-même cette limite délicate, et à l'indiquer à l'État. (*Mouvement.*)

Ce n'est pas légèrement, Messieurs, que je me permets une telle hypothèse.

En ce qui concerne les opinions relatives à la valeur des forces vitales, c'est-à-dire de ces forces qui existent dans les êtres organisés, et qui déterminent en eux les mouvements et le développement du corps, les savants et les médecins se divisent en trois groupes :

1. Les animistes, qui ont Stahl pour chef, et qui considèrent l'âme spirituelle, l'âme religieuse, l'âme pensante, comme se confondant avec les forces vitales et les absorbant en elle-même; comme créant, façonnant, développant le corps. La formule de la doctrine des animistes pourrait être ramenée à cette affirmation : l'âme fait le corps.

2. Les vitalistes qui pensent, avec Barthez, Lordat, l'ancienne école de Montpellier, qu'il y a chez l'homme un dualisme : d'un côté, l'âme considérée au point de vue philosophique ou religieux; d'autre part, un certain principe vital, une force *sui generis* qui, chez l'homme et les animaux, agit sur la matière organisée.

3. Enfin les partisans de la méthode expérimentale, qui, sans formuler un système à *priori* sur la nature des forces vitales, les comparent aux autres forces connues, les soumettent à l'étude à l'observation, sans opinion philosophique préconçue à *priori;* la plupart des professeurs de l'École de médecine de Paris se rattachent à cette opinion.

Eh bien, Messieurs (et ici je n'ai point à m'occuper des amis de la méthode expérimentale, je les laisse un instant à l'écart), la lutte existait il y a quinze ans entre les deux premiers systèmes, entre l'*animisme*, fidèle à l'identité, à l'unité absolue de l'âme pensante et de la force vitale, et le *vitalisme* de Montpellier, qui tient pour le dualisme, pour le principe vital distinct de l'âme religieuse et pensante.

Le père Ventura, en 1853, se déclare pour l'animisme, et attaque au nom de la foi catholique qui exigeait, disait-il, l'unité du principe de la pensée et de celui de la vie, la doctrine vitaliste de Montpellier. L'élève et successeur de Barthez, M. Lordat, de Montpellier, dans ses « Réponses à des objections faites contre le principe de la dualité du dynamisme humain, » défendit la doctrine de son maître et de la plupart de ses collègues, et l'on peut ajouter que l'évêque de Montpellier le félicita publiquement. L'abbé Flottes, professeur de philosophie à Montpellier, dans une courte brochure, essaya, du moins, de prouver que le vitalisme et l'animisme étaient également compatibles avec la religion et la morale.

Ce conflit, à la fois médical et théologique, ne resta pas longtemps limité à Rome et à Montpellier. L'abbé Gunther, de Vienne, en Autriche, avança des opinions vitalistes. Mais alors un bref pontifical, du 15 juin 1857, adressé au cardinal de Geissel, archevêque de Cologne, intervint pour condamner les doctrines de l'abbé Gunther, dont l'enseignement portait atteinte notamment à la doctrine catholique sur l'homme, lequel se compose d'une âme et d'un corps, unis entre eux de telle sorte que l'âme, et l'âme raisonnable, est par elle-même la forme véritable et immédiate du corps (1).

Bientôt après, un chanoine de l'église de Breslau, en Silésie, J. B. Baltzer, publie des opinions qui rappelaient aussi celles de l'École de médecine de Montpellier.

Un autre bref, en-date du 30 avril 1860, adressé à l'évêque de Breslau, à l'occasion de cet écrit, dut trancher de

_____

(1) *Du principe vital*, à l'occasion de discussions récentes et d'une réponse de Pie IX, par l'abbé Thibaudier, professeur de philosophie à l'institution des Chartreux, à Lyon, p. 80.

nouveau, dans le sens de l'animisme, la question du principe vital.

« Baltzer, dit le bref, après avoir ramené dans son opuscule toute la controverse à la question de savoir s'il y a pour le corps un principe de vie propre et distinct de l'âme raisonnable, a poussé la témérité jusqu'à donner au sentiment contraire la qualification d'hérétique et à développer de longs arguments pour le faire considérer comme tel; ce que nous ne pouvons que vivement improuver, considérant que le sentiment qui attribue à l'homme un principe unique de vie, c'est-à-dire l'âme raisonnable, de laquelle le corps lui-même reçoit et le mouvement, et toute la vie, et la sensibilité, est tout à fait commun dans l'Église de Dieu, et que la plupart des docteurs, les plus autorisés surtout, le regardent, tant il paraît lié au dogme de l'Église, comme l'interprétation légitime et seule vraie de ce dernier, et, en conséquence, comme ne pouvant se nier sans une erreur dans la foi. En vous répondant ceci, vénérable frère, de notre science certaine, etc..., nous vous exhortons à user de votre autorité pour réduire, d'après l'exemple de l'Apôtre, toute intelligence à l'obéissance du Christ, à exiger cette pleine soumission, principalement de ceux qui enseignent les autres, et à contraindre, par le pouvoir que Dieu vous a donné, l'indiscipline de ceux qui refuseraient de vous écouter. » (*Ibid.*, p. 85.)

Cette question complexe, qui touche en même temps à la physiologie et à la philosophie, était donc tranchée ainsi d'une manière absolue par un bref pontifical.

C'est peut-être ainsi, Messieurs, que quelques personnes, je le crains, comprennent la liberté de l'enseignement supérieur. Une loi permettrait d'ouvrir une Faculté des sciences au nom de la liberté; mais alors les mêmes personnes demanderaient qu'au nom de la religion le Gouvernement interdît aussitôt, dans cette école libre, et à plus

Aucune des grandes découvertes médicales modernes n'a été faite par ceux qui prétendent confondre le domaine de la théologie et celui de la science.

La plus grande des découvertes, celle de la circulation, est due entièrement à la méthode scientifique et expérimentale : Harvey, son immortel auteur, déclare dans sa préface « qu'il ne doit rien aux philosophes. »

C'est à la méthode expérimentale, à ses procédés sévères que sont dues la découverte des vaisseaux lymphatiques et des mouvements de la lymphe, la connaissance de la structure des glandes, de celle du poumon, et la distinction des nerfs de la sensibilité et des nerfs du mouvement.

Lorsque Morgagni, Bichat, Laënnec, Bouillaud, Claude Bernard, ont créé ou découvert l'anatomie pathologique, l'anatomie générale, l'auscultation, la loi de coïncidence du rhumatisme et de certaines affections du cœur ou une nouvelle physiologie du foie, ils agissaient d'après les règles de l'observation et de l'induction rigoureuse.

L'emploi du kina, de l'ipéca, de l'antimoine, ne sont dus aussi qu'à l'expérience.

Les tendances révélées par certaines attaques sont dangereuses. Qu'on y songe ! C'est précisément après avoir secoué tous les principes d'autorité posés en face de la science par la théologie et la philosophie, que la médecine s'est trouvée émancipée, vers le milieu du seizième siècle. J'ajoute qu'on pourrait faire la même remarque pour toutes les autres sciences.

J'ai déjà cité M. Claude Bernard et je demande la permission de mettre encore sous les yeux du Sénat un court passage de ce savant, qui a une si grande autorité :

« La physiologie expérimentale ne sent le besoin de se rattacher à aucun système philosophique. Le rôle du physiologiste, comme celui de tout savant, est de chercher la vérité en elle-même, sans vouloir la faire servir de contrôle à tel ou tel système de philosophie.

« Pour trouver la vérité, il suffit que le savant se mette en face de la nature, qu'il l'interroge librement en suivant la méthode expérimentale à l'aide de moyens d'investigation de plus en plus parfaits, et je pense que dans ce cas le seul système philosophique consiste à ne pas en avoir. » (*Du progrès dans les sciences philosophiques.* — *Revue des Deux-Mondes*, 1865, V. p. 658.)

Voilà ce que dit M. Claude Bernard, et Galilée lui-même ne parlait pas autrement. Galilée, le créateur de la méthode expérimentale, a établi cette distinction nécessaire entre les sciences positives et la théologie. Dans une lettre qu'il écrivait en 1615 à la grande-duchesse-mère de Toscane, Marie-Christine de Lorraine, sur le système de Copernic (1), il s'exprimait ainsi :

« La théologie a pour but les plus hautes contemplations divines, et, par sa dignité propre, occupe le rang suprême d'une première autorité. Puisqu'elle ne descend pas aux spéculations plus humbles et plus modestes des sciences inférieures et même ne s'en soucie pas, comme de choses qui n'ont pas trait au salut, les professeurs de théologie ne devraient pas s'arroger le droit de rendre des décrets relatifs à des sciences qu'ils n'ont ni pratiquées ni étudiées, car ce serait alors comme si un prince absolu, sachant qu'il peut se faire obéir à son gré, voulait, sans être médecin ni architecte, qu'on se soignât et qu'on bâtit à sa guise, au grand péril de la vie pour les pauvres malades et d'une ruine imminente pour les édifices. »

Et plus loin il ajoute des paroles profondes sur lesquelles il est nécessaire de méditer :

(1) Voir aux pages 42 et 58 du tome II de l'édition des œuvres complètes de Galilée publiée à Florence en 1843.

« Il n'est au pouvoir d'aucune créature de faire que des propositions soient vraies ou fausses et de les rendre différentes de ce qu'elles sont par leur nature et de ce qu'elles se trouvent être en fait. Il me semble qu'il est plus sage de s'assurer d'abord de la vérité nécessaire et immuable du fait, vérité sur laquelle personne n'a d'empire, que d'aller sans cette assurance, en condamnant une des opinions, se dépouiller du droit de pouvoir choisir entre elles en connaissance de cause. »

Je demande pardon au Sénat de lui avoir lu un si grand nombre de documents. Mais il me semble que je touche ici au point capital de la discussion. Il est nécessaire, en effet, que tous les malentendus disparaissent et que tout le monde sache bien qu'il y a une grande distinction à faire entre la philosophie matérialiste et cette méthode expérimentale qui est devenue la loi des sciences modernes, qui s'applique à la physique, à la géologie, à l'histoire naturelle, et qui est la lumière à laquelle on marche aujourd'hui.

Il serait déplorable de prolonger plus longtemps la confusion à cet égard, et c'est sous le bénéfice de cette observation, que je prie encore le Sénat de m'excuser d'avoir tant lu et tant cité. (*Non! non! Très-bien!*)

Les personnes les plus compétentes, celles qui apportent dans ce débat une sincérité et une bonne foi incontestables, peuvent se tromper, c'est ce qui explique l'opportunité d'une nouvelle citation que je demande encore à faire.

Que les jugements sur ces questions sont difficiles! Avec quelle prudence ne faut-il pas toucher à l'appréciation des doctrines pour ne frapper personne d'une suspicion imméritée!

Vous avez entendu Mgr de Bonnechose vous faire à son point de vue le portrait du médecin matérialiste, vous savez en quels termes. Vous savez qu'un moment après il déclarait la majorité de la Faculté de médecine de Paris composée de professeurs matérialistes et qu'une protestation énergique de M. le Ministre et de M. le sénateur Dumas s'est élevée aussitôt contre ses paroles.

Ah ! Messieurs, je n'ai à parler ici que du caractère de l'enseignement, mais puisque la confusion des mots peut donner lieu à de telles erreurs, permettez-moi de vous montrer par un exemple la nécessité de mesurer en pareille matière la portée des jugements.

C'est de Cabanis que je veux parler, de Cabanis qui faisait partie du Sénat du premier empire, de Cabanis, cité naguère encore comme le type du matérialiste ;

C'est à Cabanis qu'appartient cette définition choquante : « La pensée est une sécrétion du cerveau. »

Eh bien, Messieurs, il faut réviser le procès de tendance fait à Cabanis ; son athéisme et son matérialisme n'étaient pas bien prouvés, et dès 1824, un ouvrage couronné par l'Académie lui attribuait d'autres doctrines.

Droz, le philosophe chrétien, qui avait personnellement connu Cabanis, examine dans son ouvrage intitulé *Philosophie morale*, ces accusations d'athéisme et de matérialisme.

Voici comment il s'exprime :

« N'opposons point d'obstacle à la noble activité dont l'esprit humain est doué par son auteur. Il faut que les hommes se répandent sur une multitude de routes pour recueillir chacun quelques parcelles de la vérité. La diversité de leurs travaux apporte, dans leurs manières de considérer les objets, des différences dont il ne faut point s'étonner. Par exemple, il appartient à la médecine de seconder la morale dans le grand œuvre de l'amélioration du sort des hommes. Le savant qui cultive l'art de guérir, occupé surtout de notre constitution physique, du jeu, de la conservation et du perfectionnement de nos organes,

pourra donner une importance trop exclusive à des recherches matérielles, sans qu'on ait le droit de nier
l'utilité de ses travaux. J'aimerais à voir tous les médecins
pénétrés de l'esprit de Galien qui, après avoir fait à ses
élèves une démonstration d'anatomie, s'écria dans son
enthousiasme : « Je viens de chanter un hymne à la gloire
« de l'Éternel! » (*Très-bien! très-bien!*) Mais s'ils ne
manifestent pas tous de pareils sentiments avec le même
éclat, gardons-nous de croire aussitôt qu'ils en aient d'opposés. Cabanis fut accusé d'être athée, et son opinion était
que l'esprit de l'homme se. refuse invinciblement à
l'athéisme. » (*Philosophie morale*, 3ᵉ édition, p. 191.)

En s'exprimant ainsi, Droz ne parlait pas seulement
d'après des souvenirs personnels. Les œuvres complètes
de Cabanis contiennent un écrit posthume intitulé *Lettre à
M. Fauriel sur les causes premières*. Droz cite divers passages de ce travail. Permettez-moi de lire encore devant
vous quelques extraits du livre de Droz :

« Les opinions physiologiques de Cabanis semblent avoir
une tendance au matérialisme, parce qu'il pensait que pour
soumettre les sciences à des démonstrations rigoureuses,
il importe de faire abstraction de plusieurs vérités qui
sont sujettes à être controversées, et qui, selon lui, doivent
être l'objet de recherches particulières... Parce qu'un auteur croit nécessaire de diviser des idées en deux classes,
il ne s'ensuit pas qu'il juge absurde une de ces classes
d'idées. Cabanis, pensant qu'il est des questions métaphysiques qu'on doit traiter à part, composa un écrit où se
trouve le résultat de ses longues méditations sur des sujets
qu'on l'accuse d'avoir négligés. »

M. Droz cite un remarquable passage de Cabanis relatif
à l'existence de Dieu, et ajoute :

« J'ai remarqué avec un vif intérêt dans le même ouvrage les opinions de Cabanis sur l'immortalité, sur la

persistance du *moi* après la mort, sur la possibilité d'indiquer comment l'être pensant peut conserver l'existence et même le souvenir après la destruction des organes qui tombent sous nos sens. Cette partie de l'ouvrage est entièrement neuve; on y trouve, en faveur de l'immortalité de l'âme, des preuves non connues, que l'auteur devait à ses méditations sur l'anatomie et sur la physiologie. » (*Philosophie morale*, p. 295.)

Et plus loin :

« Je ne conçois pas les censeurs imprudents qui, au lieu d'examiner comment on peut concilier avec des sentiments religieux les idées physiologiques de Cabanis, se sont empressés de lui prodiguer des injures et de l'accuser d'athéisme. Ont-ils pu s'imaginer que, par une telle imputation contre un tel homme, ils serviraient une cause respectable et sainte?

« Si leur imputation est fausse, elle annonce que cette cause a parmi ses défenseurs des gens au moins très-inconsidérés; si leur imputation est vraie, elle prouve qu'on peut la mériter, et pratiquer cependant les vertus sociales. »

J'ai tout dit, Messieurs, sur le prétendu matérialisme de la Faculté de médecine de Paris, et maintenant j'ai hâte de donner au Sénat quelques explications sur les thèses déplorables qui ont été citées avant-hier à la tribune.

Il est bien regrettable, en effet, de trouver dans des travaux de ce genre, qui sont le couronnement des études médicales d'un étudiant, des déclarations qui sont tantôt la négation de la cause première, tantôt, comme dans la thèse annulée récemment par le Ministre de l'instruction publique, la négation du libre arbitre; système d'après lequel, si le Sénat veut bien me permettre de me servir d'une expression familière, il n'y a plus ni honnêtes gens ni coquins ; il est pénible enfin de rencontrer, dans une autre thèse, des principes anarchiques et subversifs, accompagnés de déclamations démagogiques contre la fondation si utile de l'admirable cité ouvrière de Mulhouse.

Mais il faut voir et dire les choses telles qu'elles sont. Il y a chaque année, à la Faculté de médecine de Paris, un très-grand nombre de soutenances de thèses ; il faut bien reconnaître que l'importance des examens en ce qui concerne l'enseignement médical est surtout dans les épreuves orales et dans les épreuves de la clinique. La rédaction de la thèse est trop souvent considérée comme une formalité accessoire, bien qu'il y ait à cette école comme ailleurs, des thèses excellentes, résultats de travaux intéressants et consciencieux. Aussi, je l'avoue, a-t-il pu arriver quelquefois que les thèses n'ont pas toujours été lues attentivement par les professeurs désignés, parce qu'ils n'attribuaient pas peut-être à ce travail l'importance qu'il doit toujours avoir dans l'intérêt des études. Le nombre des thèses médicales subies à Paris pendant les trois années écoulées 1865, 1866, 1867, s'élève à plus de mille. Ces thèses arrivent toutes à la fois vers la fin de l'année scolaire et adressées par la Faculté à l'Académie en paquets manuscrits, elles ont pu échapper souvent au contrôle du Recteur. Si on considère le nombre total des thèses en y comprenant celles du droit, de la médecine, des sciences et des lettres, on atteint, année moyenne, un chiffre de 1,800 à 2,000.

C'est, vous le voyez, Messieurs, un très-gros chiffre qui représente, pour la lecture et le contrôle de tant d'écrits, un travail énorme. Je dois dire néanmoins que la négligence en pareille matière ne se reproduira plus ; à l'heure qu'il est des mesures sont prises dans ce sens et s'exécutent déjà. Le Sénat voudra bien remarquer que le contrôle des thèses s'arrête aux rectorats et ne va pas jusqu'à l'administration centrale. Quand son attention a été éveillée sur ces thèses extra-médicales, lorsqu'elle a appris qu'il pouvait se glisser de pareilles divagations dans ces actes qui doivent être absolument et exclusivement scientifiques, l'administration, devant ces faits qui, bien qu'isolés, sont, je le répète, très-regrettables, a immédiatement organisé le contrôle sur de meilleures bases; elle a fait rappeler aux présidents de thèses les statuts universitaires. Les digressions philosophiques, positivistes, matérialistes ou autres ne pourront désormais se produire dans des actes où elles sont tout à fait déplacées. Ces mesures nécessaires sont mises en pratique depuis un mois. (*Très-vive approbation.*)

M. QUENTIN BAUCHART. Cela résout la question.

M. LE COMMISSAIRE DU GOUVERNEMENT. J'ai besoin, sur ce point, de donner encore une explication au Sénat. La Faculté de médecine de Paris, en vertu d'une délibération du 9 décembre 1798, et après elle les deux Facultés de médecine de Strasbourg et de Montpellier, font imprimer sur la couverture de toutes les thèses doctorales une déclaration ainsi conçue :

« L'École a arrêté que les opinions émises dans les dissertations qui lui seront présentées doivent être considérées comme propres à leurs auteurs, et qu'elle n'entend leur donner aucune approbation ni improbation. »

C'est, en effet, Messieurs, parce qu'on a fait sortir de cette déclaration des conséquences qui en dépassent les termes et l'esprit, que des abus ont pu se produire. Elle avait pour but unique d'empêcher qu'en appréciant la capacité d'un candidat, la Faculté ne fût amenée à engager sa pensée sur tel ou tel système médical, sur telle ou telle question controversée. Aussi les règlements universitaires, depuis 1803, ont-ils fait la part des autres intérêts engagés; ils déclaraient le président garant des opinions expri-

mées dans la thèse, en tant que ces opinions constitueraient
une attaque blâmable à l'ordre public, à la morale, à ce
doit toujours être respecté. (*Approbation.*)

Voulant dire ici toute la vérité, je dois avouer qu'à la
Faculté de médecine de Paris un assez grand nombre de
professeurs présidents de thèses, qui connaissent très-bien
la déclaration de la couverture imprimée, étaient très-peu
au courant de ces règlements universitaires ; et cependant,
Messieurs, vous remarquerez que, malgré cet état de
choses, quelques thèses seulement, sur un grand nombre,
ont pu être signalées à votre blâme.

Voilà la situation exacte de ces faits en ce qui concerne
les thèses, et il faut considérer les écarts que nous regret-
tons tous comme des exceptions qui ne pourront pas se
renouveler. Mais de ce que quatre ou cinq thèses présentées
et subies dans ces mauvaises conditions, et dont la dernière
a été si justement annulée, en même temps qu'un avertissement était donné au professeur qui avait eu le tort de la
laisser passer, il ne faudrait pas conclure que les mille autres
sont suspectes ; il ne faudrait pas en faire un chef d'accusation, un motif de condamnation contre la Faculté de
médecine de Paris tout entière, contre les vingt-six honorables professeurs qui remplissent les chaires de cette
Faculté.

Les principes suivis par l'administration de l'instruction
publique relativement aux thèses sont ceux qui régissent
l'enseignement lui-même dans les chaires où il est donné
au nom de l'État ; les droits de la liberté scientifique sont
intacts ; mais le candidat à un doctorat quelconque, pas
plus que les professeurs devant lesquels il comparaît, ne
peut attaquer à cette occasion la constitution, les lois de
l'État, la morale publique ou les fondements essentiels de
toute religion.

Il n'est pas plus permis à un étudiant en médecine de

sortir de la science médicale pour se livrer à des attaques de ce genre, qu'il ne le serait à un futur docteur en droit, par exemple, de prendre pour sujet de thèse, en dépit de la loi du 3 août 1848 et de l'article 26 de la Constitution, la négation du principe de la propriété. Permettrait-on à un futur docteur ès-lettres de nier dans sa thèse le droit du suffrage universel, de constater le principe de la souveraineté nationale? Devrait-on permettre à un futur docteur en théologie de nier les droits essentiels de la société civile, de prétendre que l'État doit être subordonné à l'Église? Non, Messieurs, il s'agit là des principes fondamentaux de l'ordre politique et de la société même, personne ne doit y toucher! (*Très-bien! très-bien!*)

Je veux dire un mot maintenant d'un fait qu'il faut réduire, lui aussi, à ses proportions réelles, — je veux parler de cet agrégé qui, dans une leçon où il aurait comparé l'homme à une pile électrique, aurait affirmé qu'ils perdent tous deux de la même façon leur autorité passagère.

Je suis heureux de pouvoir dire que cet agrégé, qui ne fait plus partie de la Faculté, par suite de la condamnation judiciaire qui l'a frappé, ce jour-là, il y a trois ans, ne parlait pas avec une mission officielle; il professait ce jour-là dans un cours libre et non dans le cours complémentaire de chimie dont il avait été chargé. S'il se faisait alors entendre dans le local de l'École pratique, c'était sous sa responsabilité personnelle, et non en qualité d'agrégé; ce titre, d'ailleurs, vous le savez, Messieurs, se gagne au concours et n'est pas à la disposition du Ministre. J'ajoute que des témoins ont déclaré que les paroles n'avaient pas été prononcées dans cette leçon libre telles qu'elles ont été imprimées et lues à cette tribune.

S. Exc. M. DURUY, *Ministre de l'instruction publique.* L'administration supérieure ne lit pas, et elle ne peut pas

lire toutes les leçons qui s'impriment. Elle n'a pas d'ailleurs à répondre de celle-là, qui n'avait aucun caractère
officiel.

M. LE PRÉSIDENT BONJEAN. C'est évident, puisque c'était
une leçon à titre d'enseignement libre.

M. SUIN. Vous en verriez bien d'autres avec la liberté
de l'enseignement.

M. LE COMMISSAIRE DU GOUVERNEMENT. Messieurs, j'ai
terminé la première partie de ma tâche. Je crois avoir
démontré au Sénat que l'enseignement de la Faculté de
médecine, pris en lui-même et dans son ensemble, ne s'est
nullement transformé en un enseignement philosophique
matérialiste et athée, contre lequel, au double point de
vue des études scientifiques et des principes fondamentaux
de l'enseignement public, devraient s'éveiller tous les
sentiments conservateurs et s'armer la discipline régle-
mentaire.

Mais j'ai besoin d'entrer encore dans quelques détails
relativement à certains faits allégués par la pétition. Je
tâcherai de n'ajouter, sur chacun d'eux, à ce qui a été dit
déjà par le rapport de la commission et par certains orateurs,
que ce qui me semble absolument nécessaire. Je dirai deux
mots d'abord au Sénat de cette première leçon faite par
M. le professeur Sée, le 22 mars 1867, et pendant laquelle
l'immense majorité des étudiants aurait fait ouvertement
profession de matérialisme par de bruyantes acclamations.
C'est le récit du *Phare de la Loire*, récit sur lequel je dois
revenir, et qui ne contient pas la vérité.

J'ai besoin, à cette occasion, de reprendre les choses de
plus haut, et de bien caractériser devant le Sénat l'esprit
des nominations qui ont eu lieu en 1867, afin de pourvoir
à six chaires devenues vacantes à la Faculté de médecine.

Messieurs, les explications que j'ai données tout à l'heure
sur ces théories médicales controversées entre les ani-

mistes, les vitalistes et les partisans de la méthode expérimentale vont avoir ici, je crois, leur utilité pour faire
apprécier au Sénat, dans ses origines comme dans sa portée, l'incident relatif au cours de M. Sée.

En effet, lorsque les nominations ont eu lieu, conformément au décret-loi du 9 mars 1852, sur les présentations
de la Faculté et du Conseil académique de Paris, dont le
Sénat connaît la composition et dans lequel il compte plusieurs de ses membres, ces nominations ont mécontenté un
certain nombre *d'animistes* et de *vitalistes;* elles ont été
signalées par eux dans les journaux et dans les recueils
dont ils disposent comme ayant été faites au profit du matérialisme, tandis qu'elles n'ont pu profiter à aucun système médical ni philosophique; elles ont été faites eu
égard aux titres acquis et en dehors de tout système pré-
conçu.

Je me permets d'insister encore sur le vitalisme dont il
a été question dans la délibération même du conseil académique. Qui dit vitalisme ne dit pas toujours spiritualisme. Barthez, de Montpellier, vitaliste en médecine,
était, en philosophie, un matérialiste avéré de l'école du
baron d'Holbach, et, réciproquement, les non-vitalistes ne
sont pas nécessairemnt des matérialistes.

On peut être non-vitaliste, croire à la transformation
des forces, étudier les rapports qui peuvent exister entre
les forces physico-chimiques et les forces vitales et, en
dépit de tout cela, croire en Dieu, à l'immortalité de l'âme,
à la liberté humaine. D'où vient donc la confusion qui
paraît s'être si fortement établie dans quelques esprits? Je
ne voudrais pas faire de médisance, mais cette confusion
ne viendrait-elle pas de ce que certains médecins vitalistes, mécontents de se voir battus par leurs rivaux professant la méthode expérimentale, ont voulu s'entourer
d'une auréole de spiritualisme, tandis qu'ils reléguaient

leurs confrères dans le camp réprouvé des matérialistes?
(*Mouvements divers.*)

L'écho de ces difficultés a retenti, comme je viens de le
dire, dans le sein du Conseil académique, lorsqu'il s'est
agi d'indiquer des candidats au choix du Ministre. A cette
occasion, le doyen de la Faculté de médecine de Paris a
fourni au Conseil académique des explications formelles
que je crois utile de lire, parce qu'il faut insister sur ce
côté de la question. Le passage du procès-verbal de la
séance du 8 février 1867 est très-court. En voici la
teneur :

« M. le doyen de la Faculté de médecine donne au conseil
l'assurance que la Faculté, dans ses présentations, n'a eu
aucune des préoccupations d'école qu'on lui suppose; elle
n'a qu'une seule tendance, une seule préoccupation, celle
de faire entrer la science dans la voie de l'observation et de
l'expérimentation, pour déterminer ensuite des lois générales. M. le doyen ajoute que la Faculté n'est animée
d'aucun esprit philosophique plutôt que de tel autre ; et il
repousse au nom de la Faculté toute tendance aux mauvaises
doctrines philosophiques auxquelles il a été fait allusion
tout à l'heure. »

Messieurs, j'ai parlé des impressions produites sur un
certain nombre de médecins par des nominations qui,
satisfaisantes pour les partisans de la libre recherche,
aspiraient à quelques-uns des inquiétudes qui s'appuyaient
sur des scrupules religieux. C'est dans ces circonstances
que se sont ouverts les cours des professeurs nommés. Des
personnes mécontentes, des étudiants peu nombreux, préoccupés de cet ordre de griefs, se sont présentés le 22 mars
au cours de M. le professeur Sée.

M. Sée avait devant lui, dans l'amphithéâtre, d'abord
les vitalistes et leurs amis; puis un très-grand nombre
d'étudiants, la grande masse, qui, eux, n'étaient ni vita-

listes, ni spiritualistes, ni matérialistes, qui probablement n'ont pas encore des idées bien arrêtées sur toutes ces questions, mais qui, par suite d'influences diverses, se préoccupaient d'un grief tout différent. M. Sée n'était pas agrégé, il n'avait pas subi l'épreuve du concours. Les étudiants croyaient, on le leur avait dit peut-être, que l'agrégation était nécessaire pour l'admission dans une chaire de la Faculté de médecine. Ils se trompaient; mais, attribuant à la faveur un choix, qui n'avait, au contraire, été motivé que par titres très-sérieux, ils étaient disposés à faire du désordre.

Il y avait enfin, Messieurs, dans ce même amphithéâtre, un troisième élément dont il faut parler, l'élément perturbateur par excellence, attiré par l'éventualité, toujours avidement désirée par lui, d'un tapage scolaire. Cet élément était représenté, là comme ailleurs, par quelques-uns de ces vieux étudiants, qui ont cessé d'étudier depuis très-longtemps. (*Hilarité.*)

Un sénateur. Des étudiants de dixième année.

M. le Commissaire du Gouvernement. Oui, j'incline à supposer qu'il y avait là des étudiants de dixième année. Ne l'oubliez pas en effet, Messieurs, il y a malheureusement, sur les registres de la Faculté de médecine un nombre considérable d'inscriptions qui se sont arrêtées à la sixième, la septième, la huitième; ces inscriptions ont été prises jadis par des étudiants qui ne passent plus d'examens; ils ont commencé leurs études, mais ne les achèvent pas.

S.Exc.M. Duruy, *Ministre de l'instruction publique.* Il y en a onze cents.

M. le Commissaire du Gouvernement. Les étudiants en non-activité... (*Nouveaux rires.*)

M. Lacaze. Ils n'ont que trop d'activité parfois!

M. le Commissaire du Gouvernement. Ils n'ont pas

la féconde activité du travail, ils ont la mauvaise et nuisible activité du désordre. (*Très-bien.*)

Parmi ces étudiants-là ou à côté d'eux se trouvait un des coryphées du congrès de Liége, puis les émules de ceux qui criaient à Liége : Guerre à Dieu! de ceux qui se déclaraient et qui sont, je le crois sans peine, matérialistes et athées ; ceux qui insultent à l'étranger le drapeau de la nation (*Approbation*), ceux qui ont vu sortir de la salle de leur congrès le consul de France, honteux de les avoir pour compatriotes. (*Nouvelle et très-vive approbation.*)

Messieurs, ce groupe dans lequel il y avait, j'en suis sûr, de bons jeunes gens qui se croient des héros, et de mauvais jeunes gens qui sont des meneurs, ce groupe que j'appellerai très-volontiers le « parti de la vocifération... » (*Bravo! très-bien! — On rit.*), ce groupe était dans l'amphithéâtre ; profitant de ce qu'il y avait là une masse un peu agitée, émue, préoccupée de cette idée que le nouveau professeur n'avait pas la qualité d'agrégé, il s'est hâté de faire comme à Liége et a crié : Vive le matérialisme !

Messieurs, je puis garantir l'exactitude de ces informations ; car elles résultent de récits faits par des témoins oculaires qui corroborent les documents officiels soumis à la commission et au Sénat.

Lorsqu'après avoir ainsi étudié de près la situation, j'ai relu l'article du *Phare de la Loire*, je me suis dit que cet article a été très-habilement rédigé par des gens qui cherchent à exploiter toutes les circonstances pour faire croire à leur force et qui, n'étant au fond qu'une infime minorité perdue au milieu de notre jeunesse studieuse, veulent faire supposer que la majorité est avec eux, assertion fausse, qu'il ne faut pas laisser accréditer et qu'il faut démentir.

Cet article du *Phare de la Loire*, on le retrouve dans la pétition colportée ou envoyée comme une circulaire par

M. Giraud dans les départements. Lorsqu'on y voit, par exemple, que dans cet amphithéâtre qui peut contenir environ huit cents étudiants, dix-huit cents adeptes ont voté pour le matérialisme et quinze contre; en présence de tels récits et du service qu'ils ont rendu au pétitionnement organisé par le *Journal des Villes et des Campagnes*, on peut dire que le *parti de la vocifération* a été ici, une fois de plus, sans le vouloir, sans le savoir, l'instrument, l'auxiliaire très-utile et très-maladroit du *parti de l'insinuation!* (*Approbation sur plusieurs bancs. — Chuchotements.*) Voilà la conclusion à tirer de tous ces faits.

PLUSIEURS SÉNATEURS. Très-bien! très-bien!

Messieurs, j'ai encore un mot à dire à propos de ces désordres. Ne croyez pas que l'explosion d'un pareil tumulte dans l'amphithéâtre de l'École de médecine puisse être attribuée à quelque négligence imputable à l'administration. Non, Messieurs, l'administration a toujours été ferme comme c'était son devoir, mais on ne peut prévoir, ni par conséquent prévenir des scènes de ce genre. Quand elles se produisent dans ces grandes agglomérations, alors interviennent des mesures qui les font cesser. Aussi, Messieurs, après l'incident passager qui a troublé la première leçon de M. Sée, le cours a continué sans agitation nouvelle.

Mais avant de quitter ce qui concerne ce professeur, je dois dire que lui non plus n'est ni matérialiste ni athée; cependant de récentes publications semblent vouloir, pour les besoins de la cause, faire de M. Sée un matérialiste malgré lui.

M. Sée, en effet, a eu beau déclarer dans sa lettre du 2 avril 1867, lue à cette tribune, que le matérialisme était toujours resté étranger à ses travaux, à ses études. Ayant été amené à dire dans une leçon du 30 mars dernier que son enseignement conserverait le même caractère, M. Sée a été pris à partie de nouveau par une récente brochure qui l'accuse d'exclure la philosophie de son enseignement et qui le classe irrévocablement dans la catégorie des matérialistes et des athées.

Je me borne à dire que cette même leçon est appréciée dans les termes suivants par un rapport du vice-recteur : « M. Sée a affirmé de nouveau le caractère de son enseignement. qui était et devait rester étranger aux questions philosophiques et religieuses. M. le doyen m'a dit que l'allocution de M. Sée avait été irréprochable et que sa leçon s'était faite ensuite sans aucun incident. »

Ce qui reste après toutes ces rectifications, ce que je ne prétends pas contester, ce qui laisse un regret, c'est la pensée qu'une scène de désordre a pu se prolonger longtemps sous les yeux d'un professeur; mais songez, Messieurs, au trouble que produisent de pareils tumultes, n'oubliez pas que le professeur n'a accepté aucun patronage compromettant. Il a trop longtemps attendu, je le reconnais, le rétablissement de l'ordre; comme cela a été très-bien dit dans le rapport de l'honorable M. Chaix d'Est-Ange, il aurait dû, voyant le désordre continuer et croître, ne pas compromettre la dignité de la chaire en y restant devant les perturbateurs. (*Très-bien! très-bien!*)

A l'égard de M. le professeur Robin, je serai très-bref.

On a d'abord reproché à ce professeur des paroles qu'il aurait prononcées dans sa chaire et qui pourraient le faire accuser d'enseigner le matérialisme; puis, et c'est là un grief présenté par S. Ém. le cardinal-archevêque de Rouen, on s'est demandé si, dominé par le système qu'il professe dans ses livres, il ne pourrait pas apporter dans les examens une certaine partialité; enfin, Mgr de Bonnechose a cité un dictionnaire médical auquel ce professeur a collaboré.

Messieurs, sur le premier point, sur le respect de la spécialité du programme de sa chaire, M. le professeur Robin a adressé à M. le Ministre de l'instruction publique, le 30 mars 1868, une lettre où il s'exprime ainsi :

« J'ai l'honneur de vous adresser une copie de la reproduction des paroles que j'ai prononcées dans ma leçon d'ouverture de novembre 1866, et à l'occasion desquelles j'ai, à cette époque, été appelé dans votre cabinet. Votre Excellence trouvera dans cette copie ce que je lui ai répété, c'est-à-dire ce que j'avais dit et rédigé peu de jours avant, au lieu de ce qui m'a été faussement attribué alors et récemment.

« Veuillez agréer, etc.

« CH. ROBIN,
Professeur à la Faculté de médecine,
membre de l'Institut. »

Messieurs, j'ai cru nécessaire de vous lire cette lettre, afin de rendre la situation tout à fait claire et nette sur ce point.

En ce qui touche les publications, les livres, il faut établir une distinction profonde, nécessaire, qui, je crois, est déjà faite dans l'esprit et dans le sentiment du Sénat, entre la position du professeur dans sa chaire, où il relève de l'État, et la situation de ce même professeur comme écrivain, lorsqu'il se livre à des travaux scientifiques.

Cette distinction me dispense, Messieurs, d'entrer ici dans une discussion technique relative au dictionnaire appelé, jusqu'en 1865, *Dictionnaire de Nysten*, et à la comparaison des mots, des définitions et des descriptions successivement publiés dans ce recueil par l'oratorien Capuron, M. Nysten, et enfin MM. Robin et Littré. Je ne parlerai même pas au Sénat d'une note que j'ai dans les mains, et où les définitions et classifications de ce Dictionnaire, en ce qui touche l'homme et les animaux, sont rapprochées des textes de Cuvier. Je ne veux et ne puis argumenter à ce point de vue ni pour ni contre M. Robin. Je dirai seulement que, dans ses publications scientifiques, le savant agit sous sa responsabilité. Oh! je sais que, même dans l'ordre des publications ainsi faites en dehors de l'enseignement, il peut se produire certains cas très-graves, très-exceptionnels, où il ne serait pas possible de séparer absolument l'écrivain du professeur, et qui imposeraient à l'administration l'obligation d'intervenir.

Mais, placé dans une de ces hypothèses extrêmes, le professeur trouverait des garanties dans la législation universitaire et dans le caractère paternel de ses juridictions.

Je n'ai plus qu'un mot à dire sur M. Robin : c'est qu'il proteste avec énergie contre la pensée que ses publications et ses opinions scientifiques puissent peser d'un poids quelconque dans les jugements qu'il porte en qualité d'examinateur.

Je crois donc remplir un devoir de stricte justice en apportant à cette tribune sa déclaration; il faut que la part de chacun soit faite ici conformément à la vérité. (*Marques d'assentiment.*)

Messieurs, je veux beaucoup abréger, et cependant j'ai besoin de vous parler encore d'un autre point de la pétition.

Il s'agit de faits qui ont été apportés avant-hier à la tribune du Sénat. Il s'agit d'un professeur d'anatomie pathologique à l'école de Paris, ancien professeur au Muséum d'histoire naturelle : M. Vulpian.

Le Sénat, Messieurs, a gardé le souvenir de la lecture qui a été faite par S. Ém. le cardinal de Bonnechose, de quelques passages d'un livre de ce professeur, intitulé

Physiologie du système nerveux. Ce livre avait déjà été l'objet d'observations très-vives dans un des nombreux écrits qui ont été publiés à l'occasion de la pétition présentée au Sénat.

Ce matin même, M. le Ministre de l'instruction publique a reçu de M. le professeur Vulpian une lettre relative à ces faits ; je demande au Sénat la permission de lui en donner lecture.

Je dois dire, avant de commencer cette lecture, qu'à la date du 17 avril 1868, M. le professeur Vulpian avait écrit au Ministre une première lettre à propos de la brochure dans laquelle il a été attaqué.

Voici donc la lettre que M. le Ministre a reçue de lui ce matin :

Paris, le 21 mai 1868.

« Monsieur le Ministre,

« J'ai l'espoir que vous voudrez bien faire connaître au Sénat la lettre que j'ai eu l'honneur de vous adresser, il y a un mois ; mais je crois devoir appeler votre attention sur les deux passages qui me concernent plus ou moins directement dans le discours de Mgr de Bonnechose, prononcé au Sénat le 20 mai 1868.

« D'abord l'orateur semble croire à la réalité de l'incident de la Salpétrière ; il donne même des détails ; d'après lui, le dénonciateur aurait fait à ce sujet des observations au *professeur*, et, si le Sénat le demandait, il serait prêt à le nommer. Ceci devient un peu plus précis ; car il n'y a. parmi les médecins de la Salpétrière, que moi à qui le titre de professeur puisse être appliqué.

« Je me vois donc dans la nécessité de déclarer, encore une fois, que c'est là un impudent mensonge.

« D'autre part, Mgr de Bonnechose, qui tient à mettre en cause le plus de professeurs qu'il peut, cite aussi, comme l'avait fait Mgr Dupanloup, quelques phrases de mes leçons sur la physiologie du système nerveux :

« La volonté, telle qu'on l'entend habituellement, fait partie intégrante des facultés cérébrales.

« Les volitions sont des manifestations exclusivement cérébrales.

« Nous admettons sans aucune restriction que les phénomènes intellectuels des animaux sont les mêmes que ceux de l'homme. »

« On voit que c'est toujours le même système, consistant à détacher des phrases de ce qui les précède et de ce qui les suit, de ce qui les explique, en un mot.

« Et puis, en elles-mêmes, en quoi ces propositions sont-elles discutables? Est-ce que tous les physiologistes modernes n'ont pas admis ces vérités évidentes? Est-ce que l'on voudrait nous faire ordonner de professer que les animaux n'ont pas de volonté et n'ont pas d'intelligence? Il faut que les savants de tous pays qui vont lire cette discussion puissent voir comment certains esprits comprennent la liberté d'enseignement pour la France!

« Enfin, bien qu'elle ne me concerne pas directement je ne puis laisser passer sans protestation l'insinuation bienveillante par laquelle on veut faire croire qu'un professeur de la Faculté pourrait être influencé, dans ses votes d'examen ou de proposition pour les chaires vacantes, par la conformité entre ses propres doctrines et celles du candidat. Il me suffira de dire que les professeurs de la Faculté sont d'honnêtes gens, incapables de commettre une telle lâcheté, et même de faire porter un pareil soupçon sur qui que ce soit.

« J'ai l'honneur, etc.

« A. VULPIAN,
« Professeur à la Faculté de Paris. »

Messieurs, j'avais l'intention de vous lire, au moins en partie, la première lettre de M. Vulpian, mais je craindrais de prolonger ces lectures, déjà si étendues.

M. LE PRÉSIDENT BONJEAN. C'est inutile, la parole d'un homme d'honneur nous suffit.

M. LE COMTE DE GROSSOLLES-FLAMARENS. Quelle est la date de cette lettre?

M. LE COMMISSAIRE DU GOUVERNEMENT. Elle est du 17 avril 1868.

Cette lettre, d'ailleurs, reproduit des observations analogues à celles que le Sénat vient d'entendre.

Je ne mentionne que pour mémoire le grief articulé contre M. le professeur Broca, au moyen d'une citation tronquée et d'une intention dénaturée. Il s'agit d'un fait matériellement inexact, et d'une imputation absolument contraire à la pensée de l'auteur.

PLUSIEURS VOIX. Très-bien! cela suffit. Cette assertion est jugée.

M. LE COMMISSAIRE DU GOUVERNEMENT. J'arrive maintenant au dernier point, celui qui concerne l'incident de la Salpêtrière.

PLUSIEURS SÉNATEURS. C'est inutile, l'affaire a été suffisamment éclaircie.

M. LE COMMISSAIRE DU GOUVERNEMENT. Je crois que, dans l'intérêt des personnes accusées, il est nécessaire de lire la lettre, et voici pourquoi.

M. Vulpian n'est pas le seul médecin de la Salpêtrière ; il y a d'autres médecins et chirurgiens dans cet établissement ; ils sont nombreux ; ils se sont sentis atteints par la déclaration qui vous a été faite, et je crois n'être que juste en insistant pour vous lire cette lettre tout entière.

Elle est adressée à l'honorable M. Husson, directeur de l'administration générale de l'assistance publique :

« Monsieur le directeur général, nous avons lu avec la plus grande surprise, dans le *Moniteur officiel*, le passage d'une pétition au Sénat, dans lequel il est question d'un des médecins de la Salpêtrière.

« Nous ne savons pas à qui ce passage s'applique, mais comme nous sommes les seuls chargés, comme médecins, de donner des soins aux femmes âgées ou infirmes de la Salpêtrière, nous croyons devoir vous faire connaître notre sentiment sur cette allégation des pétitionnaires.

« Or, nous pouvons déclarer, s'il s'agit de l'un de nous, que cette allégation est une invention absurde, et que l'on peut juger ainsi de la moralité de gens qui ont osé énoncer sciemment un pareil mensonge.

« Veuillez agréer, etc.

        « 31 mars 1868.

                « CHARCOT, A. VULPIAN.

« Nous déclarons nous associer au démenti donné dans la lettre ci-jointe.

        « 31 mars 1868.

                « AUG. VOISIN.

« Je proteste, pour ma part, contre l'invention calomnieuse énoncée dans la pétition faite au Sénat.

                « E. CRUVEILHIER.

« Pour ce qui me concerne, j'affirme de la manière la plus catégorique que les dénonciateurs en ont menti *impudentissime*.

                « MOREAU. »

« Je ne puis que me joindre et je me joins de tout cœur et de toute conscience à mes collègues ; mais je ne puis le faire sans une profonde indignation contre de pareilles calomnies. Avec pareil système, plus de science, plus de charité.

« TRÉLAT père.

« Je ne puis que m'associer à la protestation faite par mes collègues. Tous, nous professons pour nos malades et leurs opinions le plus profond respect.

« DELASIAUVE. »

Le Sénat se rappelle la phrase de la pétition à propos de cette médaille : « Les mêmes faits se renouvellent tous les jours dans les hôpitaux. » Vous le voyez : il y a là une imputation qui attaque non plus seulement l'administration de l'instruction publique et les professeurs, mais aussi avec eux les médecins dévoués qui soignent les malades dans les hôpitaux. Je demande la permission de citer deux phrases extraites de la lettre que M. le directeur de l'assistance publique écrivait, en transmettant au Ministre la protestation de MM. les médecins de la Salpêtrière :

« Connaissant les habitudes de nos médecins, je pressentais qu'il n'y avait rien d'exact dans l'accusation portée devant le Sénat.

« Nos médecins, en effet, sont chaque jour en rapport avec les sœurs de charité qui desservent les hôpitaux, et ils respectent leur foi et leurs pratiques, comme ils respectent celles des malades. Il n'est point à ma connaissance qu'une observation malséante, au point de vue religieux, ait été jamais faite par un chef de service, ni à une sœur, ni à un malade. Je me plais à en donner l'assurance. »

Maintenant, Messieurs les sénateurs, j'ai accompli la plus grande partie de ma tâche, J'ai porté devant le Sénat les protestations faites au nom d'une grande école injustement outragée par la pétition, et je ne puis résister au désir de terminer ce long exposé des faits relatifs à la Faculté de médecine de Paris et au corps médical de l'assistance publique en citant les belles paroles d'un grand orateur qui s'écriait :

« ... La loi de Dieu nous défend d'attaquer même la réputation d'un particulier ; mais, par un secret que l'Évangile ne nous a point appris, on prétend, sans se départir de l'étroite morale qu'on professe, avoir droit de s'élever contre des corps entiers, de leur imputer des intentions, des vues, des sentiments qu'ils n'ont jamais eus ; de les faire passer pour ce qu'ils ne sont point, et de ne vouloir jamais les connaître pour ce qu'ils sont ; de recueillir de toute part tout ce qu'il peut y avoir de mémoires scandaleux qui les déshonorent, et de les mettre sous les yeux du public avec des altérations, des explications, des exagérations qui changent tous les faits et les présentent sous d'affreuses images. »

C'est Bourdaloue qui parlait ainsi dans son discours sur la sévérité chrétienne.

Les corps ont leur honneur, Messieurs, comme les individus. Nos Facultés, nos grandes écoles, ainsi atteintes par les pétitionnaires, ont vivement ressenti la douleur de se voir dénoncées au Sénat et en quelque sorte à la réprobation de l'opinion publique. Et moi aussi, qui ai l'honneur de porter en ce moment la parole, je suis animé du même sentiment, et j'ai voulu citer ce passage qui rend si bien une pensée conforme sans doute à la vôtre. (*Assentiment marqué.*)

J'ai fini, et cependant il est un dernier point auquel je dois toucher.

Il ne s'agit plus de l'École de médecine, mais d'un honorable professeur d'un autre ordre. Dans un article publié, le 10 avril dernier, dans la *Revue du monde catholique* et qui n'est autre chose que le commentaire des lettres d'adhésion déposées aux archives du Sénat à l'appui de la pétition, l'auteur principal de cet acte s'exprime ainsi :

« Nous savons parfaitement où en est l'enseignement officiel des sciences, des lettres et des arts dans certaines de nos Facultés et de nos écoles. Nous n'ignorons pas quel esprit souffle dans l'Université et nous pouvons démontrer, preuves en main, que son enseignement est traditionnellement mauvais. »

Suivent des citations qu'on entendra tout à l'heure, et à la suite desquelles le nom de M. Franck a été prononcé.

Après avoir pris connaissance de cette pétition, l'honorable M. Franck, professeur au Collége de France, membre de l'Institut (section des sciences morales et politiques), membre du conseil impérial de l'instruction publique, a écrit la lettre suivante :

« La *Revue du monde catholique*, dans son numéro du 10 avril 1868, publie un article où l'on m'attribue en commun, avec plusieurs personnes de l'Université, les propositions suivantes :

« Toutes les religions ont le même prix, ou plutôt n'en ont aucun.

« Rien n'est absurde comme la prière.

« Nous devons croire en Dieu à tout hasard, sans savoir pourtant si nous ne nous trompons pas.

« Les chrétiens n'arriveront à la perfection que lorsqu'ils auront perdu la foi.

« Le missionnaire catholique n'est qu'un esprit aventureux, un marchand qui exploite les peuples pour un morceau de mouton, etc. » (*Exclamations. — Plusieurs voix. C'est absurde !*)

14

Je demande à continuer la lecture de ces citations dont l'auteur principal de la pétition rendait M. Franck responsable pour sa part. Ce système contribue à caractériser la pétition ; c'est ce qui me détermine à les apporter à la tribune.

M. LE PRÉSIDENT BONJEAN C'est vrai ! lisez ! vous êtes dans votre droit.

M. LE COMMISSAIRE DU GOUVERNEMENT. « Je n'ai pas qualité, dit M. Franck, pour défendre mes collègues qui sauront bien se défendre eux-mêmes ; mais pour ce qui me concerne, je n'ai jamais soutenu ou simplement avancé, soit dans mon enseignement oral, soit dans mes écrits, soit dans mes leçons publiques, soit dans mes conversations, aucune des propositions que je viens de transcrire, et j'oppose à celui qui me les a imputées la dénégation la plus absolue.

« Il n'y a que sur l'*et cætera* que je ne puis rien répondre, n'ayant pas le don de lire dans la pensée d'autrui, et ne comprenant rien à l'art des insinuations. »

M. LE VERRIER. On peut répondre pour lui.

M. LE COMMISSAIRE DU GOUVERNEMENT. « J'attends, monsieur, de votre loyauté, l'insertion de cette lettre dans votre prochain numéro.

« J'ai l'honneur, monsieur, de vous saluer avec la plus parfaite considération.

« FRANCK. »

L'auteur principal de la pétition ne s'est pas tenu pour battu. Il a écrit une lettre dans laquelle il a pris à partie M. Franck, répétant de nouveau que l'enseignement supérieur est mauvais, et, pour le prouver, il cite différents passages empruntés soit à la *Philosophie du droit ecclésias-*

tique, de M. Franck, soit à sa *Philosophie du droit pénal.*
Je ne veux pas lire cette lettre, mais seulement la réponse
nouvelle de M. Franck, envoyée cette fois à un journal
sous forme de note.

« On remarquera que l'auteur de cette lettre ne prouve
pas, n'essaie pas même de prouver qu'une seule des propositions qu'il m'a attribuées se trouve réellement dans
mes ouvrages. La dénégation que je lui ai opposée, et que
je renouvelle ici, subsiste donc tout entière. Voilà une
question vidée, et il n'y en avait pas d'autre.

« Cependant, puisque le rédacteur de la *Revue du
Monde catholique,* pour se dédommager de sa dénonciation
tombée à faux, s'efforce d'en construire une autre avec des
passages dont il indique la source et qu'il a la prétention
de citer textuellement, je veux montrer, en quelques
mots, quel est l'esprit et quel est l'art qui ont présidé à
cette œuvre pieuse.

« La phrase que M. Léopold Giraud a extraite de la
page 132 de ma *Philosophie du droit ecclésiastique,* et qu'il
donne comme l'expression de ma propre pensée, est une
phrase de Benjamin Constant, dont je donne la réfutation
un peu plus loin. (*On rit.*) Elle fait partie d'un chapitre intitulé : *Système de Benjamin Constant.* Et à la suite de ce
chapitre en vient un autre (p. 169) en tête duquel on lit
ces mots : « Examen critique des systèmes de Lamennais
et de Benjamin Constant. » Par conséquent, il faut un
grand effort de charité pour se persuader que l'erreur de
M. Giraud a été involontaire.

« Cet effort, je le fais de grand cœur ; mais il me sera
permis de regarder comme inutile et indigne de moi de
discuter plus longtemps avec un homme qui a de tels procédés, ou, si l'on veut, de telles méprises à son usage.

« AD. FRANCK. »

J'ai eu la pensée, Messieurs, de vérifier les autres citations énumérées dans cette longue lettre.

Voici ce que j'ai découvert.

Dans un passage relatif à l'usure, M. Giraud dit à l'honorable M. Franck :

« La sévérité de votre morale vous permet d'enseigner dans un autre ouvrage (*Philosophie du droit pénal*, p. 185), que l'usure en droit n'est pas un délit et ne peut être l'objet d'une répression pénale... »

Voici maintenant le texte complet ; je vais vous le lire, il n'est pas long :

« En droit, dit M. Franck, l'usure n'est pas un délit, mais si l'usure n'est pas contraire aux principes du droit, et ne peut pas être l'objet d'une répression pénale, elle est contraire aux principes de l'humanité, aux principes de la charité, aux principes de l'honneur, et c'est avec raison qu'elle est flétrie par l'opinion publique. » (*Mouvement*).

M. Giraud a oublié de citer ces derniers mots.

Vous remarquerez qu'il résulte de tout cela que l'honorable M. Franck est pour l'auteur principal de la pétition un des exemples les plus éclatants de la perversion de l'enseignement supérieur de l'État, et, qu'en dépit de titres qui le recommandent à l'estime de tous, il est représenté à l'opinion publique, au Sénat, d'après les publications qu'il a faites, comme un de ces hommes dangereux et suspects dont on doit s'écarter.

M. CHAIX D'EST-ANGE. M. Franck est un des hommes les plus honnêtes qui se puissent rencontrer.

M. LE COMMISSAIRE DU GOUVERNEMENT. Maintenant je m'adresse avec respect à Mgr de Bonnechose et j'ose lui demander s'il peut dire encore que « les faits allégués par le pétitionnaire sont vrais. «

On a souvent médit, Messieurs, de l'art de grouper les chiffres ; il me semble qu'on pourrait dire aussi beaucoup de mal de l'art de grouper les faits, alors surtout qu'on les dénature et qu'on les travestit. J'appelle l'attention du Sénat sur cet ingénieux procédé qui consiste à citer des phrases entre guillemets avec toutes les' apparences de la précision, à ne pas nommer l'auteur de faits dont on ne donne pas non plus la date, à ne pas indiquer le lieu où les paroles ont été prononcées. Qu'arrive-t-il alors ? C'est que les lecteurs, ne pouvant supposer ّqu'on soit assez hardi pour citer entre guillemets des phrases qui n'existent pas, accordent leur confiance à l'homme courageux qui les éclaire. La calomnie fait ainsi son chemin, s'étend, s'affermit ; l'opinion publique, influencée dans un certain sens, voit se former en elle certains courants souhaités, et je ne suis pas convaincu qu'aujourd'hui il n'y ait pas en France beaucoup de personnes très-sincères qui croient de très-bonne foi qu'à Paris, au Collége de France, à la Faculté de médecine, il y a beaucoup d'hommes abominables, et que, par l'intermédiaire de leurs anciens élèves répandus dans les facultés en province, ils préparent la décadence et la ruine de la société française.

C'est ce qui explique peut-être, messieurs, ce gros chiffre de 2132 signatures, dont il serait curieux et facile de faire la décomposition et de dresser la statistique.

Je ne suis pas monté à la tribune, je vous le disais il y a un instant, pour traiter la question de principe soulevée par la pétition en ce qui touche la liberté de l'enseignement supérieur. Seulement, après avoir caractérisé la pétition au point de vue des faits, je désire vous laisser entrevoir, Messieurs les sénateurs, les espérances passionnées qui se cachent derrière cette demande de liberté. On demande, comme prix de tant d'injures, la liberté de l'enseignement supérieur ! Dans un journal qui est l'organe des

14

pétitionnaires, le *Journal des Villes et des Campagnes*, il y a
des articles que je pourrais vous lire et dans lesquels on ne
parle plus seulement de la liberté, mais bien de l'abolition
de l'enseignement de l'État. On veut détruire enfin cette
vieille Université française, trop dangereuse sans doute
par sa concurrence. Oui, on parle d'enlever à l'État le
droit d'enseigner, en proclamant que l'Église est seule
compétente. Je ne veux pas insister : en répétant que je
vois d'un côté, en ce qui touche les faits, des mensonges
habilement calculés ; d'autre part, des menaces contre un
droit essentiel de l'État, j'arrive tout naturellement à ma
conclusion, qui est pressentie par le Sénat.

Au nom du gouvernement et conformément aux conclusions de la commission, je demande l'ordre du jour
s'appliquant, d'une manière absolue et sans distinctions
aux deux parties de cette pétition, à ce qui concerne les
faits comme à ce qui est relatif à la liberté de l'enseignement supérieur.

Un renvoi, prononcé sur une pareille pétition après le
scandale produit par des accusations qui retentissent, à
l'heure qu'il est, dans la France entière ; un renvoi, en
présence de ces imputations de matérialisme et d'athéisme
portées contre les professeurs de la Faculté de médecine
de Paris, et d'une manière générale contre l'enseignement
supérieur français tout entier ; un renvoi, après qu'à la
tribune et hors de cette enceinte on a distingué entre la
fausse science et la vraie, de manière à faire entendre que
celle-ci pourrait avoir son critérium dans les déclarations
canoniques de l'autorité ecclésiastique ; un renvoi interve-
nant dans de telles circonstances et s'appliquant à une pétition qui contient des erreurs matérielles, des citations
fausses, des propos inventés et de flagrantes calomnies,
à une pétition couverte de démentis et qui tombe en lam-
beaux au simple contact de la vérité, serait, à tous les

points de vue, Messieurs les sénateurs, un fait d'une extrême gravité.

On a demandé quelle serait la signification d'un renvoi.
On a paru penser que, rapproché des déclarations et des
actes du gouvernement, ce renvoi lui donnerait une force
nouvelle. Mais, Messieurs, peut-il en être ainsi après le
discours de Monseigneur de Rouen? Le langage même des
pétitionnaires, permet-il une telle solution? Quoi! les pétitionnaires déclarent l'enseignement supérieur radicalement et traditionnellement mauvais; nos Facultés, nos
grandes écoles seraient devenues des foyers de pestilence,
et le Sénat accepterait une solidarité quelconque avec une
injure si grave qui frappe 700 professeurs? Mgr de Bonnechose a regretté qu'il ne fût pas possible de licencier les
professeurs de l'École de médecine pour cause de matérialisme! Comment le Sénat pourrait-il s'associer à une pareille appréciation?

Le renvoi, Messieurs, au lieu d'être considéré comme
l'expression des sollicitudes légitimes du Sénat pour l'enseignement supérieur public en France, serait interprété
au dehors, contrairement à la pensée du Sénat, comme un
gage donné aux ennemis déclarés de cet enseignement,
et peut-être comme une menace à la liberté scientifique.

Je termine, Messieurs, comme j'ai commencé, en plaçant les préoccupations légitimes du Sénat en dehors et
au-dessus de la pétition.

Comme le Sénat, le gouvernement veut que chaque professeur respecte les termes et l'esprit du programme accepté; comme le Sénat, le gouvernement veut empêcher
tout écart et tout scandale dans nos grandes écoles.

Il en a donné la preuve dans les affaires relatives au congrès de Liége, lorsqu'avec le concours du conseil académique de Paris et du conseil impérial de l'instruction pu-

blique, où l'on compte plusieurs sénateurs, il a rappelé les étudiants au devoir, au travail et au respect.

Le Gouvernement pense donc qu'il y a lieu pour lui d'insister en faveur de l'ordre du jour, conformément aux conclusions de la commission et à l'esprit du remarquable rapport dans lequel l'honorable M. Chaix d'Est-Ange a su faire si bien la part des devoirs du professorat et de la liberté scientifique.

C'est dans ce sens que le Gouvernement a agi dans le passé, c'est ainsi qu'il agirait au besoin dans l'avenir.

C'est dans cet esprit, Messieurs, que le Gouvernement insiste auprès de vous avec énergie et avec confiance en faveur de l'ordre du jour. (*Vif mouvement d'approbation, applaudissements. — L'orateur reçoit à son banc de très-nombreuses félicitations.*)

M. LE PRÉSIDENT. Avant que M. Michel Chevalier ne prenne la parole, la séance va être suspendue pendant quelques instants.

(Après dix minutes, la séance est reprise.)

M. LE PRÉSIDENT. J'avais annoncé que la parole appartenait à M. Michel Chevalier. Mais cet honorable sénateur devant parler dans le même sens que M. le commissaire du gouvernement, j'invite M. le baron de Vincent à monter à la tribune.

(M. le baron de Vincent se dirige vers la tribune.)

PLUSIEURS SÉNATEURS. Aux voix! aux voix! la clôture!

S. EM. M. LE CARDINAL MATHIEU. Je demande la parole contre la clôture.

M. LE PRÉSIDENT. La demande de clôture est-elle appuyée?

PLUSIEURS SÉNATEURS. Oui! oui! Non! non!

M. LE PRÉSIDENT. La parole est à Mgr le cardinal Mathieu contre la clôture.

S. EM. M. LE CARDINAL MATHIEU. On vient de demander

la clôture. Je me permettrai de vous faire une remarque importante à propos de cette demande.

Le premier jour de la discussion nous avons entendu M. Sainte-Beuve nous dire, qu'en dehors des diocèses dont les évêques avaient demandé une remise de la discussion, il y avait un diocèse étendu, englobant toute la France, et pouvant déjà annoncer qu'il possédait une quantité de fidèles assez considérable pour former une masse respectable ; seulement les fidèles de ce diocèse n'ont pas la foi, et ils sont d'autant plus dignes d'en être membres que chez eux le sens commun augmente graduellement, à proportion qu'ils renoncent aux vérités de l'ordre surnaturel.

Eh bien, Messieurs, comment est-il possible que ce diocèse se soit formé et s'étende, s'il n'y a pas un enseignement qui l'étende et qui le forme ?

J'ai à proposer au Sénat de graves considérations sur ce point important, et c'est pour cela que je le prie de ne point prononcer la clôture.

Voix nombreuses. Parlez ! parlez ! A demain !

M. le Président. La clôture est-elle encore appuyée ? (Oui ! oui ! — Non ! non !)

M. le Président. La clôture étant appuyée, je vais la mettre aux voix.

M. le baron Dupin. Il est impossible de prononcer la clôture, quand on doit entendre le cardinal de Besançon et l'archevêque de Paris.

M. le Président. C'est votre avis, c'est possible ; le Sénat va en décider.

Je consulte le Sénat pour savoir s'il entend prononcer la clôture, ou s'il veut continuer la discussion (*Une épreuve a lieu au milieu d'une certaine confusion.*)

Plusieurs voix. On n'a pas bien compris la question.

M. LE PRÉSIDENT. Puisqu'il en est ainsi, tout le monde n'ayant pas voté, on va recommencer le vote.

S. EM. LE CARDINAL DE BONNECHOSE. Monsieur le président, je me suis tu pendant le discours qui vient d'être prononcé... Je dois dire que j'en ai remarqué la convenance parfaite, mais enfin, dans ce discours, il y a des faits personnels, des observations qui ne peuvent rester sans réponse; par conséquent, j'ai compté sur la patience et sur l'indulgence du Sénat...

DE TOUTES PARTS. Oui! oui! parlez!

M. LE PRÉSIDENT. Puisqu'on ne paraît pas insiter sur la clôture, je donnerai la parole à M. le baron de Vincent, à moins qu'il ne désire la céder à S. Em. le cardinal de Bonnechose, qui veut répondre sur des questions qu'il regarde comme personnelles. M. de Vincent l'aurait ensuite.

M. LE BARON DE VINCENT. Je consens parfaitement à céder la parole à Son Eminence, si Elle la désire; mais je demande au Sénat à parler après Mgr de Bonnechose... (*Oui! oui!*) Je ne veuxp as de la clôture.

S. EM. LE CARDINAL DE BONNECHOSE. Je suis à la disposition du Sénat, mais il ne s'agit pas seulement, je dois le lui dire, de faits personnels; je répondrai aussi à' l'ensemble des assertions que vous venez d'entendre.

M. MICHEL CHEVALIER. Mais, monsieur le président, quand parlerons-nous donc, nous qui nous sommes fait inscrire d'avance?

M. LE PRÉSIDENT. Laissez parler M. de Vincent.

M. MICHEL CHEVALIER. Si M. le baron de Vincent maintient son droit, il est clair que Son Eminence ne peut parler. Je serais très-flatté d'entendre Mgr de Bonnechose, mais ce n'est possible qu'à la condition que M. le baron de Vincent lui cède son tour. (*Légère agitation.*)

M. LE PRÉSIDENT. La parole est à M. le baron de Vincent.

M. LE BARON DE VINCENT. Messieurs les sénateurs, je ne suivrai pas ceux des honorables orateurs qui m'ont précédé et qui n'ont, pour ainsi dire, pas touché à la question qui nous occupe ; je laisserai de côté toutes celles qu'ils ont traitées ; je ne parlerai que de faits et actes que je maintiens vrais, malgré les dénégations de M. le Ministre de l'instruction publique et de deux de nos collègues. Quant au dernier de ceux-ci, permettez-moi seulement une très-courte digression à son égard. Dans son discours, il a attaqué les cléricaux ; je ne sais ce que sont les cléricaux, il le sait probablement encore moins que moi, parce qu'il est libre penseur, qu'il ne croit à rien, pas même à l'essence immatérielle qui lui a prodigué si largement ce qu'il possède d'intelligence ; tandis que moi qui crois en Dieu, à l'immortalité de l'âme, je suis un pauvre croyant, par conséquent un clérical ; je le remercie de la part qu'il m'a faite et j'accepte hautement, je tiens à honneur d'être un clérical comme il l'entend.

M. LE COMTE DE FLAMARENS. Il ne faut pas attaquer un collègue absent.

M. LE BARON DE VINCENT. Personne de nous n'a oublié le rapport fait par notre honorable collègue, dans la séance du 27 mars dernier, sur la pétition n° 731, relative à l'instruction supérieure, qui nous occupe aujourd'hui ; autant que qui que ce soit, je rends justice à cet important travail, mais je ne puis m'empêcher de vous dire que sa conclusion me paraît entièrement opposée aux questions qu'il a traitées.

Il résulte, à mon sens, de ce document que le mal est grand, profond, que nous devons le signaler à toute la sollicitude de M. le ministre de l'instruction publique, et vous penserez sans doute comme moi que les deux décisions que ce dernier a prises, et dont il est parlé dans le rapport, ne sont que des palliatifs, à propos des faits isolés qui ne touchent en rien au système général de l'instruction publique.

Ce n'est pas, Messieurs les sénateurs, dans des actes particuliers qu'il faut chercher la cause du mal, mais bien dans l'organisation même de l'enseignement public, dans sa manière de fonctionner, dans les études qu'il prescrit, les ouvrages dont il se sert, et enfin dans les sentiments plus ou moins religieux des individus qu'il emploie.

Sans doute, nos institutions d'enseignement sont une des gloires de la France ; elles sont estimées même à l'étranger ; mais c'est une raison de plus pour les maintenir sans cesse à ce degré de haute renommée non-seulement pour les sciences, mais encore pour la religion qui doit les dominer toutes, pour la religion que l'on attaque, que l'on sape de tous côtés.

Notre honorable collègue a reconnu comme nous cette fâcheuse situation, il en fait voir tous les dangers ; et cependant il a demandé l'ordre du jour sur la pétition, au nom de la majorité de la commission, qui, si je suis bien informé, n'aurait été que d'une voix.

Tout cela me paraît peu rationnel.

Je viens donc m'opposer à l'ordre du jour. Je déclare toutefois que je ne partage pas entièrement l'avis des pétitionnaires qui demandent la liberté de l'enseignement supérieur et signalent ensuite les dangers de l'instruction publique actuelle ; la question de la liberté de l'enseignement supérieur n'est peut-être pas assez mûre, elle a encore besoin d'être étudiée, sinon dans son ensemble, au moins dans ses détails.

Et cependant, quelle est donc l'objection, plus spécieuse que sérieuse, selon moi, que l'on fait à la liberté de l'enseignement supérieur ? Si on accorde, dit-on, cette liberté, il s'élèvera des universités catholiques qui feront la guerre à toutes les idées de l'esprit moderne. Et d'abord, qu'entend-on par esprit moderne? Que de gens seraient bien embarrassés de répondre! Si nous ne nous trompons pas, c'est un prétendu système de liberté idéale, enfant des idées révolutionnaires, qui, suivant les libres penseurs, doit au dix-neuvième siècle nous procurer l'âge d'or; c'est enfin une tendance vers un prétendu progrès. Mais, Messieurs les sénateurs, si nous lisons, si nous étudions l'histoire, nous voyons que depuis dix-huit siècles le christianisme lutte pour acclimater la liberté parmi les hommes ; car nous lui devons avant tout l'émancipation de la femme, puis la destruction de l'esclavage et du servage. Il y a dix-huit siècles que la religion du Christ a proclamé l'égalité devant Dieu, entre les enfants des hommes, sans détruire l'inégalité sociale qui durera autant que la liberté humaine.

Enfin, il y a dix-huit siècles que l'Église encourage le vrai progrès, le seul durable, le progrès moral, l'amélioration des âmes.

En entendant ainsi les universités catholiques, elles ne peuvent inspirer que les plus vites sympathies, car elles ne feront jamais la guerre qu'à l'esprit moderne dont on parle, et qui est leur ennemi déclaré.

On a dit encore qu'accorder la liberté de l'enseignement ce serait affaiblir l'enseignement même. Une pareille objection n'est pas soutenable, et si l'on veut l'examiner avec soin, consulter les statistiques, on verra que, toute proportion gardée entre le nombre des élèves, les établissements libres l'emportent sur les lycées et soutiennent glorieusement la concurrence ; personne ne niera que les pères Joubert et Pépin, ainsi que le savant mathématicien Hosmite, rivalisent avec les meilleurs mathématiciens de l'École normale, des Facultés ou des grands lycées de Paris.

Je pourrais entrer dans de plus grands détails, Messieurs les sénateurs, et vous démontrer tout ce que la science chrétienne et universitaire gagnerait à la liberté de l'enseignement supérieur, mais je craindrais de vous fatiguer.

Nous avons tous entendu avant-hier un de nos honorables collègues, membre de la commission, prendre la défense de l'instruction publique supérieure, et à l'en croire, tout serait pour le mieux, nous serions véritablement dans l'âge universitaire. Qu'il me permette de lui dire, malgré toute ma considération pour son caractère et son talent, qu'il est dans l'erreur, que je ne puis être de son avis; je ne crois pas les faits tels qu'il nous les a montrés, et j'espère vous le prouver.

Je n'hésite pas à dire, comme la pétition, que le mal qui nous ronge est dû, en grande partie, aux déplorables doctrines qui existent trop souvent au sein même des écoles du gouvernement; à ce sujet, les citations contenues dans la pétition, et qu'on ne peut nier, quoi qu'en dise le rapport, sont vraies; elles justifient au besoin mes paroles et viennent à l'appui des faits que je vous soumets aujourd'hui, et sur lesquels j'appelle toute votre attention.

L'année dernière, je vous ai fait connaître mon opinion sur l'organisation des Écoles normales des départements; je vous ai dit tout ce qu'il y avait de mauvais, de fâcheux dans leur régime intérieur, dans les leçons que l'on donnait aux élèves; je vous ai dit que dans le Jura, où j'avais eu l'honneur d'être préfet, en 1850, j'avais fait supprimer l'école normale de ce département qui n'a été rétablie que depuis trois ou quatre ans. (*Bruit; la voix de l'orateur est couverte par les conversations particulières.*)

Je vous ai aussi entretenus des instituteurs en général sortis de ces écoles, des mauvais principes de plusieurs d'entre eux, de la faiblesse de leurs études.

J'avais entre les mains beaucoup de notes, d'actes, qui justifiaient mes assertions ; mais les faits s'étaient passés il y avait déjà seize ans, et ne pouvaient plus dès lors avoir une importance réelle à vos yeux.

Aujourd'hui, je vous en apporte de nouveaux, qui ont eu lieu depuis notre dernière session.

Vous n'avez pas oublié, Messieurs les sénateurs, les trop tristes paroles prononcées dans cette enceinte qui provoquèrent une si vive et si énergique répulsion de notre part.

Les élèves de l'École normale supérieure de Paris se crurent le droit de critiquer la conduite du Sénat, et avec un langage qui dénote les mauvaises passions qui les animaient, ils rédigèrent une adresse de félicitations à l'auteur des paroles et la lui présentèrent ; un de ces élèves, porteur et rédacteur, si je ne me trompe, de cette pièce, fut renvoyé de l'école ; ses camarades se mutinèrent contre cette décision et demandèrent sa réintégration avec menace de déserter l'école si on ne leur donnait pas satisfaction.

PLUSIEURS SÉNATEURS. On n'entend pas.

M. LE BARON DE VINCENT, continuant :

L'autorité tint bon, les jeunes gens se retirèrent et l'école fut fermée.

Cet acte de vigueur fut approuvé par tous les esprits sages et honnêtes, mais on ne tarda pas à faiblir ; bientôt l'école fut ouverte de nouveau et tous les élèves y rentrèrent ; on fit plus, assure-t-on : le rédacteur de l'adresse, qui avait encore trois mois à faire à l'école pour terminer ses cours, en fut dispensé et fut nommé régent de seconde au collége de Sens (Yonne).

Les professeurs de l'école furent changés Blâmait-on ainsi leur conduite ? Non, car ils furent tous replacés ; qu'était-ce donc ? Une condescendance, pour ne pas dire plus, envers les élèves. Ce qui semblerait le prouver, c'est que le nouveau directeur, si je ne me trompe, inspecteur de l'Université, a écrit :

« Toutes les religions ont le même prix, ou plutôt n'en ont aucun. » (Théorie de Kant sur la religion, page 156.)

M. Le VERRIER. Monsieur de Vincent, il n'est pas possible de vous entendre.

Je crois que vous venez de parler des écoles normales des départements; il serait cependant important qu'on vous entendît, afin de vous répondre, s'il y a lieu.

M. LE BARON DE VINCENT. Je suis enroué, il m'est impossible de parler plus haut.

Au surplus, Messieurs les sénateurs, pourquoi ces paroles nous étonneraient-elles ? Il en est d'autres non moins singulières, de personnages aussi haut placés dans l'instruction publique, et qui les ont prononcées ou écrites à d'autres époques.

Notre honorable rapporteur dit que, parmi les faits relatés par les pétitionnaires, il en est qui n'ont pu arrêter la commission : les uns, parce que, manquant de preuves, ils échappaient à toute vérification ; les autres, parce qu'ils ne lui ont pas paru concluants.

En présence de cette déclaration, que je conteste, j'ai dû, Messieurs les sénateurs, m'assurer de l'exactitude des paroles que je vais vous citer, et je vous affirme qu'elles sont toutes de la plus scrupuleuse vérité ; elles sont au moins aussi étranges, sinon plus, que celles que je vous ai données plus haut. Elles émanent, je vous le répète, de hauts fonctionnaires de l'enseignement supérieur et public.

L'un, professeur de droit naturel au Collége de France, a dit : « La théocratie romaine, considérée en elle-même, est la ruine de toute liberté, de toute société civile. (*Philosophie du droit ecclésiastique*, page 54.)

L'autre, professeur de philosophie à la Faculté de Caen, a dit :

« Le catholicisme a péri. » (*Essai sur les bases de la morale*, page 640.)

Celui-ci, professeur d'histoire à Versailles, s'écrie :

« Nous devons croire à Dieu en tout hasard, sans pourtant savoir si nous ne nous trompons pas. » (*Rationalisme chrétien*, Introduction.)

Celui-là, inspecteur de l'Université, écrit :

« La religion des Turcs est la plus pure que puissent recevoir les hommes. » (*Histoire de l'Église*, tome II, page 3.)

Cet autre, professeur au Collége de France, a dit :

« Le missionnaire catholique n'est qu'un esprit aventureux, un marchand qui exploite les peuples pour un morceau de mouton. »

Celui-ci, professeur de philosophie à Toulouse, a déclaré que :

« Les chrétiens n'arriveraient à la perfection que lorsqu'ils auront perdu la foi. »

En voici un, professeur de rhétorique au lycée Charlemagne, et de littérature à l'Enseignement supérieur des jeunes personnes, qui dit que :

« La science n'est ni catholique, ni protestante, ni juive ; elle est la science ; de plus, selon lui, saint Chrysostome, cet illustre père de l'Église, était un démagogue, un communiste. »

Enfin, ce dernier, dans ses ouvrages classiques, écrit que « le singe est la première souche de l'espèce humaine. » (Introduction à l'*Histoire de France*, page 35.)

S. Exc. M. DURUY, *ministre de l'instruction publique.* Monsieur le baron de Vincent, il me semble que c'est de moi qu'il est question ?

M. LE BARON DE VINCENT. Je pense que oui, Monsieur le Ministre.

M. LE MINISTRE DE L'INSTRUCTION PUBLIQUE. Voulez-vous me permettre un mot seulement? Je m'étonne beaucoup, Messieurs les sénateurs, de voir M. le baron de Vincent ramasser, pour l'apporter ici, une plaisanterie d'un goût fort douteux qui, depuis six mois, traine dans les journaux d'une certaine presse, et où l'on me fait dire que l'homme descend du singe. Je n'ai jamais rien dit ni pensé de pareil ; mes paroles ont été travesties. *Ab uno disce omnes.* (*Rires d'approbation*)

M. LE BARON DE VINCENT. La phrase que je viens de lire est extraite d'un de vos ouvrages classiques, *Introduction à l'Histoire de France*, page 35.

Ce professeur écrit encore : « L'histoire sainte est, si l'on veut, un sentiment poétique, mais pas une histoire dans le sens ordinaire du mot. » (*Histoire sainte d'après la Bible*, page 4.)

M. LE MINISTRE DE L'INSTRUCTION PUBLIQUE. Vous avez lu cela, c'est très-vrai. Mais si je l'ai écrit, c'est que, faisant une étude purement littéraire et morale, je m'étais absolument ôté le droit d'interpréter ou de critiquer aucun des textes des Écritures. Voilà ce que vous auriez vu si vous aviez pris la peine de lire les douze pages (ce n'est pas long) qui constituent cette préface.

M. LE BARON DE VINCENT. C'est écrit.

Des auteurs que je viens de citer : deux, je crois, sont morts depuis peu de temps ; les autres existent.

Vous comprendrez, Messieurs les sénateurs, la réserve qui m'empêche de les citer ici, mais je tiens leurs noms à la disposition de ceux qui voudraient les connaître.

Vous dirai-je à présent ce qui s'est passé au collége Sainte-Barbe, à celui de Troyes, et plus récemment encore

à l'École vétérinaire de Lyon ? Vous parlerai-je des scènes
plus ou moins scandaleuses de l'École de médecine de
Paris, où le matérialisme le plus éhonté s'est affiché au
grand jour, où le professeur à sa première leçon, non en
présence de quelques personnes, mais de plus de quinze
cents individus, a dû céder sa place à un ancien élève ex-
pulsé de l'école, qui a déclaré, aux applaudissements de
toute l'assemblée, que le professeur, que je suis loin d'accuser et de mettre en cause, était un zélé matérialiste et
devait être accepté...

M. Chaix d'Est-Ange, *rapporteur*. Jamais on n'a dit
qu'un professeur avait cédé sa place.

M. le baron de Vincent. Il l'a cédée.

M. le rapporteur. Ce n'est pas dans la pétition.

M. le baron de Vincent. Oui, mais moi je vous le dis.

Maintenant, j'ajoute un mot à ce qu'a dit Mgr de Bonnechose sur le dictionnaire de la Faculté de médecine, par
MM. Littré et Robin.

M. le président. C'est un dictionnaire de médecine ;
ce n'est pas le dictionnaire de la Faculté.

M. le baron de Vincent. Soit, mais il est dans les
mains de tous les étudiants en médecine. (*Murmures.*)

Je voulais vous parler du dictionnaire de Nysten, le
vade mecum de tout étudiant en médecine, corrigé, augmenté par MM. Littré et Robin, de toutes les erreurs
qu'il contient dont nous a entretenus S. Em. le cardinal
de Bonnechose ; je ne le ferai pas ; je n'ajouterai qu'une
définition à celles qu'il nous a données, celle de la *raison*.

L'ancien dictionnaire la définit ainsi : « Faculté ou puissance de l'âme par laquelle l'homme perçoit la distinction
entre le mieux et le mal, soit dans l'ordre physique, soit
dans l'ordre moral. »

Selon MM. Littré et Robin, c'est la propriété qu'a le

cerveau de reconnaître le vrai ou le faux, ni plus ni moins, pas autre chose; c'est plus simple.

Telles sont, Messieurs les sénateurs, quelques-unes des définitions du dictionnaire de médecine, mis par les réformateurs entre les mains de nos étudiants.

Un seul mot encore sur ce sujet: comment M. le Ministre de l'instruction publique, répondant à S. Em. le cardinal de Bonnechose, a-t-il dit: « Et puis, quels moyens le ministère a-t-il d'empêcher nos étudiants en médecine de choisir les lectures et les études qui leur conviennent? » Il est bien simple de faire subir à tous les ouvrages classiques et autres que l'on imprime, l'examen sévère et rigoureux de la direction de la presse, de la commission du colportage.

UN SÉNATEUR. Cela regarde M. le ministre de l'intérieur.

M. LE BARON DE VINCENT. M. le ministre de l'intérieur n'est pas là. (*Rumeurs.*)

Toutes les citations que vous avez entendues suffisent pour vous éclairer sur les doctrines qui dirigent en partie les professeurs de nos écoles d'enseignement supérieur, et sur leur esprit religieux.

Ici, Messieurs les sénateurs, je ne puis m'empêcher de déclarer que je ne partage pas l'opinion de notre honorable rapporteur, qui, pour atténuer tout ce qu'il y a de déplorable dans ce que je viens de vous citer et qu'il connaît comme moi, nous a dit que nous avons tous vu déjà se produire au sein de ces grandes agglomérations de jeunes gens, des passions, des troubles, des tumultes que les ardeurs de la jeunesse expliquent sans pouvoir les excuser.

Je ne puis admettre cette assertion; je ne crois pas qu'on ait jamais vu à aucune époque, dans l'ancienne comme dans la nouvelle Université, l'athéisme et le matérialisme se montrer aussi ouvertement au grand jour, dans les scènes plus ou moins tumultueuses qui ont eu lieu dans nos écoles d'enseignement supérieur ; elles n'ont jamais eu lieu que pour des actes d'insubordination ou de manque de respect envers les professeurs.

Maintenant j'arrive à ce qui touche à l'enseignement primaire. (*Bruit. — Réclamations.*)'

M. LE PRÉSIDENT. C'est de l'enseignement supérieur qu'il s'agit.

· M. LE BARON DE VINCENT. Mais j'en ai fini avec la pétition, et je fais un incident, puisqu'il s'agit de l'instruction en France.

M. LE PRÉSIDENT. Mais non ; il s'agit seulement de l'enseignement supérieur.

PLUSIEURS SÉNATEURS. A la question !

M. LE BARON DE VINCENT. Pardon, monsieur le président, je voudrais ajouter un mot sur l'instruction primaire. (*Rumeurs*)

Un nommé Autier, de Saint-Yrieix, entra dans l'instruction primaire, et après avoir exercé ses fonctions à Saint-Yrieix, Réaussac et Dourac, dans le même canton, il fut envoyé dans la commune de Millaguet, canton de Saint-Mathieu, arrondissement de Rochechouart, même département (Haute-Vienne); là, comme dans les localités précédentes, où il s'était lié avec des individus mal famés et surtout étrangers à la religion catholique, il disait publiquement : « qu'il partageait leurs idées, qu'il n'avait pas de religion ; » il entrait dans l'église le chapeau sur la tête, et il ne faisait jamais le signe de la croix.

Enfin, le curé et le maire essayèrent inutilement de le ramener à d'autres idées, mais, voyant qu'il ne tenait aucun compte de leurs observations sur une conduite aussi répréhensible, ils avertirent l'inspecteur de l'Académie, qui, après avoir vu le sieur Autier et avoir vérifié l'exactitude des faits qu'on lui reprochait, fit un rapport à M. le préfet du département, dans lequel il répétait la déclara-

15.

tion du sieur Autier : « Qu'il n'était pas catholique. »
Le préfet de la Haute-Vienne n'hésita pas, devant cette
déclaration, à prendre un arrêté dont voici le texte :

« Nous, préfet de la Haute-Vienne,

« Vu la loi du 15 mars 1850,

« Vu l'art. 8 de la loi du 14 juin 1854,

« Vu le rapport de M. l'inspecteur de l'Académie, en
date du 20 de ce mois,

« Considérant que le sieur Autier (Jean), instituteur public à Millagnet, a fait la déclaration à M. l'inspecteur de
l'Académie : qu'il n'était pas catholique ;

« Considérant que, dès lors, il ne peut plus diriger une
école catholique ;

« Arrêtons :

« Art. 1er. Le sieur Autier (Jean), instituteur public à
Millagnet, est considéré comme démissionnaire ; il sera
immédiatement pourvu à son remplacement.

« Art. 2. M. l'inspecteur d'Académie et M. le sous-préfet
de Rochechouart sont chargés, chacun en ce qui le concerne, d'assurer l'exécution du présent arrêté.

« Limoges, le 25 mai 1867. »

Après cette décision, Autier fut mis en demeure, par
l'autorité militaire, de rejoindre son régiment, le 80e de
ligne, alors en garnison à Dieppe.

Le préfet avait pris une décision juste et bonne, il méri-
tait des éloges ; non-seulement il n'en fut rien, mais il fut
fortement blâmé de n'avoir pas donné plus de développement à son arrêté ; sa révocation fut mise en question, et
le sieur Autier fut réintégré ; comme il n'était plus catholique, sans religion aucune, on fit chercher dans un département voisin s'il y avait une commune protestante où on
put le faire entrer.

Je ne suis pas protestant, mais j'ai parmi eux des amis

haut placés que j'aime et que j'estime, dont le caractère moral et religieux serait peu flatté d'une préférence pareille.

Le sieur Autier est en ce moment instituteur dans la Drôme, on ne l'a pas révoqué!

Le préfet de la Haute-Vienne vient d'être changé et envoyé dans le département du Finistère!

J'aurais voulu aussi, Messieurs les sénateurs, vous parler un peu de l'organisation de l'enseignement nouveau supérieur des jeunes personnes. (*Non! non! — A la question!*) Mais je m'arrête devant les pages si éloquentes de Sa Grandeur Mgr l'évêque d'Orléans auxquelles je vous renvoie, et surtout à celles de sa brochure, *la Femme chrétienne et française*, en réponse aux défenseurs de l'institution nouvelle.

Un dernier mot encore sur les écoles normales primaires de filles qui existent dans les départements. Il en est une, voisine de la Haute-Vienne, dont la directrice est depuis vingt ans séparée de son mari après une conduite des plus scandaleuses. (*Nombreuses réclamations. — Mouvements d'impatience.*)

Un sénateur. Il s'agit de l'École de médecine, et on nous parle des écoles de filles.

M. le Président. Je ne sais pas si ce que vous dites ne mériterait pas des observations. En tout cas, vous êtes en dehors de la question, car vous parlez de l'enseignement primaire et il s'agit de l'enseignement supérieur.

M. le baron de Vincent. Je vais terminer par une citation. Mon prédécesseur à la tribune, M. le conseiller d'État, a lu d'assez longues pièces, je ne vous demande qu'à vous en lire une. Elle décide à elle seule toutes mes convictions pour rejeter l'ordre du jour. Voici cette pièce étrange. Elle a été publiée dans plusieurs journaux. Je la soumets à l'appréciation de M. le Ministre de l'instruction publique :

« Les soussignés ont lu avec indignation les anathèmes diffamatoires lancés contre la libre pensée et contre la science par deux députés dans les dernières discussions du Corps législatif.

« Le premier, empruntant des traits aux plus mauvaises pages du répertoire jésuitique, affecte de confondre la morale des Diderot, des d'Alembert, des Helvétius, des d'Holbach, des Lalande, de tout le dix-huitième siècle, avec le débordement des sens et le déchaînement des passions égoïstes; jamais les spéculateurs éhontés n'oseront affirmer le matérialisme comme ce député, ils sont chrétiens comme lui... » (*Bruit. — Réclamations.*)

PLUSIEURS VOIX. Quels sont les signataires?

M. LE MINISTRE DE L'INSTRUCTION PUBLIQUE. Quels sont les professeurs qui ont signé cela?

M. LE BARON DE VINCENT. Je vais vous lire les signatures :

« Signé : Desmazeaux, Edmond Levraud, Marchadier, G. Tridon, Germain Casse (détenus politiques à Sainte-Pélagie); docteur Villeneuve, Henri Villeneuve, élève à l'école Centrale; baron de Ponnat; Bataille, étudiant en médecine; Genton, sculpteur, etc. Suivent plus de trois cents signatures. »

M. CHARLES ROBERT, *commissaire du gouvernement.* Ce sont les étudiants du congrès de Liége. (*Rires d'approbation.*)

M. LE MINISTRE. Condamnés déjà.

M. LE BARON DE VINCENT. Messieurs les sénateurs, je termine par une dernière observation. Il faut qu'une société soit bien malade pour que plusieurs de ses membres osent signer et publier une pareille débauche d'esprit.

Cela attaque M. Jules Favre et M. Guéroult, deux

hommes dont je ne partage pas les opinions. Mais je crois
qu'il n'est pas permis d'attaquer ainsi deux membres du
Corps législatif. (*A la question ! à la question !*)

M. LE PRÉSIDENT. Quel rapport cela a-t-il avec la question ?

M. LE BARON DE VINCENT. On ne m'avait pas laissé
achever la lettre.

M. LE PRÉSIDENT. Je vous rappelle à la question.

M. LE BARON DE VINCENT. J'ai terminé. Je repousse
l'ordre du jour, et je vous demande avec une vive instance
le renvoi de la pétition à M. le Ministre de l'instruction
publique, qui, plus et mieux que personne, peut et doit
porter remède à une si déplorable situation.

M. LE PRÉSIDENT. La parole est à M. Michel Chevalier.

M. MICHEL CHEVALIER. Messieurs les sénateurs, mon
intention en prenant la parole était de répondre particulièrement à quelques-unes des observations que Mgr le
cardinal de Bonnechose a soumises à votre sagesse. Cette
tâche a été beaucoup facilitée ou pour mieux dire abrégée
par l'excellent discours qu'a prononcé M. le secrétaire général du ministère de l'instruction publique. Cependant il
est quelques points sur lesquels je crois devoir insister ; et
pour ne pas vous retenir à cette heure avancée, je m'effor-
cerai d'être bref.

La substance du discours de notre éminent collègue le
cardinal de Bonnechose, — cela doit être évident pour
vous comme pour moi, — c'est une mise en accusation
d'une grande partie de l'instruction publique en France ;
c'est là réclamation de la liberté d'enseignement. J'y vois
enfin une revendication qui n'est peut-être pas parfaitement distincte, mais qui cependant est bien digne d'attention, au sujet de la concordance qu'il désirerait voir exister
entre l'enseignement scientifique et les paroles de l'Écriture sainte.

L'accusation dirigée contre la science moderne, car c'est
elle qui est mise sur la sellette, l'accusation d'être athée et
matérialiste, je le dis au fond du cœur, elle n'est pas juste;
elle est contraire à l'exactitude des choses.

Il y eut un temps, que personne aujourd'hui ne peut dire
avoir pu observer, c'était à la fin du siècle dernier, et dans
les premières années du dix-neuvième siècle, alors, je
n'en disconviens pas, il y avait dans le monde scientifique
des tendances matérialistes et des tendances athées très-
prononcées. Je n'ai pas à en rechercher la cause, je tiens
le fait pour constant.

Il y avait, à l'époque dont je parle, des hommes faisant
profession d'athéisme, dans toutes les branches de la
science, dans les sciences physiques, les sciences mathématiques, les sciences zoologiques, les sciences astronomiques. Je dis astronomiques, parce qu'un des hommes
qui se sont le plus signalés par cette profession avouée
d'athéisme, était un astronome dont vous avez tous entendu parler.

M. LE VERRIER. Aussi il n'a jamais rien trouvé !

M. MICHEL CHEVALIER. C'était M. Lalande. Il avait la
monomanie d'afficher l'athéisme. Cela partait chez lui
d'une antipathie très-vive qu'il éprouvait, disait-il, contre
tout ce qui était préjugé, et il rangeait parmi les préjugés
la croyance en Dieu. Il attaquait surtout avec violence,
deux préjugés, — je parle sa langue à lui, je ne parle ni la
mienne, ni la vôtre, — deux préjugés qu'il était étrange
d'associer, l'un la croyance en Dieu ; l'autre, la répugnance contre un insecte trop fréquent dans les maisons
mal tenues, l'araignée. (Sourires.) Il portait toujours avec
lui une boîte d'or remplie d'araignées, et, dans un salon,
vous n'aviez pas causé cinq minutes avec lui, qu'il vous
posait ces deux questions. D'abord : Croyez-vous en Dieu?
Puis, quand on lui avait répondu oui ou non, selon ce

qu'on pensait, il demandait : Avez-vous peur des araignées? et il ajoutait : Moi, je ne crois pas en Dieu et je
n'ai pas peur des araignées; il ouvrait sa boîte d'or, en
tirait une araignée et l'avalait. (*Nouveaux rires.*) Lalande
n'a pas eu de continuateur.

Depuis le commencement du siècle où il y avait réellement dans le monde savant des continuateurs des traditions
du baron d'Holbach et d'autres personnes aussi mal inspirées, un mouvement s'est prononcé de plus en plus dans le
personnel des savants, et à l'époque où nous vivons, dans le
monde savant, représenté en France par les différentes
académies de l'Institut, le nombre des personnes qui font
profession d'athéisme est à peu près imperceptible.

Dans les sciences naturelles qui ont trait à la médecine
(et ce sont celles dont il y a le plus lieu de parler ici,
puisque la discussion est venue à l'occasion de la Faculté
de médecine de Paris), le sentiment religieux s'est de plus
en plus fait place sous la forme qu'il peut revêtir dans la
science. Ainsi, aujourd'hui, dans la science physiologique,
le premier rang dans le monde est occupé par un Français
illustre, M. Claude Bernard, dont le nom a été plusieurs
fois prononcé déjà dans cette séance. La doctrine de
M. Claude Bernard, la doctrine expérimentale suppose
qu'en dehors des phénomènes naturels, tels que nos yeux
les peuvent voir, et nos sens les mesurer, il y a une cause
première, et pour la désigner, il s'est même servi de ce
mot sacramentel, la création. Voilà, Messieurs, dans la
science physiologique, celle qui peut-être plus que d'autres
a été naguère marquée au sceau de l'athéisme, où l'on en
est aujourd'hui. Le sentiment religieux y pénètre de plus
en plus, par la reconnaissance qu'y obtient de plus en plus
parmi les maîtres l'idée d'une cause première supérieure.

Ce serait vraiment méconnaître la science en général,

et lui faire injure, que de dire qu'elle tend à l'athéisme et au matérialisme. L'étude approfondie des sciences a exactement l'effet contraire. Des connaissances superficielles peuvent répandre dans l'esprit de l'homme, le doute, le scepticisme, la négation. Les connaissances approfondies, au contraire, portent l'homme à reconnaître un ordre merveilleux au sein de l'immensité de l'univers. Cet ordre c'est la révélation éclatante du grand ouvrier qui a fait le monde. (*Très-bien! très-bien!*) Voilà où en sont les savants aujourd'hui.

Il y a dans un psaume, ces mots bien connus : *Cœli enarrant gloriam Dei.* Les cieux racontent la gloire de Dieu.

Dans l'état où est la science aujourd'hui ce n'est pas seulement le grand édifice de l'univers qui porte l'homme à reconnaître et à adorer la divinité, nos sciences, par des moyens d'observations tout nouveaux et d'une prodigieuse puissance, ont abordé l'étude d'êtres qu'autrefois on remarquait à peine, et que nos yeux ne peuvent saisir. Il y a aujourd'hui un monde microscopique dont la science s'est emparée. Grâce à ces nouveaux moyens d'observation on y découvre un ordre aussi surprenant, aussi merveilleux, aussi propre à frapper l'esprit de l'homme et à le ramener vers la divinité que le spectacle du vaste univers : et c'est parce que les savants observent de bonne foi, qu'ils sont honnêtes en même temps qu'instruits et pénétrants, que de plus en plus, parmi eux, on voit les anciennes doctrines matérialistes et athéistes s'en aller et faire place à la reconnaissance d'une cause première et suprême qui n'est autre que la Divinité.

Maintenant, Messieurs, ce fait que personne ne démentira, un sentiment religieux qui envahit successivement la science prouve quelque chose à l'égard des accusations lancées contre la science moderne dans cette enceinte; il

démontre que ces accusations manquent de fondement :
c'est un édifice sans base. Et pourtant je ne suis pas porté
à répudier absolument les conclusions que Mgr de Bonnechose a présentées; il en est une que j'admets très-volontiers, mais non pas sans commentaires.

Mgr de Bonnechose vous a dit que le remède à l'état de
choses actuels, qui lui semble déplorable, c'est la liberté
de l'enseignement. Avec de la bonne volonté, il serait possible de s'entendre sur ce terrain. La liberté a cet avantage, qu'elle fournit aux hommes de bonne foi un moyen
aisé de se mettre d'accord. Et ici, si Mgr de Bonnechose
voulait bien admettre le commentaire que je vais donner à
ces mots, la liberté d'enseignement, certainement, dans
l'affaire qui nous occupe, il n'y aurait plus de dissentiment
entre Son Éminence et moi.

En prenant la question par le petit côté, c'est-à-dire au
point de vue de l'enseignement spécial de la médecine, je
ne vois aucun danger ni aucun inconvénient qui puisse
résulter de l'existence d'une Faculté de médecine qui
serait instituée à Amiens ou à Orléans, aux frais de particuliers convaincus qu'un établissement pareil ne pourrait
causer aucun dommage à l'intérêt public, et en somme,
peut-être la compétition qui se manifesterait entre cette
faculté indépendante et la grande Faculté que l'État en-
tretient à Paris, tournerait à l'avantage et à la gloire des
sciences médicales.

M. LACAZE. Vous avez raison.

M. MICHEL CHEVALIER. Mais si un pareil établissement
était fondé, il ne faudrait pas considérer cette fondation
comme un aveu des torts imputés à la Faculté de Paris.
Cette Faculté de Paris, Messieurs, c'est ce qu'il y a de plus
complet, de plus élevé et de plus illustre dans l'enseignement de la médecine. La Faculté de médecine de Paris est
sans égale dans le monde.

Allez dans toutes les parties de l'Europe et même dans l'autre hémisphère, et parlez à des pères de famille, cela m'est arrivé souvent, de la convenance qu'ils pourraient trouver à envoyer leurs enfants faire leur éducation à Paris, vous obtiendrez presque toujours la réponse suivante : « Pour l'enseignement littéraire, nous n'en voyons pas l'utilité, nous avons nos méthodes que nous aimons autant que les vôtres; pour l'enseignement scientifique, nous avons nos habitudes aussi et nous les croyons bonnes! Mais pour la médecine, oh! pour la médecine, c'est différent. En cela, vous êtes les premiers. La Faculté de médecine de Paris est la première des deux hémisphères, c'est là seulement qu'on fait des études solides, fortes et complètes, où la pratique et la théorie sont parfaitement combinées. »

Par conséquent, si une faculté libre de médecine, deux facultés, comme en Belgique, étaient fondées, soit à Amiens, soit à Orléans, ou ailleurs, dans le Midi, dans l'Est ou dans l'Ouest, peu importe, cela serait surtout un hommage rendu au principe libéral.

Mais si les pétitionnaires et les personnes qui sont placées sous le haut patronage de Mgr. de Bonnechose fondaient une Faculté pareille, s'ils acceptaient la liberté d'enseignement sous cette forme, il faudrait qu'ils l'acceptassent sous toutes les autres.

Ainsi, si l'on adopte le principe de la liberté d'enseignement pour l'enseignement supérieur, il faut qu'il soit adopté d'une manière générale; il faut qu'il soit reconnu au profit de toutes les opinions, au profit des écoles philosophiques comme des écoles religieuses, au profit des protestants comme des catholiques, et au profit des israélites comme des protestants. Dans ces termes, si vous voulez la liberté, j'en suis.

UN SÉNATEUR. C'est évident!

M. Michel Chevalier. Autre chose encore. Vous voulez la liberté de l'enseignement supérieur, soit! mais vous devrez vous rappeler que la liberté de l'enseignement, c'est la liberté de la science, c'est-à-dire le respect pour les hommes qui consacrent leur vie à l'avancement de la science ; la liberté de l'enseignement, elle suppose que les savants ne seront pas assaillis de reproches injustes. Elle suppose aussi qu'on s'abstiendra de leur imposer des méthodes et de leur prescrire *à priori* des conclusions. La liberté de l'enseignement, c'est qu'on ne dise pas aux maîtres de la science et aux savants qui se livrent à des recherches : Vous étudierez les sciences, mais sous la réserve de ne pas porter atteinte à telle ou telle opinion exprimée dans la Bible ou dans les psaumes.

Je respecte beaucoup la Bible et les psaumes ; mais les expériences et les recherches tentées par les hommes de science se passent dans une sphère réservée qui n'est pas la même que celle de la religion. La religion a son domaine, la science a le sien. La science ne doit jamais empiéter sur le terrain de la religion, en ce sens, et c'est ce qui a été dit vingt fois, depuis le commencement de cette discussion, qu'un professeur, sous prétexte d'enseigner la physiologie ou la chimie, vienne parler contre les sentiments religieux et recommander à ses auditeurs le matérialisme ou l'athéisme.

La science doit donc respecter la religion dans ses vérités suprêmes, elle doit s'abstenir d'en parler. Les professeurs de l'École de médecine, qu'ils professent la chimie ou la physique, n'ont pas qualité pour entretenir leur auditoire de ces sujets qui appartiennent à la religion, tels que l'immortalité de l'âme et la croyance en Dieu, et surtout pour les en détourner.

Mais réciproquement il ne faut pas que, sous prétexte de religion, on fasse des querelles et prescrive des consignes aux personnes qui étudient les sciences, ou qu'on leur impose comme une loi tel mot qui sera dans les livres sacrés, et auquel on attachera un certain sens, de manière à leur interdire certaines catégories d'études et certaines conclusions qui pourraient ressortir pourtant de leurs travaux.

Ainsi, en ce moment, il y a des personnes qui, au nom de la religion, trouvent mauvais que les savants s'occupent de ce qu'on appelle la génération spontanée ; elles blâment les anthropologistes et les naturalistes qui examinent la question de savoir si la race humaine est une ou si elle est multiple. Ces tentatives des hommes religieux, pour barrer le chemin à la science, ne sont pas admissibles, et si l'on adoptait la liberté de l'enseignement supérieur, il faudrait qu'il fût bien entendu que la science serait mise à l'abri de pareils empiétements.

La science a besoin d'être libre pour fleurir, pour avancer. La science libre c'est l'avancement des esprits, c'est le progrès de l'industrie. La science libre est une des forces des États. Si elle est asservie à une autorité quelconque, à la plus respectable des autorités, à l'autorité religieuse elle-même, la science fait fausse route ou, pour mieux dire, elle cesse de marcher, elle est frappée de stérilité. Elle cesse de contribuer au progrès des sociétés et des nations.

Je ne puis m'empêcher d'appeler votre attention sur deux grands faits historiques qui démontrent ce que je viens d'avoir l'honneur de vous dire sur le danger qu'il y aurait à restreindre la liberté de la science sous le prétexte du respect dû aux livres sacrés.

Lorsque Christophe Colomb (*Exclamations.*) C'est un fait historique qui a trait aux rapports de la science avec la religion... (*Parlez ! parlez !*) Messieurs, je ne remonte pas au déluge !

Lors donc que Christophe Colomb voulut faire son voyage et demander à l'Espagne les vaisseaux que lui avait refusés le Portugal, il trouva une reine pieuse, la reine Isabelle, et un prince d'une piété moins sincère, le roi Ferdinand, qui cependant prenait en très-grande considération les intérêts de la religion ou ce qui lui paraissait tel. Le navigateur génois s'adressa aux deux souverains de l'Espagne, en leur disant qu'il était certain qu'en naviguant de l'Orient à l'Occident, il trouverait la Chine, l'Inde et le Japon ; qu'ensuite on y ferait des conquêtes et que ce serait pour eux une magnifique extension de leurs domaines.

Quelle réponse lui fit-on d'abord? On lui opposa un verset d'un psaume qui était une ingénieuse image de poésie, mais qui n'était pourtant pas une doctrine astronomique. C'est le verset conçu à peu près en ces termes :

« J'ai étendu la terre comme une nappe et j'ai placé le ciel par dessus comme une tente. »

De là, les théologiens de Salamanque, fort mal-avisés, pretendaient conclure que l'idée de Christophe Colomb de naviguer à l'ouest pour trouver l'Inde et le Japon, en faisant le tour de la terre, était contraire aux Écritures et fausse par conséquent. Heureusement que la reine Isabelle trouva d'autres conseillers tout aussi pieux que ces professeurs de théologie de Salamanque, qui l'engagèrent à confier quelques navires à Christophe Colomb; c'est ainsi que l'Amérique fut découverte.

Il se fût peut-être écoulé cinquante ans, peut-être un siècle, avant qu'elle l'eût été, si l'on avait persisté à croire que la science a des limites qu'elle ne saurait franchir sans impiété, et si, sous prétexte qu'il y avait tel verset de psaume d'où l'on pouvait inférer que la terre est plate au lieu d'être ronde, on eût éconduit Colomb comme un insensé ou un mécréant.

Enfin, Messieurs les sénateurs, est-il besoin de vous répéter l'aventure de Galilée? C'est l'exemple le plus flagrant, le plus insigne, le plus déplorable de la pression que des esprits étroits ont maintes fois, sous prétexte de religion, voulu exercer sur la science.

Ce vieillard respectable, cet homme devant lequel toute l'Italie était en admiration, ce savant que les souverains de l'Europe faisaient féliciter par leurs ambassadeurs, se vit obligé de venir, avec ses cheveux blancs, faire amende honorable à genoux devant l'inquisition, parce qu'il avait dit que la terre tournait autour du soleil, au lieu que le soleil tournât autour de la terre. On croyait qu'il y avait dans la Bible que le soleil tourne autour de la terre. On en concluait que l'illustre vieillard attaquait la religion.

Et remarquez jusqu'à quel point cet attentat commis contre la personne de Galilée était peu conforme au véritable progrès du sentiment religieux.

Depuis Galilée, et grâce aux découvertes dont il a été un des principaux promoteurs, les idées que l'on a aujourd'hui sur l'univers son bien différentes de celles de son temps; elles sont différentes en ce sens qu'elles sont plus justes, plus belles, plus religieuses. Avant Galilée, l'on n'avait que des notions extrêmement imparfaites sur les espaces infinis du ciel et sur les mondes innombrables qui les peuplent; aujourd'hui on le connaît bien mieux, on se fait une idée bien plus exacte de leur immensité. On sait les lois qui président au mouvement des astres; on sait ce que ces lois ont d'admirable et de grand dans leur simplicité, et cet ordre sublime de l'univers augmente le respect des hommes pour le grand architecte. Le sentiment religieux a grandi en même temps que le domaine de la science.

S. Ém. LE CARDINAL DONNET. Permettez, monsieur Chevalier, que je vous demande d'être un peu plus juste à

l'égard de l'Église et de ne pas donner à quelques textes
de la sainte Écriture le sens qui ne saurait leur appartenir.
Les religieux qui avaient conseillé Christophe Colomb et
au mileu desquels il vivait l'encouragèrent dans son catholique et gigantesque projet. Les hommes politiques d'Espagne et de Portugal seuls, réunis à deux professeurs de
Salamanque, l'en détournèrent, à l'aide du texte que vous
avez cité. Mais lui, l'homme inspiré, l'homme admirable,
sut donner à cette magnifique parole de l'Écriture le seul
sens qui lui appartenait ; nous le voyons, par sa persévérance et par sa foi, ajouter un nouveau monde de chrétiens
à celui que nous connaissions déjà.

Vous avez reproché à l'Église de regarder comme une
grande erreur la croyance aux générations spontanées, je
suis homme d'Église, et j'ai défendu dans une circonstance
solennelle l'opinion contre laquelle vous l'accusez de lancer
des anathèmes.

Que notre siècle enfante de nouveaux Galilée et de nouveaux Copernic, l'Église ne les condamnera pas à l'amende
honorable ; tout ce qui ne tient pas à la foi, elle le laisse
passer ; elle ne fait brûler personne.

Vous avez vu, il y a trois jours, sa mansuétude, sa tolérance, quand un spirituel, mais pas assez orthodoxe orateur, s'est donné comme le pontife d'un nouveau diocèse
où peuvent prendre place des athées, les matérialistes, les
panthéistes, sans parler des autres.

Ce diocèse, l'orateur l'a appelé le diocèse du sens commun, et moi je l'appelle le pays des chimères. Les chimères! c'est un monde immense dans lequel on peut entrer, mais d'où nous ne sortons jamais quand nous n'avons
plus la lumière de Dieu pour nous éclairer et son bras
puissant pour nous soutenir.

M. LE PRÉSIDENT. C'est un discours dans un discours.

M. MICHEL CHEVALIER. Messieurs, l'idée que je viens

de vous exprimer en demandant si Mgr de Bonnechose est disposé à reconnaître la liberté de l'enseignement dans le sens que j'ai indiqué, est celle que surtout j'avais à cœur de soumettre à votre attention.

Ce respect pour la science que je voudrais avoir à louer dans l'Église catholique, et qui lui a manqué principalement, il faut bien le dire, du fait de la cour de Rome, il appartient au clergé français de le faire prévaloir dans l'Église catholique.

Il ne faut pas vous le dissimuler, Messieurs, nous sommes une nation qui a vécu dans le catholicisme, et qui ne restera grande que si le catholicisme reste lui-même un grand corps, un corps puissant dans l'aréopage des nations. (*Très-bien! très-bien!*)

Pour que ce faisceau des nations chrétiennes jouisse dans le monde d'une grande influence, il faut qu'il se réconcilie pleinement avec la science, ce qui n'existe pas encore. Parmi les États catholiques, la France est le seul pays où la science jouisse d'une grande considération et possède à un degré déjà élevé le respect et l'indépendance qu'elle devrait obtenir partout, et c'est pour cela qu'elle est à la tête des nations catholiques.

Il y a eu d'autres pays où le clergé, obéissant à une consigne très-regrettable de la cour de Rome, a tâché de circonscrire le champ de la science; parce que la science, dans son essor, pouvait commettre des témérités, on a voulu, dans ces pays, lui couper les ailes. C'est l'histoire passée, c'est l'histoire présente.

Voyez l'Espagne; voyez ce qu'était hier encore l'Autriche. Que sont-elles devenues sous ce régime qui tenait l'enseignement sous la loi absolue des prescriptions que l'on croyait voir dans le texte de la Bible?

Avant 1789, la France avait une Église qui s'appelait l'Église gallicane, Église très-pieuse, très-catholique, mais qui gardait une remarquable indépendance vis-à-vis du saint-siége, au point de vue des droits qui lui étaient propres à elle-même.

Existe-t-il encore de nos jours une Église gallicane imbue des mêmes doctrines? On peut en douter. L'immense majorité du clergé français a abandonné les traditions du gallicanisme; mais c'est un clergé éclairé, et on est fondé à espérer qu'il adoptera l'idée d'un gallicanisme nouveau, protecteur de l'indépendance de la science, comme l'ancien était le protecteur de l'indépendance de la couronne de la France. Si les personnages les plus illustres de l'épiscopat français, si des prélats comme Mgr de Bonnechose, par exemple, voulaient assumer cette initiative glorieuse, ce serait grandement fonder la liberté de l'enseignement supérieur. Par là, ces éminents prélats rendraient à l'Église un service immense, et un non moins grand à la patrie, qui leur en serait très-reconnaissante. (*Très-bien! très-bien!*)

Pour conclure, je dirai que, comme la pétition m'a paru une accusation contre un ministre, contre une Université qui sont, au contraire, dignes au plus haut degré de la reconnaissance et des éloges de la France, je vote l'ordre du jour, mais je maintiens ce que j'ai dit au sujet de la liberté de l'enseignement.

Voix nombreuses. A demain! à demain!

M. le Président. La discussion est renvoyée à demain.

(La séance est levée à cinq heures et demie.)

———

Séance du 23 mai 1868.

M. LE PRÉSIDENT. Mgr de Bonnechose a la parole.

S. ÉM. LE CARDINAL DE BONNECHOSE. Messieurs les sénateurs, M. le comte de Ségur-d'Aguesseau a bien voulu me céder son tour de parole, et j'en profite pour vous soumettre quelques observations au sujet du discours que vous avez entendu hier. Je viens maintenir ce que j'ai eu l'honneur de dire devant vous.

On a allégué que j'avais prononcé une double condamnation, et contre la Faculté de médecine et contre la science. Je ne crois pas que vous ayez pu rien trouver de semblable dans mon discours. Je n'ai pas prononcé de condamnation, j'ai articulé des plaintes, et je n'ai pas enveloppé dans ces plaintes toute la Faculté de médecine; il s'en faut de beaucoup, car il y a trop de ses membres que j'estime et respecte. Mais je me suis plaint de ce qu'un certain nombre de professeurs enseignaient à leurs élèves des doctrines malsaines et dangereuses. Je n'ai pas non plus attaqué la science; depuis mon berceau, je l'ai aimée, je l'ai respectée, je l'ai cultivée beaucoup moins que je ne l'aurais désiré, mais c'est précisément en raison de mon amour pour la vraie science que j'ai poursuivi la fausse et que je vous la dénonce. (*Marques d'approbation.*)

Il y a donc eu là une confusion involontaire. On s'est attaché avec beaucoup de talent, je le reconnais, à justifier la méthode d'observation, la méthode expérimentale. On vous a expliqué comment cette méthode s'attachant précisément à saisir les faits et les phénomènes, laissait de côté toute espèce de système conçu *à priori*. On a demandé que l'on voulût bien distinguer entre cette méthode d'observation et d'expérience et le matérialisme, en disant qu'elle ne conduisait pas nécessairement au matérialisme.

A cet égard je suis complétement d'accord avec l'orateur que je combats. La méthode d'observation et d'expérience a toujours été nécessaire, indispensable pour faire faire des progrès à la science; bien loin de la repousser, nous n'en emploierions jamais d'autre.

Mais il y a bien loin entre pratiquer cette méthode, et ensuite s'armer de certaines observations qu'on aura recueillies pour nier le surnaturel, pour nier l'existence de Dieu, pour nier l'existence de l'âme, pour nier son immortalité. Or là est le matérialisme, là est la doctrine que nous dénonçons, là est la doctrine que nous attaquons. Et malheureusement il y a un certain nombre de professeurs qui ne se sont pas contenus dans les justes limites dans lesquelles il faudrait renfermer l'exercice des droits de la méthode expérimentale, et qui, allant au delà, ont voulu ruiner toutes nos croyances. Ce point, je crois, est assez éclairci, et je vois que nous nous entendons parfaitement sur ce terrain. Quant à la doctrine, M. le commissaire du gouvernement a justifié M. Rayer, M. Claude Bernard et Cabanis.

Si j'ai cité M. Rayer, ce n'était point pour attaquer sa mémoire. J'ai rappelé seulement qu'il avait été nommé directement par le Ministre à une chaire sans avoir subi les épreuves ordinaires, et qu'il n'avait jamais pu prendre possession de sa chaire.

Je ne l'ai point signalé comme ayant professé le matérialisme, et je m'associe de tout cœur à l'hommage qui a été rendu à sa mémoire, sur sa tombe, lorsqu'on l'a disculpé d'un pareil reproche.

Quand à M. Claude Bernard, je ne crois pas avoir articulé son nom. Je sais qu'il se livre à la méthode d'observation, à la méthode expérimentale avec un grand succès, qu'elle occupe une immense place dans son enseignement, mais je sais aussi que M. Claude Bernard a toujours fait des réserves pour ce que nous devons croire et ce que nous devons respecter.

Quant à Cabanis, on a dit qu'il avait été matérialiste, et on a cité les faits, les paroles qui le prouvent; on en a cité d'autres pour montrer qu'il ne l'était pas. Je ne crois pas qu'il y ait eu une contradiction dans la pensée de Cabanis, mais je crois qu'il lui est arrivé ce qui est arrivé à tant d'hommes qui sont tombés dans les erreurs de cette époque; il a été matérialiste d'abord, et puis les études, l'expérience de la vie, surtout de ces temps agités, de ses malheurs, lui ont ouvert les yeux, il a fini par revenir à des croyances beaucoup meilleures, auxquelles M. Droz a rendu hommage.

Je ne parlerai pas de l'article du *Phare de la Loire*, parce que je ne m'en étais pas même occupé lors de mon discours. Tout ceci peut rester en dehors du débat, et je veux abréger le plus possible pour épargner vos moments.

Mais je me suis appuyé sur le dictionnaire de MM. Robin et Littré; je vous ai cité les définitions contenues dans ce dictionnaire sur un certain nombre de sujets, et notamment sur l'âme, sur l'esprit, sur les idées, sur la pensée, sur la conscience, et je vous ai montré que ces définitions étaient toutes matérialistes, qu'elles supprimaient et l'âme et Dieu, et toute espèce de cause première.

Quant à la définition de l'homme, on m'a fait une observation : on a dit qu'elle avait été tirée de Cuvier. J'ai feuilleté les livres de Cuvier, mais je ne l'ai pas trouvée. Il est vrai qu'il y a dans la définition deux ou trois termes qu'on rencontre dans Cuvier, celui de *mammifère*, celui de *primate*, de *bimane*, mais ce n'est pas là ce que j'ai attaqué. Ce qui m'a paru très-répréhensible dans un dictionnaire qui est une sorte de manuel entre les mains des jeunes gens, c'est que cette définition de l'homme est incomplète et ne renferme rien qui atteste sa double nature, tandis que pour moi comme pour vous, sans doute, Messieurs, et pour Cuvier, il n'y a pas d'âme sans corps comme pas de corps sans âme. (*Approbation.*) Ainsi donc, tout ce que j'ai dit de ce dictionnaire demeure intact et n'est pas attaqué.

Seulement on a fait une réserve en faveur du professeur et à la décharge de l'autorité supérieure. On a dit : L'autorité supérieure ne peut répondre d'un livre auquel un professeur a attaché sa collaboration, et qui porte son nom ; le professeur agit là comme homme privé.

Je ne puis accepter cette explication. Le professeur, puisqu'il y a monopole, est l'État enseignant ; il n'est pas permis à l'État enseignant de mettre en circulation dans le public, de laisser entre les mains des jeunes gens de pareils livres, de prélever même un bénéfice de ce commerce et de cette vente pour infecter les jeunes gens de matérialisme.

Il est évident que si ce professeur est matérialiste dans son dictionnaire, dont il a déjà fait plusieurs éditions, il doit rester matérialiste dans son enseignement officiel, quelles que soient les précautions dont il l'enveloppe.

Ensuite, ce qui est fâcheux, c'est lorsqu'il a été nommé professeur, et je reconnais que sa nomination est antérieure à l'avénement au ministère de l'instruction publique de M. le ministre actuel. quand il a été nommé professeur, ce dictionnaire était déjà entre les mains des élèves; il était parfaitement connu. Donc, le matérialisme de ce professeur était notoire, et néanmoins il a été admis.

M. Prosper Mérimée. Son Éminence veut-elle me permettre de dire un seul mot ? (*Non! non!*)

S. ÉM. LE CARDINAL DE BONNECHOSE. Vous me répondrez plus tard, monsieur Mérimée.

Je passe à M. Vulpian, puisque malheureusement il faut citer des noms propres. J'avais parlé d'un certain cours qu'il avait fait au Muséum, et j'avais cité la doctrine qu'il y avait enseignée; elle est relative à la volonté et à la volition. Il a dit que les phénomènes intellectuels des animaux sont les mêmes que ceux de l'homme.

Eh bien! M. Vulpian a eu à s'expliquer auprès de M. le Ministre sur sa conduite en une autre circonstance, et en même temps il a voulu s'expliquer par lettre sur sa doctrine. Il rapporte ces passages que j'avais énoncés, et au lieu de les désavouer, il les affirme, et déclare qu'il n'a rien à retrancher et que ces propositions ne sont même pas discutables. Ainsi la doctrine matérialiste de ce professeur est parfaitement établie et prononcée.

Un autre professeur a encore été mis en avant, c'est M. Naquet, agrégé de la Faculté de médecine. C'est lui qui a eu cette idée singulière de comparer l'homme à la pile électrique. La pile montée, la pile en action, c'est l'homme vivant; la pile démontée et devenue inerte, c'est l'homme mort. Selon lui, l'analogie est complète, et après notre mort, il n'y a plus rien.

On a prétendu qu'il fallait beaucoup atténuer les conséquences à tirer de cette doctrine de M. Naquet; que M. Naquet n'était qu'un agrégé, et que le cours qu'il faisait alors n'était pas un cours officiel, que c'était simplement un cours libre; que, par conséquent, la Faculté ne pouvait pas en être responsable.

Il me semble que cependant cet agrégé, qui depuis est devenu professeur, manifestait bien par là quelles étaient ses opinions matérialistes.

M. CHARLES ROBERT, *commissaire du Gouvernement.* Non! non! il n'a jamais été professeur.

S. Ém. le cardinal de Bonnechose. Comme agrégé, toujours, il tient à la Faculté.

M. le Ministre de l'instruction publique. L'agrégation est un titre qui se conquiert par le concours seul.

S. Ém. le cardinal de Bonnechose. Je demande au Sénat la permission de lui faire observer que hier j'ai entendu sans interrompre pendant deux heures tout ce qui a été dit contre mes affirmations. La tribune appartient à M. le Ministre comme à moi, il pourra me réfuter complétement quand j'en serai descendu. (*Très-bien! — Parlez! parlez!*)

Je poursuis mes observations, et je dis que l'on vous a fait prendre le change, Messieurs, quand on a répondu que ce M. Naquet, qui était alors agrégé, prononçait ces paroles dans un cours libre. Non! ce n'était pas un cours libre, c'était un cours complémentaire, ce qui est fort différent; et la preuve que c'était un cours complémentaire, c'est qu'il a été annoncé avec des affiches blanches, indice des cours officiels. Quant aux thèses que je vous ai apportées, vous en avez vu quatre, Messieurs. Eh bien! on n'a pu élever absolument aucun doute à cet égard, et tout ce que j'ai avancé, ainsi que toutes les conclusions que j'en ai tirées demeure parfaitement acquis. Il y a une de ces thèses dans laquelle l'élève dit que c'est uniquement par orgueil que les grands hommes ont voulu revendiquer l'immortalité, mais qu'il n'y a ni Dieu, ni âme. Il y en a une autre, c'est la seconde, dans laquelle il est affirmé que l'homme est égal aux animaux, qu'il n'existe ni bien ni mal, ni vice ni vertu, et que, par conséquent, la société n'a pas droit de punir le crime. Dans une autre thèse, — c'est la troisième, qui est, je crois, sur le calorique dans l'alimentation, il est dit que tout est matière, que la matière est éternelle; et dans cette même thèse étaient professées les opinions les plus socialistes, les plus subversives de toutes les bases de la société. Enfin, dans la quatrième, sur la folie, on a voulu vous démontrer que tout ce qui était croyances religieuses était insensé, et que l'homme ne revenait à un état régulier d'intelligence qu'autant qu'il rompait complétement avec tout ce qui était surnaturel, avec toutes les espérances comme avec toutes les craintes de la vie future.

Messieurs, je n'ai pas voulu aller plus loin; il y avait encore deux autres thèses que j'aurais pu citer. Seulement comme je ne les ai pas eues entre les mains moi-même, et que je ne les ai pas lues, je me suis abstenu d'en parler; d'après des témoignages extrêmement respectables, je dois dire qu'il y a deux autres thèses qui ont été soutenues par deux autres jeunes gens, où l'on niait également Dieu et l'âme, et qui, malheureusement, si la chose est vraie (je ne m'en fais pas garant), auraient été l'objet de récompenses de la part de la Faculté.

Il résulte de ces renseignements, qui n'ont pas été attaqués, que les opinions matérialistes ont pénétré dans la jeunesse. Je ne voulais pas prouver autre chose. Ainsi, d'une part, un certain nombre de professeurs apportent le matérialisme dans les chaires de la Faculté, où ils enseignent au nom de l'Etat, et où eux seuls peuvent enseigner; d'autre part, les jeunes gens qui les écoutent et qui, depuis un certain nombre d'années, se pénètrent de leur enseignement, sont matérialistes. Il ne m'en faut pas davantage pour justifier les alarmes des familles chrétiennes.

Je dois ici tenir compte de deux observations qui m'ont été faites.

J'avais été jusqu'à dire que la majorité des professeurs de l'école de médecine était matérialiste. Notre honorable collègue M. Dumas a contesté le fait. Il a dit que, après avoir été longtemps professeur de la Faculté, il croyait pouvoir affirmer que j'étais dans l'erreur.

Je ne veux pas ici entrér en discussion avec M. Dumas, qui peut connaître mieux que moi la situation de l'école de médecine.

Cependant, depuis quinze ans, M. Dumas n'y exerce plus, il est absorbé par des travaux très-sérieux et très-considérables qui peuvent un peu détourner son attention de ce qui se passe dans cette sphère, et il serait parfaitement possible que le matérialisme s'y fût introduit dans une mesure qui dépassât celle qui était connue par M. Dumas.

Néanmoins, je suis heureux de m'appuyer sur son assertion, car mis en demeure de préciser sa protestation, il a dit qu'elle portait uniquement sur la majorité; dès lors, s'il avait pu nier qu'il eût des professeurs matérialistes, il l'aurait fait dans l'intérêt et pour l'honneur de la Faculté. Et il ne l'a pas fait. Donc, en son âme et conscience, et j'en suis sûr, il admet qu'il y a un certain nombre de professeurs qui enseignent ces détestables doctrines.

M. LE COMTE DE SÉGUR D'AGUESSEAU. C'est cela! Voilà qui est certain!

S. EM. LE CARDINAL DE BONNECHOSE. M. le Ministre a été plus loin; cela m'a étonné, et il a déclaré qu'il n'y avait pas de matérialisme enseigné à l'École de médecine...

M. LE MINISTRE DE L'INSTRUCTION PUBLIQUE. C'est vrai!

S. EM. LE CARDINAL DE BONNECHOSE. Et que s'il s'y montrait, il serait immédiatement réprimé.

M. LE MINISTRE DE L'INSTRUCTION PUBLIQUE. Parfaitement.

S. EM. LE CARDINAL DE BONNECHOSE. Permettez-moi, pour répondre à cette assertion, de mettre sous vos yeux, messieurs, un fait qui se passait à l'École de médecine il y a deux jours, pendant que j'étais à cette tribune, et que

M. le Ministre m'interrompait pour me dire que le matérialisme n'était pas professé à l'Ecole.

C'était mercredi ; M. Sée faisait sa leçon et parlait d'une
thèse qui, je crois, était anglaise, ayant pour sujet l'alcool
et dont il combattait les conclusions. Il a été amené à citer
la phrase suivante prise dans la thèse :

« On voit à regret, depuis plusieurs années, un très-
grand nombre de savants en Europe creuser des ornières
dans le terrain de l'âme. »

Reprenant la parole et accentuant son débit, le professeur a ajouté ensuite, de son chef :

« Je me félicite d'être au nombre de ceux qui ont creusé
des ornières dans ce terrain-là, et mon désir serait d'avoir
réussi à le creuser assez profond pour que l'âme y disparût,
qu'il n'en fût plus question, et qu'il ne restât plus en Europe un seul savant, un seul médecin fantaisiste. »

M. QUENTIN BAUCHART. Qui a dit cela ?

M. CONNEAU. Mais c'est de l'*art* qu'il s'agit, et non de
l'*âme*. (*Mouvements en sens divers.*)

M. LE MINISTRE DE L'INSTRUCTION PUBLIQUE. Laissez
continuer, nous répondrons.

S. EM. LE CARDINAL DE BONNECHOSE. Voici des témoins
que je puis citer à l'appui.

Beaucoup des faits que j'ai précédemment cités ont été
révoqués en doute parce qu'on n'apportait pas de noms.
Pourquoi? C'est que l'on a craint les conséquences qui pourraient résulter de pareilles révélations pour l'avenir des
jeunes gens.

Ici je vais nommer les témoins qui m'ont affirmé le fait
de vive voix, et je les mets sous la sauvegarde du Sénat.

Étaient présents, ont entendu les paroles et me les ont
rapportées :

MM. le docteur Machelard, médecin du bureau de bienfaisance du 6ᵉ arrondissement, demeurant rue Servandoni, n° 20 ;

Le docteur Bricheteau, rédacteur en chef du *Bulletin de thérapeutique*, ancien chef de clinique de la Faculté.

Voici un troisième témoin, mais je ne suis pas aussi certain de sa présence, c'est M. Ollivier, bibliothécaire de la Faculté.

Vous voyez qu'il ne faut pas être aussi affirmatif dans ses démentis, et qu'il m'est bien permis de dire, en m'appuyant sur la notoriété publique, qu'il y a des doctrines matérialistes enseignées à l'École de médecine.

Ce que j'aurais désiré, Messieurs, c'est que depuis si longtemps que cette pétition est au Sénat, sans que moi-même j'en aie eu connaissance, la commission se fût crue autorisée à faire une enquête ; alors elle eût pu entendre de la bouche même des témoins la vérité sur les faits contestés.

Nous sommes privés de ces secours ; mais je n'en suis pas moins autorisé à dire qu'il y a du mal, un grand mal, qui justifie les efforts que nous faisons pour le combattre.

M. le Ministre, au lieu de l'avouer, le nie ; par conséquent nous ne pouvons pas nous attendre à ce qu'il agisse. Si vous votez l'ordre du jour, vous vous montrerez d'accord avec lui, pour l'autoriser à ne rien faire, puisqu'il dit qu'il n'y a pas de mal. Quand un médecin est appelé auprès d'un malade, et qu'il constate la maladie, on comprend qu'il va faire ce qu'il pourra pour le guérir.

Mais quand on nie que le malade soit malade, on n'y touche pas et on le laisse en proie au mal qui le dévore.

Je me demande maintenant ce que M. le Ministre pourrait faire, s'il voulait bien reconnaître les faits que nous vous dénonçons. Ici on m'a imputé une allégation qui ne m'appartient pas : on a dit que je demandais la révocation des professeurs et le licenciement de l'École de médecine.

Non : j'ai dit que si M. le Ministre voulait extirper le mal, il n'aurait pas d'autre moyen à employer, mais que ce moyen était impraticable. M. le Ministre a dit qu'il suffisait d'avertir, qu'il avait déjà averti et même réprimandé des professeurs.

Or, par le fait que je viens de citer et qui s'est passé il y a deux jours, vous voyez comment on tient compte de ces réprimandes. Vous pouvez savoir par ceux qui fréquentent les cours que ce sont les professeurs enseignant le matérialisme qui sont applaudis tous les jours. Je crois donc qu'il y a inefficacité et insuffisance dans les mesures de répression qu'on voudrait employer. Admettons, toutefois, qu'après les réprimandes sévères du Ministre, les professeurs, craignant de perdre leur position officielle, deviennent plus circonspects et plus prudents. Croyez-vous, Messieurs, que leurs doctrines malsaines s'en répandront moins pour cela? Est-il possible de contenir ce que l'homme a dans le cœur et dans l'esprit, quand il est appelé à parler tous les jours publiquement? Cette doctrine dont il est rempli se répandra autour de lui, se communiquera aux élèves et dans les entretiens publics et dans les entretiens particuliers, d'autant plus sûrement que le professeur y mettra plus de mystère; que cela paraîtra du fruit défendu; qu'il semblera gémir sous la compression de l'autorité. La nature humaine est ainsi faite, vous l'avouerez avec moi. Donc il n'y a pas de garanties suffisantes. Les élèves sont matérialistes, parce que les professeurs sont matérialistes, et toujours les professeurs matérialistes feront des élèves matérialistes.

Voilà pourquoi, désertant le champ de la compression, je me suis élancé dans le champ de la liberté. Tel est le but de la pétition, et voilà pourquoi nous en demandons le renvoi au Gouvernement, car il s'agit de l'avenir.

Pour le présent, ce que nous pouvons demander à l'au-

torité supérieure, c'est d'user des moyens que la législation
met entre ses mains pour arrêter le développement du
mal, car on ne peut pas le déraciner et le guérir immédiatement.

Ensuite, dans l'intérêt de l'avenir et des générations
futures, nous demandons la liberté de l'enseignement, et
nous disons que ce n'est pas une chimère, que ce n'est
pas un danger. Ce n'est pas une chimère, puisque c'est
une réalité qui fonctionne en Belgique. Nous en avons
dépeint le mécanisme. Nous ne voulons pas répéter ce
que nous avons déjà eu l'honneur de vous dire. Une
académie peut très-bien s'établir à nos frais; les professeurs que nous payerons pratiqueront, eux aussi, la
méthode d'observation et d'expérience, mais ils sauront
respecter en même temps toutes les vérités qui sont le
patrimoine sacré du genre humain. (*Très-bien! très-
bien!*) Et ne croyez pas que cela soit difficile. La véritable science a toujours marché dans cette voie. Et croit-
on que l'Église soit étrangère à la véritable science? A-t-on
oublié que c'est elle qui en a gardé le flambeau durant
dix siècles? Tous les hommes de science, à cette époque,
n'ont-ils pas été des hommes d'Église? A-t-on oublié que,
si on est si fier et si glorieux de certaines découvertes,
c'est que l'on s'appuie sur le magnifique héritage qui nous
a été légué par les savants des siècles précédents? Il n'est
pas permis de renier ainsi ses aïeux.

Eh bien, oui, nous demandons des chaires libres dans
lesquelles nous puissions faire monter des hommes qui enseigneront la médecine et les sciences, qui enseigneront,
comme Cuvier, la géologie, sans cependant contredire les
récits de la Genèse, car je crois que c'est là que se trouve
la science véritable, et jusqu'à présent, je ne me suis pas
trouvé en face d'un seul fait sérieux qui puisse ébranler
de pareils fondements. Nous enseignerons aussi l'histoire,

— et c'est là un besoin profond, — car le mensonge a fait invasion dans l'histoire. Il est un grand nombre de questions qu'il est nécessaire maintenant d'éclaircir et dont il faut rectifier les solutions. Grâce à toutes les recherches qui ont été faites dans ces derniers temps, les matériaux accumulés autour de nous sont immenses, et nous désirons qu'il nous soit aussi permis de les mettre en œuvre et de les présenter à la jeunesse française sous leur véritable signification.

On dit que, si la liberté que nous demandons est accordée, la société court le danger que le clergé s'empare de cette liberté et l'exploite comme un monopole.

J'avoue qu'il m'est impossible de comprendre même ce que l'on veut dire par là. Si la liberté est pour nous, elle sera pour les autres ; si nous enseignons, nous, la science en la subordonnant à certaines règles, en la circonscrivant dans certaines limites, nous ne forcerons personne à venir à nos chaires : il y en aura d'autres à côté où l'on pourra enseigner tout le contraire.

Mais, je l'avoue, ce que j'espère, c'est que cette jeunesse maintenant dévoyée et enivrée par de perfides breuvages sera attirée par une certaine curiosité autour de nos chaires, et que, lorsqu'elle aura entendu le langage de la saine critique et de la vérité, le langage de cette science qui ne brise rien dans la nature de l'homme et de l'univers, qui montre tout en harmonie sous les lois de la divine Providence conduisant dans une voie merveilleuse l'humanité qu'elle a créée, oui, nous espérons qu'un certain nombre de ces jeunes intelligences se détachera des impies et des athées, et viendra grossir les rangs de ceux qui croient encore en Dieu et à l'âme immortelle. (*Marques nombreuses d'approbation.*)

Et quant au danger d'une autre nature, celui qui pourrait résulter des attaques contre les bases de l'ordre social, assurément on nous rendra la justice de dire qu'il ne vien-dra pas de notre côté. S'il vient à se produire d'ailleurs, les pouvoirs publics sont suffisamment armés pour le com-primer, lorsque j'entends faire l'éloge à cette tribune d'une loi comme celle qui vient de vous être présentée sur le droit de réunion. Assurément si le Gouvernement se croit assez fort pour affronter des périls comme ceux qui peu-vent sortir de cette loi, il l'est bien plus qu'il ne faut pour affronter les périls qui pourraient sortir de certaines chaires d'enseignement placées à côté des chaires officielles. Je demande la liberté dans l'intérêt même des Facultés. Je suis convaincu qu'avec les hommes sérieux, les hommes de mérite qui s'y trouvent encore, si elles se voyaient en pré-sence d'une pareille concurrence, elles se réformeraient elles-mêmes ; ce qu'elles ont d'éléments purs, généreux, élevés, se développerait et parviendrait à comprimer tout ce qui est impur et mauvais. Oui, c'est dans l'intérêt de la science universelle, dans l'intérêt des Facultés, dans l'inté-rêt du Gouvernement et des familles que nous réclamons cette liberté.

M. LE COMTE DE SÉGUR-D'AGUESSEAU. Très-bien! très-bien!

S. ÉM. LE CARDINAL DE BONNECHOSE. J'abrége, Mes-sieurs... (*Non! non! — Parlez! parlez!*) Ce que je demande c'est que vous consultiez vos consciences de pères de fa-mille, c'est que vous vous mettiez en présence de tous ces esprits qui aujourd'hui se tournent vers vous. Oui, sachez-le bien, tout le monde scientifique et lettré, non pas seule-ment en France, mais en Europe, a maintenant les yeux sur le Sénat français et attend ce qu'il va faire.

Par l'ordre du jour, vous enterrez la question ; vous dé-clarez que vous n'avez aucune sollicitude pour cet intérêt si grand, sublime à mes yeux, dont je prends ici la défense. Par le renvoi au Gouvernement, au contraire, que faites-vous? Vous appelez sa sollicitude sur une plaie qui s'est ouverte dans le voisinage de ce palais; vous demandez qu'on la guérisse, qu'on y applique le remède le meilleur. En même temps, vous rappelez au Gouvernement cette demande d'une liberté qui a été réclamée depuis quarante ans, qui est promise depuis dix-huit ans, et dont l'annonce est insérée dans la loi que le Gouvernement actuel a sanctionnée et fait exécuter tous les jours.

Ainsi, vous demeurez conséquents avec vous-mêmes, vous ne vous mettez pas en contradiction avec les antécédents que nous avons à respecter et qui font notre force.

Ainsi le Sénat s'honorera, car il montrera plus que jamais combien il a conscience de la grande mission que lui a confiée la constitution, en l'instituant le gardien de la religion, des lois et des mœurs.

Vous donnerez en même temps satisfaction aux familles, et croyez-le bien, aucun intérêt sérieux ne sera compromis.

Quant à moi, Messieurs, j'ai fait mon devoir; que chacun fasse le sien. (*Très-bien! Bravo! Applaudissements.*)

S. Exc. M. Duruy, *ministre de l'instruction publique.* Messieurs les sénateurs, Mgr le cardinal de Rouen vient de vous répéter l'éloquent discours qu'il avait prononcé à l'avant-dernière séance. Ce sont les mêmes arguments, les mêmes faits; Son Éminence n'a voulu tenir aucun compte des dénégations formelles qui lui avaient été adressées avec preuves à l'appui. Mgr de Bonnechose avait dit avant-hier que la majorité des professeurs de la Faculté de médecine de Paris était matérialiste. Il maintient aujourd'hui cette affirmation contre M. le sénateur Dumas, qui a été quinze ans professeur à cette école, en connaît bien l'esprit et a joint sa protestation à la mienne.

Qu'il y ait à l'École de médecine un professeur sur lequel des soupçons sérieux de matérialisme puissent être élevés, c'est possible; je n'ai pas à regarder dans le for intérieur. Ce qui m'importe, ce dont j'ai la surveillance, c'est l'enseignement.

Or, je ne croirai pas à un enseignement matérialiste tant qu'on ne m'en apportera pas des preuves, et remarquez, messieurs les sénateurs, que je ne demande pas seulement qu'on me les apporte, je vais les chercher (*Très-bien! très-bien!*), puisqu'un inspecteur de l'Académie de Paris est particulièrement attaché au service de l'École.

Eh bien! quoique je reçoive de fréquents rapports, jamais il ne m'en est venu un constatant que M. le professeur Robin eût fait une leçon matérialiste. La rumeur m'arriva un jour que cela avait eu lieu, j'ai prié le professeur de venir à mon cabinet. Vous savez le reste; j'ai déjà eu l'honneur de vous faire connaître sa dénégation formelle, et la déclaration qu'il ne se reconnaissait pas le droit de sortir du cercle scientifique, c'est-à-dire des vérités démontrables et démontrées. Or, le matérialisme n'est ni une vérité démontrée ni une vérité démontrable.

Reste l'accusation qui repose sur le *Dictionnaire de Nysten*.

Mgr de Bonnechose fait bon marché du droit qui appartient à tout citoyen de publier librement ses opinions, conformément aux lois. J'ai eu l'honneur de lui dire déjà que je ne sais par quel moyen je pourrais empêcher la lecture de tels livres que bon leur semble à des jeunes gens qui déjà sont des hommes en pleine jouissance de leurs droits civils et politiques, qui pensent par eux-mêmes, plus souvent que d'après leurs maîtres, puisque l'âge moyen des docteurs en médecine est de vingt-sept à vingt-huit ans. Sont-ils réunis dans une maison placée sous l'autorité, la surveillance et la responsabilité de l'État? Non, ils sont épars dans la grande ville. Quant aux ouvrages, cela regarde le Ministre de la justice, qui a seul action contre eux; c'est à lui d'examiner s'il doit, oui ou non, les poursuivre.

J'accorde qu'un professeur, qu'un membre de l'Université n'a pas une indépendance absolue pour ses écrits, du moins une indépendance aussi grande qu'un autre citoyen, parce qu'en franchissant le seuil de l'Université il aliène une partie de sa liberté. J'accorde encore que si certains écrits peuvent diminuer d'une façon notable et particulière la considération du corps auquel l'auteur appartient, les autorités scolaires peuvent intervenir : d'abord la Faculté, ensuite le conseil académique, puis le conseil impérial. Ce sont là des juridictions disciplinaires ayant un droit un peu vague, comme celui d'une autorité paternelle, un droit, par conséquent très-compréhensif, et pouvant saisir des cas où la loi de droit commun serait impuissante.

La question est de savoir si la collaboration de M. le professeur Robin à ce *Dictionnaire de Nysten*, vieil ouvrage, arrivé aujourd'hui à sa douzième édition, peut mettre en mouvement la juridiction disciplinaire à défaut de la juridiction de droit commun qui ne croit pas devoir intervenir. Jusqu'à présent, nous ne l'avons pas pensé, et aujourd'hui encore nous ne le pensons pas.

Pour terminer ce qui concerne M. Robin, je répète que si son enseignement s'inspirait d'une philosophie matérialiste, je n'hésiterais pas à faire mon devoir. (*Très-bien! très-bien!*)

Ne dites donc pas, Monseigneur, que le Ministre est désarmé. Les statuts de l'Université sont nombreux; ils ont été faits à des époques très-différentes et souvent fort troublées; on a par conséquent pourvu à tout. Nous avons les moyens d'arrêter un professeur qui sortirait des limites légitimes de son enseignement. Pour ses publications nous ne pouvons agir que dans la mesure que je viens d'indiquer.

Mgr de Bonnechose est revenu aux thèses. Après en avoir trouvé jusqu'à quatre, il en a découvert deux autres, cela fait six... Vous avez trouvé six thèses, Monseigneur. Eh bien! je vous dis, moi, que vous n'en avez pas assez compté. Cherchez bien, et vous en trouverez cent peut-être en remontant dans les années écoulées. (*Mouvement.*) Vous en trouverez dès 1808...

M. QUENTIN BAUCHART. Même en remontant à M. de Fontanes.

M. LACAZE. Et dans les universités du moyen âge.

M. LE MINISTRE DE L'INSTRUCTION PUBLIQUE. Messieurs, je ne veux pas méconnaître ce qu'il y a de blâmable dans les thèses signalées, mais je crois qu'il ne faut pas exagérer la portée de ces faits.

J'ai reçu, Messieurs, ce matin même, une lettre curieuse d'un ancien étudiant, âgé aujourd'hui de cinquante ans. Elle est curieuse, mais trop longue pour cette discussion, et je n'en citerai qu'un passage. L'auteur, voulant montrer comment se tempèrent les vivacités de la jeunesse, m'écrit : « Je puis citer à cet égard mon propre exemple. Élevé dans les idées du dix-huitième siècle, après six ans de fortes études scientifiques et médicales, j'étais franchement matérialiste à vingt-cinq ans. En 1833, je soutins ma thèse sur *la vie universelle*, la plus *matérialiste* qui ait jamais été présentée à la Faculté de Paris et présidée par Broussais. J'avais publié, en 1832, des éléments de physique générale dans le même sens. Je n'avais rencontré ni Dieu, ni l'âme, et je les niais formellement et avec une conviction profonde.

« En poursuivant mes études sans lutte et sans parti pris, j'ai constaté qu'au-dessus et en dehors de la matière et de ses mouvements, il existait nécessairement un principe créateur de l'une et de l'autre, une cause supérieure d'où se déduisaient tous les phénomènes subséquents.

« J'ai donc trouvé spontanément Dieu principe créateur, et l'âme comprenant la créature et la création.

« A vingt-cinq ans, le savant qui reconnaissait ces deux essences me semblait un fou ou un hypocrite ; à cinquante ans, celui qui ne les reconnaît pas me paraît un ignorant ou un sot. »

Beaucoup de jeunes gens sont dans la même situation morale. Quand l'esprit fermente et bouillonne, avant que l'expérience soit arrivée, il y a bien des témérités d'idées et de langage. On se sent en possession de quelques vérités; on se hâte témérairement de conclure et on arrive à des affirmations qui effraient votre sagesse et doivent l'effrayer. Mais vous voyez par cet exemple comme tout cela passe, et rapidement.

Cependant on a fait de ces thèses un chef d'accusation d'une extrême vivacité contre l'École de médecine de Paris, et on le fait avec une promptitude et une facilité de généralisation qui étonnent, parce qu'il semble qu'elle ne devrait appartenir qu'à cet âge dont je parle.

Le Sénat vient d'avoir un nouvel exemple de la maturité qu'il serait nécessaire de mettre dans des accusations qui peuvent être redoutables. J'en demande mille pardons à Monseigneur de Rouen, mais le fait qu'il est venu apporter à cette tribune m'oblige à dire que Monseigneur, qui a si bien connu et pratiqué autrefois les devoirs de la magistrature, qui sait comment une enquête doit se poursuivre, c'est-à-dire contradictoirement, en entendant tous les intéressés, n'aurait pas dû, peut-être pour lui-même, pour la cause qu'il défend, pour le pétitionnaire et pour la pétition qu'il soutient, se hâter si vite d'accepter pour vrai un fait semblable.

S. Em. le cardinal de Bonnechose. Je ne connais ce fait que d'hier soir.

M. le ministre de l'instruction publique. Il est publié

dans le *Journal des Villes et des Campagnes* de ce matin, et voici en quels termes.

S. ÉM. LE CARDINAL DE BONNECHOSE. Les témoins sont venus me trouver hier soir.

M. LE MINISTRE DE L'INSTRUCTION PUBLIQUE. Permettez, vous n'avez que la moitié de l'instruction, la moitié de l'enquête, vous avez fait entendre vos témoins; laissez-moi faire entendre les miens et d'abord le journal que je cite. Il faut dégager la moralité de ce débat.

Voici ce que dit le *Journal des Villes et des Campagnes :*

« Puisqu'on nie des faits que nous avons affirmés;

« Puisqu'on se permet des insinuations qui nous lassent à la fin;

« Nous dirons dorénavant tout ce qui arrivera à notre connaissance et nous commencerons aujourd'hui :

« Mercredi dernier, au moment où M. Quentin Bauchart disait que le matérialisme n'avait jamais parlé à l'École de médecine, le matérialisme s'affirmait encore au cours de thérapeutique. Le professeur traitait de l'alcool; après avoir cité une phrase d'une thèse spiritualiste, il ajouta :

« Ah! oui! je suis de ceux qui se félicitent de creuser « des ornières sur ce terrain-là, et mon désir serait d'avoir « réussi à *les creuser assez profondes pour que l'âme y dis-* « *parût, qu'il n'en fût plus question*, et qu'il ne restât plus « en Europe un seul savant et un seul médecin *fantai-* « *siste.* »

« Le fait nous est raconté ce matin même et affirmé par un docteur en médecine, honorable entre tous, frère d'un éminent professeur à la Faculté de droit, scandalisé sans doute de toutes ces négations trop intéressées.

« S'il le faut, nous sommes autorisé à dire le nom de ce témoin, dont la parole ne saurait être contestée.

« Cette fois, est-ce clair?

« LÉOPOLD GIRAUD. »

17.

Non, messieurs, cela n'est pas clair !

Autrefois, Monseigneur, en recevant cette déposition, aurait appelé l'inculpé. C'est ce que j'ai fait, et voici la lettre de ce professeur de thérapeutique qui n'est autre que M. Sée, lequel continue à être poursuivi des mêmes calomnies.

Je prie le Sénat de vouloir bien écouter attentivement ces détails.

Un sénateur. Nous écoutons très-attentivement.

D'autres sénateurs Parlez! Parlez !

M. le ministre de l'instruction publique. C'est tout le travail de la pétition et des pétitionnaires qui est pris là sur le fait. Voici la lettre du professeur :

« Monsieur le Ministre,

« Après avoir opposé en silence le plus profond dédain aux calomnies intéressées dont le Sénat a déjà fait justice, je viens, au moment suprême, vous signaler un dernier mensonge, qui a été inventé comme un dernier argument...

« Dans mon avant-dernière leçon, étudiant les effets de l'alcool sur l'organisme, je cherchais à démontrer que ces effets sont principalement de l'ordre physico-chimique. Les vitalistes... »

Vous verrez pourquoi M. le Secrétaire général vous parlait tant hier des vitalistes.

« Les vitalistes, au contraire, disent dans une thèse récemment reçue sur l'alcoolisme que l'alcool agit sur l'économie par des vibrations insensibles, des oscillations invisibles.

« Comme mon esprit se refuse à voir ou à entendre des phénomènes insensibles, je complétai ma démonstration en intervertissant les termes de la thèse, qui veut que la médecine soit un art et non une *science*.

« J'affirme que la médecine expérimentale, que la médecine vraiment scientifique, qui n'a rien à démêler avec l'*art* et la fantaisie, que cette médecine creusera des ornières assez profondes pour que l'*art* (et non l'*âme*) y disparaisse complétement... (*On rit.*)

« Or voici que dans un journal bien informé (*Journal des Villes et des Campagnes* du 23 mai), on a sténographié et imprimé l'*âme*, au lieu de l'*art*, et on m'accuse de vouloir faire disparaître l'âme.

« Mais il paraît que la logique n'est pas la qualité dominante du journal indiqué; car, citant encore mes paroles, il dit : « Je désire qu'il ne reste plus en Europe ni un seul « savant, ni un seul médecin fantaisiste. »

« Cette deuxième phrase serait pour tout le monde absolument incompréhensible, si j'avais incriminé l'âme, qui n'a certes rien de commun avec la fantaisie...

« Il faut donc que mon bienveillant auditeur ait l'oreille bien dure ou l'âme bien basse pour commettre une pareille erreur.

« Veuillez agréer, Monsieur le Ministre...

« Professeur SÉE. »

M. QUENTIN BAUCHART. Qui a signé cet article du *Journal des Villes et des Campagnes*?

M. LE MINISTRE DE L'INSTRUCTION PUBLIQUE. M. Léopold Giraud, l'auteur de la pétition. (*Mouvement.*)

M. MÉRIMÉE. Toujours le même !

M. LE MINISTRE DE L'INSTRUCTION PUBLIQUE. Et c'est avec de pareilles accusations, ramassées ainsi ténébreusement, sans contrôle, sans enquête contradictoire, ou comme on vous le disait hier, sans citation de lieu, de jour, d'heure, ni même de nom d'auteur, qu'on somme le Ministre de l'instruction publique de prononcer des révocations, des licenciements d'école! Il n'aura pas cette témé-

rité de conduite. Il sait qu'il a dans les mains des intérêts
très-graves, l'honneur d'un corps qui lui-même est l'honneur de la France, et il n'agira jamais à la légère, quoiqu'il soit parfaitement décidé à agir avec résolution toutes
les fois que ce sera nécessaire. (*Très-bien! très-bien!*)

Messieurs, je voudrais que nous pussions en finir avec
tous ces faits particuliers...

PLUSIEURS SÉNATEURS. Oui! c'est vrai!

M. LE MINISTRE DE L'INSTRUCTION PUBLIQUE... Avec
ces faits qui se produisent ici d'une manière fâcheuse et
qui amènent des discussions indignes du Sénat. Vous êtes
un corps politique, messieurs, vous n'êtes ni une académie, ni un concile. on vous l'a déjà dit. (*Très-bien!*) Vous
n'êtes pas en mesure de faire, durant une discussion générale, cette enquête, cet examen attentif et minutieux, qui
seraient nécessaires pour arriver à la vérification des faits.

M. LACAZE. C'est pour cela que nous voulons renvoyer
au Gouvernement.

M. LE MINISTRE DE L'INSTRUCTION PUBLIQUE. Nous
verrons cela tout à l'heure. Messieurs, je viens à la vraie
question ; elle a été posée dès le premier jour, et d'après
quelques paroles qui ont été prononcées hier par S. Em. le
cardinal de Besançon, je crois qu'on a l'intention de reprendre cette thèse générale ; puisque je suis en ce moment
à la tribune, je la traite dès à présent.

On nous dit : Le matérialisme nous déborde, le matérialisme envahit la société française! et le point de départ
de cette invasion, c'est l'Université. Si j'ai bien compris
les quelques paroles de Mgr Mathieu, c'est là le sens des
explications qu'il comptait donner aujourd'hui et qu'il
donnera peut-être.

Messieurs, il est une doctrine avec laquelle l'Université
ne peut pas vivre : c'est le matérialisme. Il en est une

autre sans laquelle l'Université ne saurait exister, c'est le spiritualisme. (*Très-bien! très-bien!*)

Je m'explique.

Qu'entends-je, Messieurs, par ce mot de spiritualisme ? La croyance qu'il y a dans l'homme autre chose que des combinaisons chimiques, la croyance qu'il y a dans la création autre chose que de la matière et de la force. (*Très-bien! très-bien!*)

Le spiritualisme, signe de la dignité de l'homme, cachet de sa royauté, est aussi la condition indispensable de son perfectionnement, et par conséquent il est le principe même de l'éducation. (*Nouvelle approbation.*)

Si tout est matière, tout est force aveugle et fatale, et comment voulez-vous que le professeur aille porter son esprit au milieu de ces fatalités qui feraient sombrer devant elles la liberté morale et la responsabilité ? Quoi qu'en disent certaines écoles, qui ne se sauvent que par une inconséquence, matérialisme et éducation sont deux termes contradictoires.

Messieurs, j'ai vécu trente années dans les rangs de l'Université, et je déclare que jamais je n'ai trouvé un matérialiste parmi les professeurs des lycées ou des collèges.

Ce n'est pas là une assertion téméraire. Chacun peut la vérifier.

Les conseils de perfectionnement institués auprès des établissements d'enseignement secondaire spécial sont composés de pères de famille, sous la présidence du maire ; ils trouvent toujours portes ouvertes et peuvent assister aux examens, entendre les leçons, surveiller, contrôler tous ces exercices. D'ailleurs, n'avons-nous pas dans nos lycées cinq cents aumôniers que nous recevons des mains des évêques, qui restent sous leur surveillance doctrinale, et qui, assurément, parleraient s'ils avaient à parler? J'irai plus loin et avec pleine confiance j'invoquerai le témoignage de Leurs Éminences sur l'état réligieux de nos maisons d'éducation.

Mais, dira-t-on, vos professeurs?... Messieurs, il est un enseignement dans lequel se résument toutes les études du lycée, c'est l'enseignement philosophique. Quel est-il? Il y a cinq ans, j'accomplissais ma dernière inspection générale. Dans une classe de philosophie, je trouvai le professeur expliquant à ses élèves les quarante ou cinquante formes de syllogismes que le moyen âge avait connues. Cela seul vous dit où en était cet enseignement rétréci, mutilé.

Aussi, dès mon entrée au ministère, je préparai la restauration d'un véritable enseignement de philosophie, c'est-à-dire du spiritualisme, et je tiens à grand honneur d'avoir pu l'opérer. Est-ce pour cela qu'on ne cesse de me poursuivre comme un fauteur de matérialisme et d'immoralité? (*Très-bien! très-bien!*)

Messieurs, vous êtes pères de famille; il faut que vous sachiez ce qu'est cet enseignement philosophique de nos lycées, de ces maisons au fronton desquelles une main fébrile et téméraire voulait ces jours derniers attacher cet écriteau : « *Colléges d'athées.* »

Je demande à vous citer quelques lignes du programme qui règle cet enseignement, afin que vous en connaissiez l'esprit. Je prends au hasard :

La morale suppose : la liberté d'où résulte la responsabilité. — Différence entre les actes de la vie purement physiologique et les actes de la volonté; la notion d'une règle ou loi. — Distinguer la loi et la sanction.

L'idée du bien, fondement de la morale. Son caractère absolu et universel.

En quoi l'idée du bien diffère des notions de l'utile et de

l'agréable et des autres mobiles avec lesquels on l'a trop souvent confondue.

Insister sur la distinction de l'honnête et, de l'utile... Montrer par l'histoire que les hommes ont toujours envisagé le bien comme le motif suprême de nos actes, et que les actions les plus admirées sont celles où l'intérêt personnel et la passion sont sacrifiées au devoir.

Sanction de la loi morale...

La conscience publique, c'est-à-dire l'estime ou le mépris de nos semblables, et les lois positives avec les récompenses ou les peines qu'elles attachent à l'observation ou à la trangression de la loi morale, forment deux autres sanctions...

Sanction religieuse et immortalité de l'âme. Cette sanction supplée à ce que les autres ont d'insuffisant et d'incomplet...

Division des devoirs :

1° Devoir de l'homme envers lui-même, ou morale individuelle.

2° Devoirs de l'homme envers ses semblables, ou morale sociale.

3° Devoirs de l'homme en rapport avec la nature animée ou inanimée.

4° Devoirs de l'homme envers Dieu, ou morale religieuse.

. . . .

Morale individuelle ou devoirs envers nous-mêmes... Le corps n'est qu'un instrument au service de l'âme.

Comment les devoirs de justice étant négatifs et d'abstention ne sont que la moitié de la vertu, et comment il faut y joindre les devoirs d'action et de charité qui se résument dans cette maxime : « Aimez votre prochain comme vous-même et faites à autrui ce que voudriez qu'on vous fît. » Devoirs d'assistance mutuelle.

Morale religieuse, ou devoirs—envers Dieu. Ces devoirs reposent sur la croyance à l'existence de Dieu. — Indiquer les principales preuves de l'existence de Dieu. — Culte intérieur, adoration et reconnaissance.— Culte extérieur, manifestation du culte intérieur et privé...

Du devoir envisagé comme obéissance à la volonté divine, etc., etc.

Voilà, messieurs, la morale austère, virile et profondément religieuse qui est enseignée tous les jours à nos enfants.

Vous ne vous étonnerez pas de l'élévation de cette morale, quand vous saurez que ce programme a été préparé dans une commission qui était présidée par Mgr de Paris. (*Très-bien! très bien!*)

Permettez, Messieurs, que je vous lise, au sujet de cette réforme, une lettre d'un membre de l'Académie des sciences morales, qui est en même temps professeur au Collège de France, et un des défenseurs éminents du spiritualisme :

« Pendant longtemps, le véritable enseignement philosophique a cessé d'être donné dans nos lycées ; le nom de philosophie avait disparu comme dangereux ; l'enseignement avait été tronqué ; le professeur condamné à une sèche révision des études antérieures. On avait enlevé toute sanction à ce qu'il restait d'enseignement philosophique : pour les élèves, en supprimant, à l'examen du baccalauréat, l'épreuve écrite ; pour les professeurs, en supprimant leur agrégation spéciale. Parents et élèves ont été alors amenés à penser qu'une étude réduite à de si minces proportions était inutile ; les classes de philosophie ont été désertées à tel point qu'on a pu compter que, pendant dix années mille élèves sortaient par an de nos lycées sans aucune notion scientifique de l'âme, de ses facultés, du libre arbitre, du devoir et de l'existence de Dieu. C'est, en dix ans, une élite de dix mille jeunes gens qui, à leur entrée dans la

vie, se sont trouvés sans idées philosophiques, sans arguments éprouvés, sans connaissances sérieuses, par conséquent sans armes, en présence de doctrines négatives qui
éblouissaient leur esprit en se montrant à eux comme les
suites nécessaires des conquêtes et de la science. Comment
s'étonner que quelques-uns aient été au premier choc
vaincus et subjugués; que, dans un enseignement tout spécial, comme celui de la médecine, d'autres, occupés tout
entier à la découverte du *comment*, en soient venus à nier
que l'homme doive rechercher le *pourquoi* des choses et
puisse arriver jamais à le connaître. La véritable cause du
progrès des doctrines négatives dans une partie de la jeunesse a donc été l'amoindrissement de l'enseignement philosophique dans nos lycées.

« Aussi, dès que l'administration actuelle de l'instruction
publique eut rendu à la philosophie son rôle dans notre
enseignement, sa place dans nos examens et dans nos concours, la jeunesse revint à ces études restaurées. Les classes
de philosophie se repeuplèrent. Elles ont des vétérans
qu'elles ne connaissaient pas, et l'épreuve la mieux réussie
à l'examen du baccalauréat ès lettres devient peu à peu la
dissertation de philosophie.

« Cette renaissance, car on peut l'appeler ainsi, s'est
fait sentir jusque dans les concours de l'Académie des
sciences morales et politiques. Les mémoires des concur-
rents croissent en nombre et en qualité tant littéraire que
scientifique. Il y a trois mois, l'Académie a décerné un
grand prix de cinq mille francs à un jeune professeur de
philosophie du lycée de Bordeaux pour un très-beau et très-
profond mémoire sur les *Idées de Platon*.

« On pourrait citer encore d'excellents livres récemment
couronnés par l'Académie française, et qui attestent l'efficacité particulière des doctrines spiritualistes, aussi bien
que l'élan qui leur a été imprimé par le rétablissement,

ou plutôt par l'heureuse et très-opportune réhabilita-
tion des études philosophiques dans l'enseignement secondaire. "

Messieurs, cette lettre porte en elle un sérieux enseignement. Elle montre avec une grande évidence que les
études philosophiques de nos lycées sont le meilleur
remède au matérialisme.

Et, en effet, si vous voulez bien réfléchir que l'âge moyen
des docteurs est de vingt-sept à vingt-huit ans, vous verrez
que ceux qui ont pris ce grade dans les dernières années
n'avaient pas eu cet enseignement salutaire et fortifiant
que leurs successeurs auront reçu, et vous en conclurez
que c'est à l'absence momentanée d'un sérieux enseignement philosophique qu'il faut peut-être attribuer les doctrines lamentables contenues dans quelques thèses apportées ici.

Messieurs, je vous ai montré quel est l'esprit de l'enseignement dans les lycées, est-il différent dans les Facultés?

Nous avons quatre-vingt-huit établissements d'enseignement supérieur, et nous y comptons sept cents professeurs
dont les cours sont publics, ouverts par conséquent à
tout le monde, et où tout le monde est venu. Du moins
ces professeurs, depuis quelque temps, ont vu arriver à
leurs leçons des élèves qu'ils ne connaissaient pas. Je
m'explique : ·

Le 6 juin 1867, le cardinal Caterini a adressé à tous les
évêques de la catholicité une lettre dans laquelle il les prie
de répondre à dix-sept questions qui leur sont posées et
d'y répondre dans les quatre mois.

Je ne parlerai pas de la troisième question qui demande
qu'on recherche les moyens d'arrêter les déplorables effets
« de ce qu'on appelle le mariage civil. »

Mais il ne sera pas sans intérêt de vous lire l'article 6

qui me semble avoir un rapport direct avec la discussion présente. Le voici :

« Art. 6. Il est souverainement regrettable que les écoles populaires ouvertes à tous les enfants, de toutes les classes du peuple, ainsi que les institutions publiques destinées à l'enseignement plus élevé des lettres et des siences et à l'éducation de la jeunesse soient généralement soustraites en beaucoup de lieux à l'autorité modératrice de l'Église, à son action et à son influence ; qu'elles demeurent absolument soumises à l'arbitraire de l'autorité civile et politique, au bon plaisir de ceux qui gouvernent et que tout s'y règle d'après les opinions communément reçues de nos jours. Que pourrait-on faire pour apporter un remède convenable à un si grand mal et assurer aux fidèles du Christ les secours d'une éducation catholique ? »

Messieurs, les mots latins qui expriment l'action et l'influence regrettées sont : *Vis et influxus.* Cela signifie, je crois, quelque chose qui ressemblerait beaucoup à la force coërcitive. Mais je ne veux, Messieurs, qu'appeler votre attention sur la date de ce document et sur celle de deux autres.

Le 6 juin, l'ordre a été signé à Rome. C'est le 17 juin que la pétition qui vous occupe a été mise en circulation. C'est le 16 novembre, à peu près dans les délais prescrits que s'est produite la première attaque contre une partie de l'enseignement, et vous savez avec quelle violence. Vous avez maintenant, Messieurs, l'explication de la croisade, sans cela incompréhensible, qui, commencée il y a six mois arrive, ou arrivera, j'espère, à son terme aujourd'hui devant vous.

Mais, pour être en état de répondre aux ordres donnés, il a fallu faire une enquête ; alors a été organisé pour tous les cours publics un vaste système... d'audition (*Sourires.*)

Qu'est-ce que cela a produit ?

Nos professeurs ne savaient rien des ordres donnés; ont-ils été pris en flagrant délit d'immoralité, d'athéisme? Non, Messieurs. Cependant un grand corps est toujours exposé de la part de quelques-uns de ses membres à l'oubli du devoir, à des défaillances.

L'Université n'a pas la prétention d'être placée en dehors des conditions de l'humanité; mais y a-t-il beaucoup de corps qui en soient affranchis, et si nous pouvions tout entendre, n'aurions-nous pas aussi peut-être bien des notes à prendre?

S. EM. MGR. LE CARDINAL DE BONNECHOSE. Prenez-les.

S. EXC. M. LE MINISTRE. Je n'ai pas entendu l'interruption.

S. EM. LE CARDINAL DE BONNECHOSE. Vous venez de dire, Monsieur le Ministre : nous aurions bien des notes à prendre; je vous réponds : prenez vos notes.

M. LE MINISTRE DE L'INSTRUCTION PUBLIQUE. Oui, Messieurs, nous pourrions avoir bien des notes à prendre. Un professeur de droit d'une Faculté de province me disait dernièrement que, dans les examens, on pouvait souvent reconnaître deux courants parmi les candidats : ceux qui sont élevés dans l'amour du pays, de ses lois de ses institutions, et ceux qui ne sont pas élevés dans cet esprit-là. (*Mouvement.*)

S. EM. LE CARDINAL DE BONNECHOSE. Je nie le fait.

M. LE MINISTRE DE L'INSTRUCTION PUBLIQUE. J'ai dit de MM. nos professeurs, qu'on n'avait rien pu leur reprocher, et que cela ne m'étonne pas. Quel est le rôle, en effet, du professeur de Faculté dans une chaire de philosophie? De continuer l'enseignement du lycée en le fortifiant et l'élevant. Ce sont d'autres questions, des méthodes plus sévères, mais c'est le même esprit.

Aussi voyez-vous que les chaires de philosophie, dans nos Facultés, sont occupées par les défenseurs les plus actifs du spiritualisme. Je n'aurais qu'à vous nommer, à Paris, MM. Caro, Franck, Janet, Levêque, etc.

Un de nos professeurs a entrepris un curieux travail : il a fait une révision de toutes les thèses qui ont été passées devant les Facultés des lettres depuis 1808, et va en publier le résumé.

J'ai voulu savoir quelle impression résultait pour lui de cette étude de près de neuf cents thèses.

Voici sa réponse ; elle est du 21 mai :

« Monsieur le Ministre, sachant que je viens de faire une revue complète des thèses de doctorat présentées de 1810 à 1868 aux diverses Facultés des lettres de France, vous avez bien voulu me demander l'impression qui est résultée pour moi, sous le rapport des doctrines philosophiques, de cette longue et attentive étude.

« J'ai l'honneur de vous transmettre les conclusions suivantes, dont je puis garantir l'exactitude...

« Si l'on examine les thèses soutenues de 1810 à 1830, on reconnaît que jusqu'en 1816 l'influence de Condillac est encore puissante, surtout dans la grande question de cette école : l'origine des idées. A partir de 1820, les doctrines spiritualistes remises en honneur par Royèr-Collard, Maine de Biran et M. Cousin règnent sans partage. Les sujets les plus habituels, dès 1810, sont les suivants : De l'existence de Dieu. — Des conséquences fatales de l'athéisme. — De la liberté morale. — De la distinction du bien et du mal. — Réfutation du principe de l'intérêt comme base de la morale. — Condamnation du suicide et du duel. — Des devoirs de l'homme. — De la nature des idées. Et depuis 1820 : Réfutation des systèmes de Locke, Condillac, Helvétius. — De la spiritualité et de l'immortalité de l'âme.

Dans la période qui commence vers 1830, paraît, a un degré bien plus frappant et plus original, le triomphe du spiritualisme, les grands noms de la philosophie ancienne

et moderne, les plus illustres Pères de l'Église, les scolas-
tiques les plus célèbres, se trouvent, et quelques-uns plus
d'une fois, dans cette liste si variée et si riche ; les questions les plus graves de la morale, de la théodicée, de la
métaphysique, y sont discutées et approfondies. Mais qu'il
s'agisse de réfuter le scepticisme frivole des sophistes ou le
scepticisme profond d'Œnésidème, d'Agrippa, de Bayle,
de Kant, de combattre le panthéisme de l'école d'Élide, des
Alexandrins, de Spinosa ou de Hégel, le matérialisme de
Démocrite, d'Epicure, de Hobbes, de Gassendi, ou de juger
les doctrines de Platon, d'Aristote, de saint Augustin, de
saint Bernard, de saint Thomas, de Descartes, de Bossuet,
de Leibnitz, c'est toujours le même esprit qui anime et
dirige la critique. Nous ne craignons pas de l'affirmer,
dans aucune de ces thèses, sans exception, on ne trouverait
la trace des erreurs contemporaines ; on y puiserait, au
contraire, les arguments les plus forts en faveur des doctrines spiritualistes et vraiment sociales ; ce vaste arsenal
renferme des armes contre tous les sophismes les plus
dangereux du passé et du présent. »

J'ajoute, en finissant, que les auteurs de ces travaux
occupent toutes les chaires de nos Facultés et une grande
partie de celles de nos lycées.

M. DE CHABRIER. Je demanderai à M. le Ministre la
permission de dire que le professeur qui a écrit cette lettre
a oublié celui qui a inauguré l'enseignement spiritualiste
de la philosophie, c'est Laromiguière, M. le Ministre le
sait.

S. EXC. M. LE MINISTRE DE L'INSTRUCTION PUBLIQUE.
Voilà, Messieurs, l'immense travail, l'œuvre persévérante
de propagande morale à laquelle se livre incessamment
cette Université tant calomniée, ce grand corps créé par
le génie de Napoléon, qui élève les enfants en vue de la
société dans laquelle ils doivent vivre un jour.

Un des nobles vétérans de cette assemblée le disait en 1844 dans un éloquent discours : « Le plus grand bienfait de l'éducation publique, telle que l'Etat la donne, c'est d'être élevé dans l'amour du pays, de ses institutions, de ses droits. »

Ce qui était vrai quand M. Lebrun prononçait ces paroles dont je le remercie au nom de l'Université, l'est encore aujourd'hui.

Aussi, malgré ses détracteurs, l'Université s'est perpétuée, parce qu'avec ses membres, fonctionnaires publics et pères de famille, elle est à la fois l'Etat et la société enseignante, parce qu'elle a aussi fidèlement rempli la mission que lui avait confiée son fondateur, d'être « la conservatrice de l'Université française et de toutes les idées libérales proclamées par toutes les constitutions. » « La société, répétait souvent Napoléon, est en poussière, » et il jetait au milieu du désordre des éléments ses grandes institutions, comme des blocs de granit qui devaient servir de base assurée à la société nouvelle.

L'Université, Messieurs, a été un de ces rocs, et contre elle se briseront encore bien des colères. (*Marques d'approbation.*)

J'ai essayé de vous montrer, Messieurs, que le spiritualisme est la raison d'être de l'Université, qu'il se trouve dans ses lycées, qu'il est dans ses Facultés, c'est-à-dire dans l'enseignement supérieur.

J'ajoute que le matérialisme dont on vous représente l'envahissement est, au contraire, en retraite sur tous les points.

Cette affirmation paraîtra paradoxale à ceux qui ne veulent prendre qu'un petit nombre de faits, et qui, les généralisant aussitôt, arrivent à des conclusions qu'une étude très patiente oblige de renverser. (*Marques d'assentiment.*) Cette étude patiente, j'ai demandé à un homme très-compétent de la faire, et je ne l'ai pas demandée pour les besoins de la cause présente. Il y a deux ans que M. Ravaisson, membre de l'Institut, inspecteur général de l'enseignement supérieur, étudie toutes les publications philosophiques du dix-neuvième siècle, en joignant à cette étude un examen des théories scientifiques, dans le but de rédiger un rapport publié sous son nom, par conséquent sous sa responsabilité, et qui puisse être présenté à l'Empereur.

Ce rapport, Messieurs, il a paru il y a quinze jours. Voici quelques lignes qui en contiennent la conclusion.

« Le résultat général auquel je suis arrivé est que les opinions philosophiques, dans notre pays, accusent une tendance de plus en plus prononcée vers le spiritualisme, et vers un spiritualisme plus fortement établi et plus capable de triompher à l'avenir des attaques du matérialisme que celui qui a régné jusqu'ici parmi nous.

« Les théoriciens contemporains qui entreprenaient de donner de la nature, une fois de plus, des explications toutes matérialistes, se sont vus peu à peu obligés, par cela même qu'ils la considéraient de plus près et plus à fond que leurs devanciers, de reconnaître, en dépit de leurs propres maximes, que, pour rendre compte des choses, il fallait, outre les éléments corporels et sensibles, quelque principe supérieur d'harmonie et d'unité, tel que celui que trouve en soi l'âme humaine, tel même, en dernière analyse, que celui dont l'âme n'est qu'une imparfaite image.

« On ne voit presque plus de nos jours, du moins dans notre pays et chez les penseurs de quelque autorité, cet ancien matérialisme qui expliquait tout par des chocs réciproques de corps bruts, par un mécanisme absolument aveugle et passif.

« Les systèmes récents qui participent encore de cette

doctrine d'autrefois admettent tous, quoique dans des proportions différentes, l'élément supérieur qu'elle prétendait exclure. L'intellectuel et le moral s'y mêlent plus ou moins au matériel. Ce n'est pas tout, ils tendent de plus en plus à y prévaloir.

« Des différents auteurs de ces systèmes, on peut dire que les plus récents sont ceux qui mêlent à leur matérialisme le plus de spiritualisme. Et si, au lieu de considérer en bloc la doctrine de chacun d'eux, on examine la suite des différents ouvrages dans lesquels ils l'ont successivement développée, on s'assure bientôt que chez tous le matérialisme, après l'avoir emporté plus ou moins sur le spiritualisme, a toujours été en diminuant, et le spiritualisme en augmentant.

« L'un des plus considérables parmi nos savants, un physiologiste qu'ont illustré des découvertes capitales, a dit tout dernièrement, comme l'avaient dit tous les métaphysiciens de premier ordre : la matière ne fournit que des conditions d'existence et des instruments d'action ; les vraies causes, les vrais principes sont tout autres. Et il a ajouté : Le matérialisme est une doctrine absurde et vide de sens. Des recherches et des méditations de la plupart de ceux dont les travaux attestent une connaissance profonde des phénomènes de la vie, on voit se dégager aujourd'hui des pensées toutes semblables.

« Dans la patrie de Descartes, dans ce pays où se constitua d'abord aux temps modernes la haute philosophie, celle qui cherche les raisons des choses dans l'absolue raison, celle qui explique le monde par la pensée et par l'amour, par la beauté et la bonté essentielles, cette philosophie, en ce moment même, en ce moment surtout, inspire, anime, alimente le grand mouvement scientifique et social qui la dérobe à des regards peu attentifs. Loin que le matérialisme soit aujourd'hui en progrès parmi nous, de la science de notre temps comme de l'univers dont elle pénètre tous les jours plus profondément les secrets, il est vrai de dire, selon la pensée inscrite en tête du travail dont vous me demandez le résumé : *Spiritus intus alit.*

« FÉLIX RAVAISSON. »

Messieurs, après la lettre dont vous venez d'entendre la lecture, je ne veux plus vous dire qu'un mot de ce matérialisme que j'ai inutilement cherché dans nos quatre-vingts lycées et nos deux cent soixante collèges, dans nos quatre-vingt-huit établissements d'enseignement supérieurs mais que l'on concentre à l'École de médecine.

On nous accuse, me disait un professeur, au moment où l'accusation est le moins fondée. L'école, en effet, Messieurs, devient de jour en jour une école plus scientifique. Or, le matérialisme n'a rien de scientifique; c'est une affirmation, ce n'est pas une démonstration. Il n'est donc pas possible qu'il domine au milieu de maîtres qui se donnent la mission de faire avancer la science par les seuls moyens qui peuvent procurer son progrès.

La médecine qui doit être enseignée à l'École est une branche des sciences naturelles et demeure soumise à leurs méthodes.

Messieurs, la science du médecin se compose de deux choses : comme l'homme même, elle est double. A l'École, il en prend une part, la pratique lui donne l'autre.

Quel est, en effet, le but de l'étude à l'École? est-ce de philosopher? non, mais de regarder dans cet organisme au sein duquel se passent des phénomènes dont il faut rechercher les causes prochaines.

Plus tard, au lit du malade, le médecin voit l'action du moral sur le physique. Il apprend alors qu'il lui faut compter avec l'hôte impérieux du corps pour remettre l'ordre, c'est-à-dire la santé dans l'organisme troublé. Ainsi en arrive-t-il dans les maladies nerveuses, dans les maladies mentales, et mille autres encore, où le médecin apprend que c'est avec son esprit autant qu'avec les remèdes qu'il peut guérir.

Que dans le laboratoire de chimie et les cabinets de dissection, il se trouve quelques disciples de Broussais, c'est possible, mais il ne serait pas juste de juger les élèves de l'école de médecine d'après quelques écarts particuliers.

Vous en avez trouvé quatre, cinq, six qui vous semblent coupables; mais quand le choléra est venu, ils sont allés à l'ennemi; trois cents sont partis, quelques-uns sont restés sur le champ de bataille. Vous voyez donc qu'à côté de la témérité de l'esprit chez quelques-uns, il y a chez un grand nombre les audaces généreuses du cœur.

Et, Messieurs, si de l'Université je passe à la société elle-même, est-ce que vous n'êtes pas frappés, comme moi, de son caractère profondément chrétien? Quand donc a-t-on vu une préoccupation plus ardente des pauvres, des déshérités, de ceux pour qui le Christ est venu au monde? C'est l'esprit même du Gouvernement impérial; et quand, l'an dernier, le jury international de l'Exposition, comme par une sorte de jugement des nations, offrait à l'Empereur la plus belle de ses récompenses, quelles paroles y ajoutait-il? « Au souverain constamment préoccupé de l'amélioration morale et matérielle de son peuple! »

Ne jetez donc pas tant de voiles funèbres sur cette société. Nous valons mieux que nos pères, et nos enfants vaudront mieux que nous.

J'arrive à la question de la liberté de l'enseignement supérieur.

Le Gouvernement n'a pas attendu les demandes qui lui sont présentées pour entrer à cet égard dans une voie libérale. Animé dans l'ordre scolaire des mêmes tendances que dans l'ordre politique, il a déjà favorisé l'organisation d'un enseignement libre. De plus, il se livre à des études relatives aux modifications que pourrait comporter, à ce point de vue, la législation de l'enseignement supérieur.

A côté de l'enseignement supérieur officiel, l'administration a laissé s'établir, dans ces dernières années, un enseignement libre représenté par un grand nombre de cours scientifiques et littéraires.

En face de l'École de médecine, l'administration facilite depuis longtemps à l'école pratique l'établissement de cours, dans lesquels trente médecins viennent se livrer à un enseignement parfaitement libre. Dans les hôpitaux de l'assistance publique, c'est encore vingt-cinq ou trente médecins qui donnent un enseignement excellent, et pour lequel il n'y a pas même à demander l'autorisation du Ministre de l'instruction publique. Voilà pour la médecine. Pour les autres branches des connaissances humaines, à côté de la Sorbonne, on voit se fonder en quelque sorte une faculté libre. Déjà douze professeurs de hautes mathématiques, de langues orientales, des sciences les plus diverses sont autorisés à ouvrir des cours annexes. L'État leur vient en aide en leur prêtant les locaux.

Faut-il faire un pas de plus et aller jusqu'à la liberté même de l'enseignement supérieur? Messieurs, l'Université est parfaitement prête pour cette concurrence; elle l'accepterait très-volontiers. (*Écoutez! écoutez!*)

Mais il est indispensable que tout soit en harmonie dans la législation d'un grand pays. On vient de vous donner lecture tout à l'heure du rapport relatif à la loi sur les réunions publiques, et vous savez qu'un des articles de cette loi exclut du droit qu'elle établit les réunions politiques et religieuses.

Or, l'enseignement supérieur comprend toutes les matières sur lesquelles l'homme peut discuter. Dans les Facultés de théologie, le dogme; dans les Facultés des lettres, tous les problèmes de la philosophie, de l'économie sociale et de l'histoire; dans les Facultés de droit, les lois mêmes du pays, et la loi des lois, cette constitution que ne peut critiquer même un élu du suffrage universel, un membre du Corps législatif. Donnez la liberté de l'enseignement supérieur, aussitôt vont s'élever des chaires où l'on discutera le droit constitutionnel, les religions et un grand nombre d'autres questions mêlées à la politique.

Je dis, Messieurs, qu'il ne vous est pas possible de déroger par une loi scolaire à une loi politique; il n'est pas possible que d'une main vous écriviez la liberté de l'enseignement supérieur, et que de l'autre vous mainteniez l'article 1er de la loi sur le droit de réunion, qui interdit toutes discussions politiques et religieuses, car en écrivant une de ces lois, vous effacez nécessairement l'autre.

Mais, Messieurs, cette contradiction n'est pas à craindre dans l'ordre des sciences qui sont enseignées à l'École de médecine. Aussi, l'administration continue-t-elle de s'occuper de la préparation d'un projet de loi déjà avancé sur l'enseignement médical, et elle croit pouvoir, même en présence de la loi sur le droit de réunion, chercher la solution du problème dans le sens de la liberté. Cette loi était demandée dès 1811; elle a été votée par les députés en 1825, par les pairs en 1847. L'administration l'a reprise depuis deux ans; des enquêtes de toutes sortes se font.

La question est délicate; il a fallu étudier, et il faut étudier encore non-seulement ce qui est demandé pour les écoles de médecine en France, mais aussi ce qui se fait à l'étranger, et à ce propos, je vous dirai, Messieurs, que de l'étranger nous reviennent des leçons un peu différentes de celles qu'on apporte ici. En ce moment, l'Angleterre songe, par une dérogation singulière à ses habitudes traditionnelles, à ce qui fait le fond de son esprit et de ses mœurs, à constituer un ministère de l'instruction publique, et cela, au moment même où on demande à le supprimer chez nous. (*Réclamations diverses.*)

Pardon, messieurs, je pourrais citer des personnes considérables qui ont demandé la suppression du ministère de l'instruction publique. Il est vrai qu'on voulait bien plutôt, probablement, supprimer le ministre. (*On rit.*)

En Belgique, le système des jurys mixtes, que Mgr de Bonnechose voudrait introduire parmi nous, a soulevé de nombreuses réclamations. Dans l'exposé des motifs, qui précédait un projet de loi présenté aux chambres belges en 1864, il est dit que ce système n'est que transitoire, qu'il a besoin d'être essayé encore avant d'être rendu définitif. D'autre part, dans un rapport émané de l'université de Gand, on attribue à ce système des jurys mixtes l'abaissement du niveau des examens, et par conséquent des études. Ne nous hâtons donc pas d'invoquer l'exemple de l'étranger.

Messieurs, dans quelles dispositions se trouve le Gouvernement? Il s'oppose à la liberté générale de l'enseignement supérieur, parce qu'elle serait en contradiction avec la loi sur le droit de réunion qui est pendante devant vous, parce que cette liberté de l'enseignement supérieur entraînerait les abus que vous voulez prévenir par la loi de réunion ; mais le Gouvernement, sur la question spéciale de l'enseignement de la médecine, a, depuis deux années, des travaux très-considérables, des études déjà avancées, et il est bien possible que dans un avenir prochain une loi de cette nature soit présentée.

Cela dit, Messieurs, je nai plus qu'à vous demander, au nom du Gouvernement, de vouloir bien adopter les conclusions de votre commission ; attendu que les faits cités n'ont pas l'importance qu'on leur attribue, que les allégations du pétitionnaire ont été trouvées fausses et calomnieuses de tous points; attendu que l'administration est parfaitement résolue à accomplir son devoir, qu'elle est armée des pouvoirs nécessaires pour que cet office soit rempli, pour qu'aucun écart ne soit commis sans être à l'instant réprimé; enfin, et cela vaut encore mieux, parce que les professeurs eux-mêmes, d'accord avec l'administration, reconnaissent que chacun d'eux doit se renfermer rigoureusement dans le cercle de l'enseignement qui lui est tracé par le titre même de sa chaire.

Par tous ces motifs, je ne pense pas qu'il y ait lieu pour le Sénat de renvoyer une pétition que je n'ai plus à qualifier. (*Mouvement d'approbation.*)

S. ÉM. LE CARDINAL MATHIEU. Je demande la parole pour un fait personnel.

UN GRAND NOMBRE DE SÉNATEURS. La clôture! la clôture!

S. ÉM. LE CARDINAL MATHIEU. Je demande alors à parler contre la clôture.

M. LE PRÉSIDENT. Mais il n'y a pas eu de fait personnel.

S. ÉM. LE CARDINAL MATHIEU. Monsieur le Président, permettez-moi de vous dire que M. le Ministre, dans le discours qu'il vient de faire, a parlé de moi; il a dit que j'avais hier accusé toute l'Université : je regarde cette parole de M. le Ministre comme une accusation personnelle.

M. LE PRÉSIDENT. Je n'avais pas entendu; vous avez la parole.

M. LE BARON DUPIN. Monseigneur, montez à la tribune, (*Non! non! — Si! si!*)

M. LE MINISTRE DE L'INSTRUCTION PUBLIQUE. Si j'ai

mal compris vos paroles, Monseigneur, je retire les miennes à l'instant même.

S. ÉM. LE CARDINAL MATHIEU. Permettez, monsieur le ministre, j'ai abordé hier la question du discours de M. Sainte-Beuve auquel il me semble que jusqu'ici on n'a pas répondu.

M. LE PRÉSIDENT. Monseigneur, je ne vois pas dans tout cela de fait personnel. Vous n'avez la parole que pour un fait personnel. Si vous voulez répondre au discours de M. Sainte-Beuve, il faut attendre votre tour d'inscription, cela serait à Mgr de Paris.

S. ÉM. LE CARDINAL MATHIEU. Le fait personnel consiste en ce que M. le ministre a dit que j'accusais toute l'Université. Mon intention n'était pas du tout d'accuser toute l'Université, mais seulement de montrer sur quoi était fondé ce que disait M. Sainte-Beuve de la diffusion de son diocèse... (*Sourires.*) Mais pour cela il me faudrait quelque temps.

VOIX DIVERSES. Parlez! parlez! — Non, c'est à Mgr de Paris de parler!

S. ÉM. LE CARDINAL MATHIEU. Je ne cherche pas à m'imposer au Sénat. Il me connaît assez pour savoir que je suis tout à fait sincère. Je dis donc que, l'accusation étant portée, il fallait que je pusse m'expliquer; et je ne pourrais le faire qu'autant qu'on m'accorderait du temps; dans le cas contraire, je descends immédiatement de cette tribune.

VOIX DIVERSES. La parole est à Mgr de Paris.

S. G. MGR DARBOY. Si la discussion continue, je réclame mon tour de parole.

S. ÉM. LE CARDINAL MATHIEU. J'ai parlé contre la clôture. Si l'on veut entendre Mgr de Paris, je lui cède la tribune.

VOIX DIVERSES. A lundi! à lundi! — La clôture?

M. LE PRÉSIDENT. La parole est à Mgr l'archevêque de Paris.

S. G. MGR DARBOY. Messieurs les sénateurs, au point où la discussion en est arrivée, il est facile, je crois, de la résumer en peu de mots et peut-être de la résoudre. La pétition soumise'à votre examen, le rapport de votre commission, les discours que nous avons entendus provoquent trois questions.

Premièrement, il s'agit de savoir si, en fait, certaines Facultés, et notamment la Faculté de médecine de Paris, enseignent, à un degré quelconque, le matérialisme. (*C'est cela! très-bien!*) Deuxièmement, en cas d'affirmative, si, d'après les principes et le droit, une telle direction peut être donnée ou laissée aux études en général, et aux études médicales en particulier, et, troisièmement, quelle conclusion pratique il y a lieu de donner à la pétition qui vous occupe... (*Assentiment.*)

En premier lieu, la question de fait : Est-il vrai que, dans une certaine mesure, l'enseignement supérieur, certaines Facultés, si vous voulez, pour employer les termes de la pétition, et notamment la Faculté de médecine de Paris, enseignent le matérialisme à un degré quelconque.

Des accusations ont été apportées ici, elles ont été soutenues ; le Gouvernement, hier et aujourd'hui, a apporté des rectifications, des explications, des renseignements d'après lesquels le Sénat peut former sa conviction. Je ne veux pas entrer dans l'examen des détails ; il me semble que, sur ce point, la conscience de chacun de nous peut être éclairée. Je dirai loyalement ce qu'il y a dans la mienne, et je crois que l'impression que je subis est un peu celle du Sénat.

Il est difficile d'admettre qu'il n'y ait pas, à quelque degré, un enseignement du matérialisme dans la Faculté de Paris. (*Oui! oui!*) En assigner la dose, cela m'est impossible, c'est impossible à bien d'autres qu'à moi, même à ceux qui en sont très-convaincus, et voici pourquoi : Il faudrait une enquête juridique, pour ainsi dire, il faudrait mettre d'honorables jeunes gens en demeure de venir dénoncer leurs professeurs; il faudrait articuler des faits qui pourraient être, non pas peut-être contredits directement et efficacement, mais enfin discutés et présentés d'une autre manière ; il faudrait citer des paroles souvent improvisées, à cause de cela un peu vagues, et dont on peut dire, de part et d'autre, qu'elles rendent ou ne rendent pas la pensée du professeur.

Bien plus, on comprend que beaucoup d'hommes ne se prêtent pas aisément à ce genre d'enquête, refusent des témoignages que la loi ne peut pas exiger d'eux, et se dérobent, par une certaine dignité de caractère, à cette déposition et à ces débats où il s'agirait de les engager.

Je ne crois donc pas facile d'arriver à une constatation matérielle et pour ainsi dire juridique de l'enseignement du matérialisme.

Mais je garde cette impression que plusieurs des assertions incriminées ont été, soit prononcées, soit écrites, et que les systèmes erronés de certains professeurs ont pénétré dans leur enseignement.

Je ne veux pas, à l'heure où nous sommes et après ce qui s'est dit, rentrer dans le détail des faits ; je ferai seulement allusion à quelques-uns de ceux qu'on a cités. On a parlé d'un ouvrage publié par un homme devenu ensuite professeur ; ce que je puis dire, c'est que, lorsqu'un homme a écrit un livre, il doit apporter dans sa chaire les convictions qu'il a mises dans ce livre, surtout si, comme on l'a dit hier avec raison, c'est un galant homme. (*Très-bien! très-bien!*)

Il sert peu d'observer que la publication s'est faite avant sa nomination au professorat. Ce n'est pas en montant dans sa chaire qu'il a pu changer de conviction, et il est naturel de croire qu'il fait passer dans ses paroles quelque chose des sentiments qu'il a dans son cœur. Tout à l'heure j'examinerai, si le cours de mes pensées m'y ramène et si l'heure le permet, jusqu'à quel point il est possible que la médecine se tienne en dehors d'un enseignement psychologique et moral, s'enferme dans un laboratoire de chimie ou bien dans un cabinet d'anatomie, et échappe à la philosophie et à certaines affirmations doctrinales.

En attendant, je maintiens que ce fait de livres empreints de matérialisme et écrits par des hommes devenus ensuite professeurs, que plusieurs textes ou fragments de leçons que l'on a cités, ou qu'on peut citer, ces scènes de matérialisme à l'École de médecine, cette mise en demeure adressée à un député par un certain nombre d'élèves, une notoriété publique que personne ne peut contester, tout cela démontre, me parait démontrer qu'il y a trace d'un enseignement matérialiste dans certaines Facultés, et notamment dans la Faculté de médecine de Paris.

Une preuve d'un autre ordre m'est fournie par ce que vient de dire avec raison M. le Ministre. M. le Ministre a dit, et je lui en rends grâces, qu'il avait sévi contre les propagateurs du matérialisme et qu'il avait pris des mesures considérables à l'égard des hardiesses qui se sont produites. Il a certainement agi dans ces occasions, je le reconnais, avec vigueur et avec énergie. Aucun ministre depuis soixante ans, je crois, n'a mis plus de fermeté dans cette utile répression.

Il a licencié l'École normale; il a puni les élèves du congrès de Liége, il a réprimandé un professeur de l'École de médecine, il a annulé une thèse. Mais la réaction donne précisément la mesure de l'action ; plus on réagit contre le mal, plus on donne à penser que le mal est grand, et peut-être que si les prédécesseurs du Ministre ne faisaient rien, c'est que le mal n'était pas aussi sensible. Quoi qu'il en soit, et c'est tout ce qu'il m'est nécessaire de constater, puisque la répression se montre, c'est que le mal existe. Une autre preuve de l'existence de la vitalité, du développement, si l'on veut, du matérialisme, ce sont les paroles que S. Em. Mgr le cardinal de Besançon voulait rectifier tout à l'heure.

Dans le discours que vous avez entendu, il y a trois jours, on nous a parlé d'un diocèse assez étendu. Or, plus il est étendu, comme il s'agit de libres penseurs, plus est forte la preuve de la diffusion des doctrines que nous voulons combattre. Et ensuite, comme d'après la théorie de l'orateur, il ne peut entrer dans ce diocèse que des gens d'esprit (*On rit.*), et que les médecins, et particulièrement les professeurs de l'École de médecine, ont de l'esprit, je me persuade qu'il y en a quelques-uns dans ce diocèse avantagé. (*Hilarité générale.*)

Je pense donc que les explications qui nous ont été présentées comme pouvant atténuer nos craintes et corriger notre opinion inquiétée ne sont pas concluantes, et sans rien vouloir exagérer, dans la loyauté de mon âme, je déclare croire qu'il y a des tendances matérialistes dans l'enseignement.

QUELQUES VOIX. Très-bien ! très-bien !

S. G. MGR DARBOY. Je ne dois pas insister là-dessus, quoique ce soit le fond même de la question. Mais le Sénat est saisi de toutes les preuves qu'il a été possible de lui fournir et si complètement que je ne ferais qu'un travail superflu en prolongeant la discussion sur ce point.

J'examine donc en second lieu ce qu'il faut penser, soit au point de vue des principes, soit au point de vue du droit, de tendances pareilles. Le professeur de matérialisme va contre la loi, contre la science, contre la société. Il n'a pas le droit de monter dans une chaire pour enseigner de telles erreurs.

Il est délégué de l'État et de la famille.

L'éducation des enfants, de droit naturel, appartient au père de famille. Ce qu'il prétend léguer à ses fils, c'est sa fortune sans doute, le fruit de son travail et de ses sueurs, mais c'est encore plus, son nom respecté. (*Très-bien!*) C'est quelque chose de plus encore, c'est son esprit, son cœur, son caractère moral. (*Nouvelle et vive approbation.*)

Mais l'éducation appartient aussi, à quelque degré, à l'État. Il ne peut être indifférent à la direction qu'on donne aux intelligences et à l'activité des individus; il doit veiller à ce que la morale et la société soient respectées, et à ce que l'éducation soit et reste nationale. (*Mouvement très-marqué d'adhésion.*) Non, il ne peut pas se désintéresser de ces choses; je n'admets pas qu'il n'ait rien à voir dans la direction intellectuelle et morale qu'on imprime à la jeunesse, et qu'il ne s'occupe pas de savoir si l'on élève les jeunes gens pour en faire des cosmopolites : on doit en faire, non des Anglais, des Suisses ou des Prussiens, mais des Français. (*Très-bien! très-bien! — Bravos et applaudissements.*)

Eh bien, délégué de l'État, le professeur n'a pas le droit d'attaquer des doctrines et des croyances que l'État protége et qu'il ne peut lui-même attaquer. Si l'État a des droits, ce ne peut être contre la morale et le bon sens, c'est pour le respect des consciences et de la moralité publique.

Délégué de la famille, il n'a que le pouvoir qu'elle lui donne; il n'a pas le droit d'arracher du cœur des jeunes gens les convictions et les sentiments qui font l'homme moral. De quel droit briser dans le cœur du fils ce que la mère y a mis d'honneur et de pureté? (*Sensation.*) Oui, de quel droit le placer par un enseignement funeste dans une situation morale telle que, selon les croyances de la noble et dévouée femme, son fils lui sera ravi pour jamais dans un autre monde ? (*Très-bien ! très-bien !*)

Ainsi, le professeur ne peut, sans aller contre les principes et le droit, enseigner le matérialisme, qui d'ailleurs serait la ruine de tout ce qui soutient la famille et l'État.

Il ne peut pas plus faire monter le matérialisme en chaire, sans aller aussi contre la science. Je ne veux pas insister ; mais tout le monde comprend que la science en général suppose des idées et des principes en opposition avec le matérialisme, que la science médicale en particulier est incompatible, quoi qu'on affirme, avec le matérialisme.

La négation des idées générales et des principes philosophiques et religieux ne peut autoriser des affirmations bien fortes, et la négation de notre nature spirituelle ne peut fonder une science médicale qui inspire beaucoup de confiance. On prétend nous traiter comme si nous n'avions qu'un corps ; mais on admettra bien, après tous les siècles, que nous avons une âme. En ce cas, la science médicale n'est pas seulement l'étude et la connaissance du corps, mais aussi l'étude et la connaissance de l'âme et de ses rapports avec lui. Il faut bien prendre l'homme tel qu'il se compose ; on ne le scinde pas, c'est une unité. Le lien qui unit l'âme au corps est même si étroit que tout se tient en nous, dans la santé et dans la maladie. Comment donc la médecine peut-elle prendre le matérialisme pour quelque chose de scientifique?

Mais ce n'est pas le temps ni le lieu d'insister. Le professeur de matérialisme va contre la société. Se figure-t-on ce que peut devenir une société où le matérialisme serait répandu dans le corps médical? Sans doute, les médecins ne sont pas tout le monde. Que quelques-uns soient matéria-

listes, cela n'attaque pas en apparence la société. Mais les
médecins sont partout. Ce sont des hommes considérables
par la culture de leur esprit, l'honorabilité de leur vie,
leur position sociale; ils sont quelquefois maires de leur
commune, conseillers d'arrondissement et conseillers généraux, et prennent ainsi dans le milieu où ils vivent une
situation prépondérante. Ils peuvent donc avec leur doctrine, quelle qu'elle soit, exercer une grande influence, et
par conséquent, il ne faut pas dire que c'est une chose in-
différente que d'avoir des médecins matérialistes.

Or, la société ne peut vivre avec le matérialisme. Il
n'y a que deux choses dans le monde : le droit et la force.
Le droit repose sur des principes et se défend par le respect. La force n'est qu'aveugle, elle a besoin elle-même
de relever d'une doctrine et d'avoir une consigne, et la
consigne exige du respect. Quoi qu'on fasse, tout se résume là, et il faut arriver à des doctrines et à des convictions morales. Si au contraire on n'en veut pas, alors tout
est en question, il n'y a plus que des intérêts et de la violence; la propriété n'est plus qu'une affaire convention-
nelle, si la société n'est portée pour ainsi dire que par des
théories discutables, admises aujourd'hui, pouvant fléchir
demain. Violence d'un ou de plusieurs, la contrainte matérielle doit remplacer la contrainte morale.

On a cité hier et l'autre jour le nom d'un homme qui
professait de telles doctrines et qui fut apprécié par un
autre homme que personne ne prend pour un esprit faible;
il s'agit de Lalande jugé par Napoléon Ier.

Permettez-moi de vous lire la lettre que l'Empereur
écrivit à M. de Champagny pour rappeler au ministre
comment il fallait qu'un homme supérieur se conduisît et
quelle espèce de rôle peuvent jouer dans la société les doctrines d'athéisme. La lettre est datée de Schœnbrunn, le
13 septembre 1805 :

« C'est avec un sentiment de douleur que j'apprends qu'un membre de l'Institut, célèbre par ses connaissances, mais tombé aujourd'hui en enfance... » — Il paraît qu'il n'était pas même du grand diocèse dont nous avons parlé tout à l'heure. (*On rit.*) ... « n'a pas la sagesse de se taire et cherche à faire parler de lui, tantôt par des annonces indignes de son ancienne réputation et du corps auquel il appartient, tantôt en professant hautement l'athéisme, principe destructeur de toute organisation sociale, qui ôte à l'homme toutes ses consolations et toutes ses espérances. Mon intention est que vous appeliez auprès de vous les présidents et les secrétaires de l'Institut, et que vous les chargiez de faire connaître à ce corps illustre, dont je m'honore de faire partie, qu'il ait à mander M. de Lalande et à lui enjoindre, au nom du corps, de ne plus rien imprimer, et de ne pas obscurcir dans ses vieux jours ce qu'il a fait dans ses jours de force pour obtenir l'estime des savants ; et, si ces invitations fraternelles étaient insuffisantes, je serais obligé de me rappeler aussi que mon premier devoir est d'empêcher que l'on empoisonne la morale de mon peuple, car l'athéisme est destructeur de toute morale, sinon dans les individus, du moins dans les nations. » (*Sensation.*)

J'insiste sur ces derniers mots : « Sinon dans l'individu, du moins dans les nations. » C'est vrai. Un homme peut échapper à ses principes, parce qu'un homme peut être inconséquent, mais les nations ne peuvent pas l'être. La logique les pousse et les entraîne. Ce qui fait qu'un homme peut être inconséquent, c'est que ses intérêts, ses caprices, des accidents d'un jour, le dérobent à ses principes ; mais un peuple tout entier ne peut avoir les mêmes caprices, au même jour, à la même heure, ni les mêmes intérêts, ni les mêmes passions. Il en résulte qu'il se tient debout par le poids de ses affirmations générales, de ses doctrines dominantes. et qu'il est précipité pour ainsi dire par une force mathématique dans les conséquences de ses principes. (*Très-bien! très-bien!*)

Si donc le matérialisme vient à entrer dans la société, il tient en échec toutes les forces sociales, il compromet l'ordre public et ouvre une ère de malheurs, de troubles, à la nation tout entière. (*Nouvelle approbation.*)

Oh, non! point de matérialisme, ni d'athéisme, ni de ces doctrines malsaines qu'on ne professe jamais en haut sans qu'elles deviennent bientôt le scandale et la corruption d'en bas, et une cause de ruine générale.

Je me hâte de terminer pour ne pas prolonger une discussion déjà bien longue et, à quelques égards, pénible. J'ai remarqué, du reste, que les faits étaient éclaircis dans la mesure de ce qui nous est possible. Je voudrais arriver à la conclusion pratique, à la suite que l'on pourrait, ce semble, donner à la pétition qui nous occupe.

Il y a deux conclusions possibles : il y a d'abord celle qu'a demandée le Gouvernement, l'ordre du jour. Prononcer l'ordre du jour, ce sera dire qu'il n'y a pas du tout de matérialisme dans l'enseignement. (*C'est vrai! Non! non!*) Il est impossible de ne pas voir cette conclusion au bout de l'ordre du jour.

M. LE COMTE DE SÉGUR-D'AGUESSEAU. C'est évident.

S. G. MGR DARBOY. Je veux bien qu'il y ait une atténuation et une explication de certains faits, mais il me semble qu'il est impossible qu'une assemblée aussi haute que celle-ci puisse consentir à être prise en quelque sorte pour dupe (*C'est cela!*) et à mettre sur ses yeux un bandeau. Il est impossible de prononcer le renvoi sans dire une de ces choses-ci : ou bien qu'il n'y a pas du tout de matérialisme dans l'enseignement (*Interruptions en sens divers.*); ou bien que le Ministre a fait tout ce qu'il pouvait faire et avec une efficacité complète qui nous rassure tous;

ou bien encore que le Sénat se désintéresse de la situation
(*Non* ! *non* !); non pas que le Sénat donne un bill d'indem-
nité aux prédicateurs de matérialisme, mais il semblerait
dire par cet ordre du jour que la situation n'est pas tellement grave qu'il y ait lieu de s'en occuper.

Comment! on a discuté ici deux ou trois heures, et à
plusieurs reprises, des pétitions relatives à des êtres privés de raison; on nous a fait entendre les hurlements des
animaux soumis à la vivisection; on a deux fois obtenu le
renvoi de ces pétitions, et nous ne pouvons pas demander
le renvoi d'une pétition qui intéresse les consciences,
qu'une foule d'honnêtes gens appuient de leurs vœux, ni
appeler l'attention sur un danger qui menace les jeunes
générations, et qui trouble les hommes de quarante à cinquante ans en leur créant une situation qu'ils ne peuvent
accepter! Je ne crois donc pas qu'il soit possible de prononcer l'ordre du jour, et j'insiste, puisque la situation
ne me paraît pas bien comprise. Il me semble que dans ce
moment-ci, où il y a tant de volontés fléchissantes, tant
d'intelligences dévoyées, de vérités amoindries, et des hé-
sitations de plus d'un genre, il y a lieu pour les hommes
qui veulent gouverner une nation et conserver leur valeur
politique, d'affirmer fortement et de poser au milieu d'un
peuple des principes salutaires auxquels il ne s'attachera
jamais trop.

Je ne crois pas qu'il soit plausible et politique de voter
l'ordre du jour. Je proposerai de voter le renvoi et avec
une division, si l'on veut : le renvoi au Ministre, pour qu'il
exerce, comme il a bien voulu en prendre l'engagement
tout à l'heure, une surveillance plus active, une répression plus efficace. Il a fait tout ce qu'il pouvait faire, mais
je crois que c'est le minimum de ce qu'on doit faire. Je demande qu'il fasse davantage. (*Mouvement.*)

En votant le renvoi au Ministre dans cet ordre d'idées,

le Sénat d'abord le remercie de ce qu'il a fait, l'encourage dans la lutte, et l'aide à maintenir ainsi la situation qu'il a prise.

M. DE CHABRIER. C'est cela même.

S. G. MGR DARBOY. Si donc il était possible d'accepter cette solution, je crois qu'elle serait agréable à beaucoup d'hommes dont la conscience est inquiète et serait troublée par le vote de l'ordre du jour pur et simple.

Y a-t-il lieu de proposer la liberté de l'enseignement supérieur? Permettez que j'en exprime mon opinion. Ce qui vient d'être dit par M. le Ministre ne désintéresse pas entièrement le Sénat de cette question. La liberté de l'enseignement supérieur est dans l'esprit de nos institutions : vous avez la liberté de la presse, la liberté de réunion, la liberté du commerce, toutes les libertés, excepté celle de l'enseignement supérieur. Elle est dans l'esprit des lois qui régissent la matière, dans les lois sur l'instruction primaire et l'instruction secondaire; elle est dans la doctrine de ceux contre lesquels la pétition est faite, car que demandent-ils, les hommes du grand diocèse que vous savez? Ils demandent la liberté de parler comme ils veulent.

L'autre jour, en entendant la description de ce diocèse, l'exhortation à la tolérance universelle, j'ai cru qu'on se proposait de nous offrir la liberté; mais j'ai vu bientôt qu'on ne voulait pas de la liberté pour nous.

Je demanderai donc la liberté de l'enseignement supérieur dans les principes mêmes de ceux que nous combattons; je la demanderai pour le progrès de la science. Je la demande encore parce qu'elle est dans les tendances du Gouvernement. M. le Ministre a déjà fait des efforts dans ce sens. Le rapport de l'honorable M. Chaix d'Est-Ange nous dit que le gouvernement a déjà donné là-dessus des assurances et pour ainsi dire des promesses. La liberté de l'enseignement supérieur n'est donc pas une chose si re-

doutable. Je n'hésiterais donc pas de m'associer à ceux de
MM. les sénateurs qui demanderaient la liberté de l'enseignement supérieur.

Je me résume, pour ne pas abuser plus longtemps de
l'attention du Sénat. Je demanderai premièrement que
l'ordre du jour soit repoussé ; deuxièmement, que le renvoi
de la pétition au Ministre soit prononcé pour qu'il exerce,
dans la mesure où il le pourra, avec des règlements plus
sévères s'il le faut, une surveillance plus active, une répression plus efficace. Enfin, s'il y a lieu, je m'associerais à
ceux qui demanderaient la liberté de l'enseignement supérieur. (*Vive approbation.*)

M. CHARLES ROBERT, *commissaire du Gouvernement.* Je
demande la parole.

PLUSIEURS SÉNATEURS. Aux voix! aux voix! — Parlez!
parlez!

M. LE PRÉSIDENT. Le Gouvernement a toujours le droit
d'être entendu. En demandant la parole, M. le commissaire du gouvernement use de son droit; je lui maintien-
drai la parole. J'invite le Sénat à l'écouter.

M. CHARLES ROBERT, *commissaire du Gouvernement.* Je
demande au Sénat la permission de lui présenter une observation très-importante, au point de vue de la situation
actuelle du débat. Il ne faut pas que dans des discussions
d'une telle gravité la manifestation des vœux du Sénat
puisse prendre un caractère qui ne serait pas conforme à la
mesure exacte dans laquelle ces vœux eux-mêmes ont été
déjà exprimés. Il y a dans ce débat, Messieurs, des concordances et des divergences. Les concordances, je maintiens
qu'elles existent, quant aux principes fondamentaux, entre
le Gouvernement et la plupart des orateurs qui se sont fait
entendre à cette tribune, et notamment Mgr l'archevêque
de Paris. Il a été dit, et il n'a été contesté ni d'un côté ni
de l'autre, que l'acceptation des tendances spiritualistes et

la réprobation des tendances matérialistes étaient un des fondements nécessaires de l'ordre social et de l'enseignement public.

Il y a aussi concordance, ce me semble, et la discussion me paraît l'avoir bien établi en ce qui concerne les faits. Sauf pour quelques points de détail peu importants en définitive, on est d'accord sur la manière d'apprécier et de juger les accusations dirigées par la pétition et par quelques orateurs contre l'École de médecine de Paris et contre l'enseignement supérieur français tout entier.

Eh bien, Messieurs, s'il y a concordance sur les principes essentiels, si d'autre part la discussion constate qu'il y a en même temps concordance presque entière sur les questions de fait, je suis autorisé à me demander, après les observations échangées en sens divers, s'il y a réellement dans cette assemblée des personnes disposées à soutenir d'une manière énergique et absolue, comme l'ont fait les pétitionnaires, que l'enseignement supérieur est radicalement mauvais, et qu'il convient de le signaler au pays et à l'opinion publique comme funeste et dangereux. (*Interruptions en sens divers.*)

Cela dit, Messieurs, et l'état des choses ainsi déterminé par l'appel que je fais aux souvenirs de tous, je me retrouve en présence de la pétition Giraud, et je me demande s'il est possible que la majorité du Sénat, dans le but de manifester publiquement des vœux qui ont été entendus, partagés, acceptés par le Gouvernement, dans des conditions bien connues et parfaitement définies par tout ce qui a été dit à cette tribune, songe à choisir comme un moyen convenable d'exprimer sa pensée, le renvoi au Gouvernement d'une pétition de ce genre. (*C'est cela!*)

Permettez-moi, Messieurs, d'insister sur le caractère de cette pétition. La situation est très-grave; il s'agit d'une pétition qui a dénoncé bruyamment et avec scandale tout un ordre d'enseignement public, nos Facultés et nos grandes écoles, et cette pétition, j'ai le droit de le dire avec énergie, de l'affirmer avec une conviction profonde, cette pétition, Messieurs, est une pièce fausse, une dénonciation impudente accompagnée de pièces fausses. (*Oui!* *oui!* — *Réclamations sur quelques bancs.*)

Nous avons assisté dans cette affaire, Messieurs, à un spectacle étrange, que je n'hésite pas à qualifier de très-pénible. Nous avons vu d'abord se produire dans une pétition imprimée, répandue à profusion, des griefs, des accusations à la fois personnelles et vagues; elles ont été combattues victorieusement; la pétition a été réfutée article par article; les citations ont été reconnues fausses, des inculpations laborieusement échafaudées ont été réduites à rien, niées, démenties, foulées aux pieds! (*Bruit.*)

Mais alors, Messieurs, ces premières manœuvres étant déjouées, d'autres sont venues en aide; de nouvelles allégations ont surgi tout à coup; elles ont été articulées dans des brochures avec une étrange assurance, notamment par les soins de l'auteur principal de la pétition.

Le Sénat n'a pas oublié les erreurs involontaires commises à l'égard des ouvrages de l'honorable M. Franck. Le Sénat a eu dans les mains, sous les yeux, la preuve palpable, saisissante d'une calomnie, d'un mensonge, d'un système de citations incomplètes hardiment pratiquées à l'égard d'un professeur du Collége de France, membre du Conseil impérial. Les faits ont été portés à la tribune, le débat a été contradictoire. La lumière de la vérité s'est faite. Ceci se passait hier Qu'arrive-t-il aujourd'hui, ce matin même? L'infatigable pétitionnaire du *Journal des villes et des campagnes* annonce une nouvelle découverte, et au moment où le Sénat touche au terme de cette laborieuse discussion, une imputation des plus graves présentée d'une manière spécieuse, dans des conditions au moyen desquelles on est parvenu à surprendre la religion de Mgr de Bonnechose, vient tout à coup se produire devant le Sénat, sous le patronage de Son Éminence, ainsi induite en erreur...

S. Ém. LE CARDINAL DE BONNECHOSE. Mais pas du tout, vous n'apportez aucun témoignage...

M. LE COMMISSAIRE DU GOUVERNEMENT. Eh bien, s'il en est ainsi...

S. Ém. LE CARDINAL DE BONNECHOSE. Vous n'apportez qu'une dénégation, et vous n'apportez aucun témoignage. Moi, j'en apporte deux; vous pouvez les interroger.

M. LE MINISTRE DE L'INSTRUCTION PUBLIQUE. Le sens général de la phrase prouve contre vos témoins. La phrase que vous attribuez au professeur n'a même pas de sens.

M. LE COMMISSAIRE DU GOUVERNEMENT. Messieurs les sénateurs, je ne croyais pas qu'il pût y avoir doute dans l'esprit de personne sur la sincérité de la lettre de M. le professeur Sée, qui a été lue à cette tribune par M. le Ministre de l'instruction publique. J'ai pu entendre moi-même ce matin l'honorable professeur protester avec une indignation aussi sincère et spontanée que sa surprise. Mais la seule lecture de sa lettre est, à mon avis, une preuve suffisante.

En effet, l'affirmation qu'elle contient a un caractère qui vous a certainement frappés, et d'un autre côté, sa contexture même est une démonstration quand on rapproche les termes de cette thèse sur l'art médical dont parlait le professeur des explications qu'il donne sur cette question de l'art auquel il préfère la science; il me semble que la lumière de l'évidence doit jaillir à tous les yeux. (Oui! oui!) Je crois donc qu'on peut affirmer sans crainte de se tromper, et au contraire, avec un sentiment de justice

satisfaite, qu'il y a là une nouvelle pièce fausse, un nouveau
document suspect, venant compléter l'œuvre, venant s'ajouter, lui aussi, au dossier de la pétition, et qui vient augmenter, aggraver le caractère fâcheux, pénible de ce
dossier.

Eh bien, lorsque, tournant mes regards d'un autre côté,
je songe au caractère élevé du droit de pétition, à la haute
attribution que la Constitution confère à cet égard au Sénat, lorsque je songe qu'on propose aujourd'hui au Sénat
de renvoyer au Gouvernement, à la suite d'un débat approfondi, et par un vote solennel, une pétition à laquelle sem-
bleraient en pareil cas s'unir les vues, les idées, les sympathies du Sénat, et qui semblerait ainsi recommandée au
Gouvernement comme une œuvre estimable, sur les tendances de laquelle il pourra régler sa conduite, je me
demande si le renvoi de la pétition Giraud est vraiment
possible? Quoi! Messieurs, vous présenteriez au Gouvernement, dans de pareilles conditions, la pétition qui a été
devant vous discutée, contestée, abattue et, j'ose le dire,
anéantie dans toutes les articulations de fait qu'elle a
essayé d'établir !

C'est, Messieurs, une question de forme, mais elle est
très-grave, et j'ose appeler sur les scrupules que j'indique
toute l'attention du Sénat.

Je le répète, il semble que, dans toute cette discussion,
on ait senti, quand on s'est placé avec calme sur le terrain des principes, une entière conformité de vues, de sentiments, de désirs pour faire respecter tout ce qui est respectable, pour honorer tout ce qui est beau, tout ce qui est
grand, pour protéger les droits de la science, pour faire
résolûment la guerre, le Gouvernement et le Sénat, d'un
commun accord, contre les mauvaises tendances. Et lorsqu'un tel accord existe, on créerait une situation anormale
pour glorifier, pour honorer cette pétition accompagnée

par son auteur de brochures et de commentaires qui accusent à la fois le Gouvernement et tous les professeurs de nos grandes écoles, catégorie très-respectable de citoyens, et qui, en mettant en suspicion devant leurs concitoyens des hommes honorables et éminents, les signalent non-seulement comme égarés par de faux systèmes, mais aussi, ce qui est plus grave, comme dépourvus de sens moral! Et tout cela s'affirme sans preuves, et tout cela s'étaye sur des réquisitoires dépourvus de base!

Messieurs, j'appelle l'attention du Sénat sur cette situation singulière, dont l'extrême gravité ne peut échapper ni à la sollicitude ni aux scrupules du Sénat. (*Très-bien!* — *Aux voix! aux voix!*)

M. CHAIX D'EST-ANGE, *rapporteur*. Je demande la parole.

Je voudrais dire un mot seulement au nom de la commission.

Je comprends qu'à cette heure avancée, et après la discussion si vive, si brillante, si approfondie, si sérieuse qui a occupé le Sénat, je ne dois pas abuser de vos moments. Seulement c'est avec quelque étonnement que j'ai entendu tout à l'heure Mgr de Paris, dont la parole est si élevée et l'autorité si grande, se demander si par hasard, en vous proposant de passer à l'ordre du jour, nous n'avions pas pensé que le Sénat fût désintéressé dans une question de cette nature. Jamais une pareille pensée n'a pu entrer dans l'esprit d'aucun de vos commissaires. (*Très-bien! très-bien!*)

Non, le Sénat n'est pas désintéressé dans cette question, et votre commission l'a parfaitement compris. C'est à lui surtout qu'est confié le dépôt des bonnes mœurs et de l'ordre public; ce qui intéresse l'éducation de la jeunesse. c'est-à-dire au plus haut degré le bonheur et l'avenir du pays, ne saurait lui être indifférent. Si la commission avait eu une autre pensée, elle aurait abdiqué pour le Sénat tout ce qui lui donne son autorité dans le pays. (*Très-bien* ! *très-bien* !)

Le Sénat a-t-il cru que le matérialisme pouvait être tranquillement enseigné dans l'instruction publique sous le pavillon de l'Université, avec l'assentiment de l'autorité publique ? Jamais ! Nous sommes, il faut le reconnaître, unanimes sur ce point. Quelle que soit l'ardeur de nos opinions contraires et la vivacité de nos discussions, il y a une chose sur laquelle nous sommes tous d'accord, à savoir que le sentiment religieux doit être le souffle de l'éducation publique. L'espérance d'un meilleur avenir dans une autre vie est le soutien du malheureux sur cette terre ; il serait cruel de le lui enlever. Prenons garde d'empoisonner l'éducation de la jeunesse et de dessécher son cœur. Nous sommes tous indistinctement du même avis à cet égard.

Mais, Messieurs, serait-il vrai que l'Université fût livrée aux tendances matérialistes ? Mgr de Paris a paru le croire.

S'il en était ainsi, assurément ce serait une grande faute de la part de l'Université d'avoir laissé s'introduire ces tendances ; de la part de la commission, de vous proposer de fermer les yeux sur un pareil danger ; de la part du Sénat, de s'associer à la commission.

Mais après avoir vérifié les faits sur lesquels reposait la pétition, la commission en a reconnu l'inexactitude ; elle a vu qu'ils étaient démentis par ceux à qui on les attribuait, ainsi que par l'instruction universitaire. C'est pourquoi elle a proposé l'ordre du jour. Si elle avait pensé que l'Université fût réellement infestée de tendances matérialistes, elle eût provoqué les mesures les plus sévères à leur égard, fait les recommandations les plus vives ; elle eût appelé la sollicitude du Gouvernement, celle de l'empereur sur des tendances aussi pernicieuses et aussi coupables. Mais telles n'étaient pas nos convictions.

QUELQUES SÉNATEURS. Aux voix! aux voix!

M. LE RAPPORTEUR. Est-ce à dire cependant que, dans le cours d'un enseignement qui progresse, qui s'épure, ainsi que l'attestent les travaux de M. Ravaisson et autres que vient de citer M. le Ministre de l'instruction publique, il n'y ait pas eu quelques paroles imprudentes échappées à l'improvisation d'un professeur? Il y aurait témérité à le prétedre. Tous les temps ont eu de pareils écarts.

De nouveaux faits ont essayé de se produire, et vous avez, non sans un étonnement douloureux, vu qu'un honorable prélat, trompé par un article de journal, a avancé qu'un homme dont le nom a été cité à cette tribune et sur les doctrines duquel l'attention est éveillée, M. Sée, aurait avant-hier, dans son discours, déclaré qu'il voulait détruire l'âme, de façon à ce qu'il n'y en eût plus de traces; qu'il voulait laisser des ornières profondes dans ce chemin qui conduit à Dieu, et qu'il ne serait satisfait que lorsque ces sentiments auraient triomphé. Dans le fond de votre conscience, Messieurs, avez-vous cru un instant que de telles paroles avaient été prononcées? (*Aux voix! aux voix!*) Évidemment, non!

C'est parce que nous avons eu la même conviction à l'égard des faits signalés dans la pétition que nous avons conclu à l'ordre du jour et déclaré qu'il n'y avait pas à hésiter entre une grande institution et une simple pétition, lorsqu'il était avéré pour nous que les faits qui y étaient allégués manquaient d'exactitude. (*Aux voix! aux voix!*)

M. LE COMTE DE SÉGUR-D'AGUESSEAU. Je demande la parole contre la clôture. (*Non! aux voix! — Parlez!*)

M. LE PRÉSIDENT. C'est au nom du règlement que M. de Ségur-d'Aguesseau a la parole contre la clôture. (*Aux voix! aux voix!*)

M. LE COMTE DE SÉGUR-D'AGUESSEAU. Je m'oppose à la clôture, Messieurs, pour une raison qui doit frapper tout le monde. C'est qu'il est impossible de laisser comprendre dans l'accusation si grave portée à cette tribune par M. le Secrétaire général du Ministère de l'instruction publique, et confirmée par notre honorable rapporteur, il est impossible, dis-je, de comprendre dans cette accusation si grave tous les pétitionnaires, car enfin nous sommes les défenseurs, les protecteurs naturels de ceux qui s'adressent à nous... (*Réclamations.*)

VOIX DIVERSES. — Non! non! pas de tous les pétitionnaires! — Nous sommes leurs juges! — Il y a des distinctions à faire.

M. LE COMTE DE SÉGUR-D'AGUESSEAU. Oui, évidemment. Il n'est pas question de ceux à qui il y aurait des reproches à faire, mais parce qu'il serait prouvé qu'un ou deux des pétitionnaires ont été ou inexacts ou même de mauvaise foi dans leurs déclarations personnelles...

UN SÉNATEUR. Dites donc des faussaires!

M. LE COMTE DE SÉGUR-D'AGUESSEAU... S'ensuit-il que l'on puisse accuser tous les autres de falsification et de fraude? Non, Messieurs, ce serait une grande injustice. Souvenez-vous donc qu'il y a plus de deux mille personnes qui ont signé cette pétition!

UN SÉNATEUR. Il n'y a en réalité qu'un pétitionnaire.

M. LE COMTE DE SÉGUR-D'AGUESSEAU. Sur ce nombre, d'après ce que m'a dit M. le président de la commission, on compte plus de trois cents ecclésiastiques et plus d'un millier de pères de famille; est-ce que vous voulez les accuser tous, les traiter indistinctement comme convaincus de falsification et de fraude? (*Bruyante interruption.*)

Non, Messieurs, et c'est comme sénateur que je demande qu'on protége les citoyens qui ont usé de leur droit et auxquels il n'y a aucun reproche à faire. (*De nouvelles protes-*

tations se font entendre. — Les cris: La clôture! non! non! couvrent la voix de l'orateur, à qui M. le Président adresse quelques paroles qui ne parviennent pas jusqu'à nous.)

M. le Président a raison de me rappeler que je m'étends trop en parlant contre la clôture; je dirai donc seulement que si le Sénat voulait m'entendre quelques instants (*Non! non!*), je démontrerais facilement qu'il n'y a, malgré quelques incidents fâcheux, rien de mieux à faire pour nous que de voter les propositions de Mgr l'archevêque de Paris... (*Bruit. — La clôture! la clôture!*)

M. LE PRÉSIDENT. Vous avez demandé la parole contre la clôture et vous parlez en faveur de la pétition.

M. LE COMTE DE SÉGUR-D'AGUESSEAU. Je termine en insistant pour que le Sénat ne prononce pas la clôture et m'accorde quelques minutes d'attention. (*Bruit. — Non! non! — Aux voix! aux voix!*)

M. LE PRÉSIDENT. Je mets aux voix la clôture.

(La clôture est prononcée à une immense majorité.)

M. LE PRÉSIDENT. Il a été remis entre mes mains une demande de scrutin, en conséquence il va être procédé au vote par la voie du scrutin.

M. DARISTE. Nous demandons la division du vote.

M. LE BARON DUPIN. Il faudrait expliquer cette division.

M. DARISTE. Nous demandons que les deux parties de la pétition soient scindées dans le vote, et que les conclusions de la commission soient séparément mises aux voix sur l'une et sur l'autre partie. (*Interruptions diverses. — Confusion.*)

M. LE PRÉSIDENT. Il y a un groupe d'interrupteurs qui empêche d'entendre.

Je prie M. Dariste de répéter ce qu'il a dit.

(*M. Dupin prononce au milieu du bruit quelques paroles qui ne parviennent pas jusqu'à nous.*)

M. LE PRÉSIDENT. Monsieur Dupin, vous n'avez pas la parole.

La parole est à M. Dariste.

M. DARISTE Messieurs, je demande la division sur les conclusions de la commission. Les conclusions de la commission sont doubles en ce sens qu'elle propose à la fois l'ordre du jour et sur les faits qui sont relatés dans la pétition, et sur la demande de la liberté de l'enseignement.

Nous demandons que le Sénat vote séparément sur chacune de ces deux conclusions et séparément, par scrutin de division, pour lequel nous avons déposé une demande entre les mains de M. le Président.

M. LE PRÉSIDENT. Il va être procédé successivement au vote sur les deux propositions de la commission. La commission a proposé l'ordre du jour d'abord sur le principe de la liberté d'enseignement.

.Je vais mettre aux voix le principe... (*Réclamations.*)

M. LE BARON DUPIN. Pardon, Monsieur le Président, je demande la parole.

M. LE PRÉSIDENT. Vous ne me laissez pas poser la question.

. M. LE BARON DUPIN. La commission a renversé l'ordre de la pétition. (*Mouvements divers.*)

M. LE GÉNÉRAL COMTE DE LA RUE. Vous ne permettez pas à M. le Président de poser complétement la question. Laissez-la formuler.

M. LE PRÉSIDENT. Il y a deux questions dans le rapport; il y a deux ordres du jour proposés, le premier, sur le principe de la liberté de l'enseignement; le second sur les faits. (*Interruption.*)

M. LE BARON DUPIN. Non, du tout! la commission a renversé l'ordre, elle a eu tort.

M. LE PRÉSIDENT. J'ai le rapport sous les yeux; il est

inutile de contester, puisque les faits y sont consignés.

La proposition de l'ordre du jour est à la page 17 ; elle est ainsi formulée : « En prenant acte de cette promesse, votre cinquième commission a pensé, Messieurs les sénateurs, que sur la première partie de la pétition, c'est-à-dire sur la question de principe maintenant à l'étude, elle devait, sans prendre parti, attendre le résultat de ces travaux, et vous proposer de passer à l'ordre du jour. »

M. LE BARON DUPIN. C'était là la seconde partie de la pétition. Je demande à rétablir l'ordre. Je ne discute rien. Veuillez remarquer ce passage qui se trouve à la quatrième page du rapport. — « En résumé, au nom de la morale publique, de l'ordre social, de la liberté de conscience, du progrès de la science :

« Les soussignés

« 1º Appellent l'attention du Gouvernement sur l'enseignement de certaines de nos Facultés. »

. Voilà la première partie.

« 2º Demandent, comme le seul remède à la propagation des funestes doctrines qu'ils signalent, la liberté de l'enseignement supérieur. »

Voilà l'ordre de la pétition. Il a plu à la commission de le changer, et de faire du 2º le 1º. (*Bruit.*)

M. LE PRÉSIDENT. Quel intérêt cela peut-il avoir ?

Je propose de mettre aux voix les conclusions de la commission, dans l'ordre qu'elle a indiqué. Le Sénat n'a pas à considérer l'ordre dans lequel les pétitionnaires soumettent au Sénat leurs demandes.

M. LE BARON DUPIN. Cet ordre est illogique. C'est la première fois qu'on vous propose de voter d'abord sur les conséquences, et ensuite sur le principe !

M. LE COMTE DE SÉGUR-D'AGUESSEAU. C'est vrai !

M. LE PRÉSIDENT. Je suis obligé de poser les questions dans l'ordre suivi par la commission, car c'est sur les conclusions de la commission que le vote intervient. Or, la première question est celle-ci :

Doit-on passer à l'ordre du jour sur la proposition de la liberté de l'enseignement supérieur?

M. LACAZE. Je demande à présenter une observation sur l'ordre du vote.

M. LE PRÉSIDENT. Il n'y a vraiment pas lieu d'insister.

M. LACAZE. Je demande la parole sur la position de la question.

(*M. Lacaze se dirige vers la tribune.*)

UN TRÈS-GRAND NOMBRE DE SÉNATEURS. Aux voix! aux voix!

M. LACAZE, *vivement.* Je ne désire dire que quelques mots. (*Bruit. — Aux voix! aux voix!*)

M. LE PRÉSIDENT. Monsieur Lacaze, n'insistez pas, n'y mettez pas de l'animation, vous voyez le sentiment du Sénat.

M. LACAZE, *retournant à sa place.* Monsieur le Président, je n'y mets que de l'impuissance.

M. LE COMTE DE SÉGUR-D'AGUESSEAU. M. Lacaze demande la parole pour poser la question. On ne peut pas la lui refuser; veuillez la lui donner, monsieur le président. (*Bruit.*)

M. LE PRÉSIDENT. Je ne demande pas mieux si le Sénat y consent. Mais je lis le rapport qui ne laisse aucun doute. Il dit, je le répète : « En prenant acte de cette promesse, votre cinquième commission a pensé, Messieurs les sénateurs, que sur la première partie de la pétition, c'est-à-dire sur la question de principe maintenant à l'étude, elle devait, sans prendre parti, attendre le résultat de ces travaux et vous proposer de passer à l'ordre du jour. » Est-ce clair?

M. LACAZE. Non! J'insiste, Monsieur le Président, pour avoir la parole sur la position de la question.

M. LE PRÉSIDENT. Vous avez la parole; mais je ne comprends pas l'intérêt qu'il y a à poser la question autrement que ne l'a fait le rapport.

M. FERDINAND BARROT. Qu'un vote précède l'autre ou le suive, peu importe.

M. LACAZE. Je prie le Sénat de me permettre quelques paroles seulement sur l'ordre qui me paraît naturel et logique de la division du vote. (*Parlez! parlez!— Aux voix! aux voix!*) Je ne désire pas m'imposer au Sénat; s'il veut bien me supporter un moment, ce ne sera pas long. (*Nouveau bruit. — Parlez! parlez!*) Les pétitionnaires ont signalé deux choses : des faits particuliers et une situation générale. (*Aux voix! aux voix!*) Les faits particuliers, je vous les livre, je ne peux pas en juger en présence des affirmations et des dénégations qui se sont produites. La situation générale, j'affirme qu'elle est réelle. Après avoir signalé ces deux ordres de faits, les faits particuliers et le fait général, les pétitionnaires arrivent à proposer deux remèdes qui peuvent, disent-ils, être examinés séparément. (*Bruit. Interruptions.*)

Le premier remède, c'est le renvoi à M. le Ministre de l'instruction publique, pour que par une meilleure police, par une discipline plus ferme du monopole de l'État, il apporte un remède tel quel à cette situation. Ils en connaissent et en proposent un second plus efficace à leur avis : c'est la liberté de l'enseignement. Qu'est-ce que la liberté de l'enseignement? (*Bruit croissant.*)

La demandent-ils en vertu d'un principe, d'un droit absolu, comme un remède à la situation. (*Interruption.*)

PLUSIEURS SÉNATEURS. Vous rentrez dans la question.

D'AUTRES SÉNATEURS. Parlez! parlez!

M. DE CHABRIER. Continuez, vous êtes dans la question.

M. LACAZE. J'ai déjà dit que je ne voulais pas m'imposer

au Sénat... (*Parlez! parlez!*) Si dans leur impatience à voter, quelques sénateurs... (*Mais non! parlez! parlez! — Aux voix!*)

Voilà l'ordre naturel du vote d'après la pétition. La commission l'a-t-elle interverti? Je lui en contesterais le droit et le pouvoir. (*Bruit. — Réclamations.*)

Oui, je ne reconnais pas à la commission le droit de renverser l'ordre de la logique et de l'examen des griefs des pétitionnaires. Mais ce qui tranche tout, c'est qu'elle ne l'a pas fait; elle n'a pas renversé cet ordre dans les conclusions. Oui, dans son argumentation, dans l'examen de la pétition, dans les considérants qui ont servi de base à ses conclusions, c'est-à-dire aux pages 6 et 7, tout au commencement du rapport, elle a interverti l'ordre de la pétition, elle a isolé et traité comme indépendante la question de la liberté de l'enseignement, qui n'était qu'une question de remède apporté à la situation. Mais lorsqu'elle est arrivée à conclure, savez-vous comment elle l'a fait? Le voici :

« C'est pour cela, Messieurs, que la majorité de votre commission vous propose de prononcer l'ordre du jour sur les pétitions nᵒˢ 731 et 840. »

D'où vient la division dont la demande est faite pour le vote? Elle ne vient pas de la formule des conclusions de la commission, elle vient de la logique et de la pétition, elle vient de notre insistance à nous, je veux dire de l'insistance de ceux qui demandent la division.

Comment faut-il faire cette division ?

Dans l'ordre naturel et logique des idées, il faut examiner le mal d'abord, c'est-à-dire la situation dénoncée, savoir s'il convient de renvoyer au Ministre, et puis examiner le remède proposé, pour le rejeter ou l'accepter selon le mouvement de votre conscience et de vos réflexions. (*Bruit.*)

La première chose à faire, ce n'est donc pas de voter la
liberté de l'enseignement, c'est de statuer sur la question
spéciale des faits.

M. LE MINISTRE DE L'INSTRUCTION PUBLIQUE. L'honorable M. Lacaze vient de poser parfaitement la question.

Il s'agit d'imposer au Ministre de l'instruction publique
une meilleure police des écoles; c'est aussi ce qui a été
demandé par monseigneur de Paris.

Le Ministre de l'instruction publique a l'honneur de
vous déclarer qu'il ne lui est pas possible de changer la
police des écoles et que les faits... (*Interruption.* — *Bruit.*)

M. LE PRÉSIDENT. Nous en sommes à la position de la
question. Ne revenons pas sur le fond. J'ai suivi le rapport, et l'ordre des questions tel qu'il les pose. Je ne pouvais faire autrement.

M. LE RAPPORTEUR. Un mot. Je désire mettre sous vos
yeux le passage du rapport qui établit comment la commission a entendu poser la question :

« La pétition soulève deux questions : l'une est une
question de principe : la liberté d'enseignement doit-elle
être accordée pour les études supérieures? l'autre est une
question de fait...

« Examinons d'abord la question de principe. »

Après cet examen, la commission déclare qu'elle est
d'avis sur la question de principe de passer à l'ordre du
jour.

Ensuite elle examine les faits et conclut également à
l'ordre du jour.

Voilà les deux questions dans l'ordre où elles ont été
posées.

M. LE PRÉSIDENT. C'est aussi dans cet ordre que je les
ai posées. (*Bruit.*)

M. LE COMTE G. DE FLAMARENS. Écoutez au moins le
Président.

M. LE PRÉSIDENT. La page 17 du rapport, que j'ai déjà cítée, contient des expressions dont il faut tenir un compte sérieux. Je les relis encore :

« En prenant acte de cette promesse, votre cinquième commission a pensé, Messieurs les sénateurs, que sur la première partie de la pétition, c'est-à-dire sur la question de principe maintenant à l'étude, elle devait, sans prendre parti, attendre le résultat de ces travaux, et vous proposer de passer à l'ordre du jour. »

Que voulez-vous de plus clair?

UN SÉNATEUR. Qu'importe de voter sur l'une ou sur l'autre question en premier lieu? (*Aux voix! aux voix!*)

M. LE PRÉSIDENT. Je vais mettre aux voix la première partie de la pétition, relative au principe de la liberté de l'enseignement supérieur. Ceux de Messieurs les sénateurs qui sont d'avis de l'ordre du jour mettront un bulletin blanc; ceux qui seront d'avis contraire, un bulletin bleu...

M. LE COMTE DE SÉGUR-D'AGUESSEAU. Vous faites erreur, Monsieur le Président. (*Non! non! — Si! si!*) Je vous en supplie, permettez-moi de vous le rappeler, M. le rapporteur a fait une confusion. Il a interverti l'ordre suivi dans la pétition. (*Bruit.*)

Ayez la bonté de lire la première partie de la pétition et vous verrez qu'elle porte sur les faits.

Si nous votions comme vous nous l'indiquez, nous voterions contre ce que nous voulons. (*Exclamations diverses. — Aux voix! aux voix! — Plusieurs sénateurs prennent la parole au milieu du bruit.*)

M. DE MAUPAS. Il est incontestable, monsieur le président, qu'il y a un malentendu dans l'ordre du vote.

(*Le bruit va croissant et empêche d'entendre les diverses réclamations qui partent de tous les points de la salle.*)

M. LE COMTE DE GROSSOLLES-FLAMARENS. Vous avez

proposé, Monsieur le Président, l'ordre de vote comme la commission l'indique. Veuillez mettre aux voix.

UN SÉNATEUR. Quel est l'intérêt d'un ordre ou de l'autre?

M. DE MAUPAS. Il y a un malentendu sur la formule du vote; il faudrait l'expliquer. (*Bruit.*)

M. LE PRÉSIDENT. Je vais mettre un terme à cette confusion en consultant le Sénat sur l'ordre de vote que je viens de proposer.

(*Le vote a lieu, et le Sénat adopte l'ordre de vote indiqué par le Président.*)

M. LE PRÉSIDENT. L'ordre du vote est fixé par la résolution que vient de prendre le Sénat. Les questions vont être posées dans l'ordre que j'avais indiqué. Le scrutin est ouvert sur la question de principe, la liberté de l'enseignement supérieur. La commission a proposé l'ordre du jour.

Ceux de Messieurs les sénateurs qui voudront adopter les conclusions de la commission déposeront dans l'urne un bulletin blanc, et ceux qui seront d'avis contraire un bulletin bleu.

Le scrutin a lieu et donne pour résultat :

Nombre de votants................	115
Bulletins blancs..................	84
Bulletins bleus...................	31

(En conséquence, l'ordre du jour est adopté.)

M. LE PRÉSIDENT. Je mets maintenant aux voix, conformément aux conclusions de la commission, l'ordre du jour sur la seconde partie de la position relative aux faits spéciaux.

Le scrutin a lieu et donne pour résultat :

Nombre de votants................	115
Bulletins blancs..................	80
Bulletins bleus...................	43

(En conséquence, l'ordre du jour est adopté.)

M. LE PRÉSIDENT. Le Sénat se réunira jeudi prochain pour la délibération sur la loi relative aux réunions publiques.

La séance est levée à 6 heures et demie.

SCRUTIN

Sur l'ordre du jour proposé par la commission sur la partie des pétitions relative à la question de principe, c'est-à-dire la liberté de l'enseignement supérieur.

(Rapporteur : M. Chaix d'Est-Ange.)

Nombre de votants................... 115
Bulletins blancs.......... 84
Bulletins bleus.................... 31

ONT VOTÉ POUR :

MM.

Baroche.
Barral (le vicomte de).
Barrot (Adolphe).
Barrot (Ferdinand).
Béhic.
Belbeuf (le premier président marquis de).
Blondel.
Boittelle.
Bonjean (le président).
Boudet.
Boulay de la Meurthe (le comte).
Cambacérès (le duc de).
Canrobert (le maréchal).
Carrelet (le général comte).
Casabianca (le procureur général comte de).
Cecille (le vice-amiral comte).
Chabannes (le vice-amiral vicomte de).
Chaix d'Est-Ange.
Charon (le général baron).

MM.

Chasseloup-Laubat (le marquis de).
Chassiron (le baron de).
Conneau.
Corta.
Croix (le marquis de).
Delamarre (le comte Achille).
Delangle (le procureur général).
Drouyn de Lhuys.
Dumas.
Élie de Beaumont.
Espeuilles (le marquis d').
Fleury (le général).
Godelle.
Goulhot de Saint-Germain (de).
Grossolles-Flamarens (le comte de).
Gudin (le général comte).
Ladoucette (le baron de).
La Force (le duc de).
Laplace (le général marquis de).
Larabit.
La Ruë (le général comte de).

MM.
La Valette (le marquis de).
Lebrun.
Lefebvre-Duruflé.
Le Roy de Saint-Arnaud.
Lesseps (le comte de).
Lisle de Siry (le marquis de).
Magne.
Mallet.
Marnas (de).
Mellinet (le général).
Mérimée.
Mésonan de).
Mollard (le général).
Montebello (le duc de).
Montebello (le général comte de).
Montréal (le général de).
Niel (le maréchal).
Nisard
Persigny (le duc de).
Poniatowski (le prince).
Quentin Bauchart.
Randon (le maréchal comte.)
Renault (le général baron),

MM.
Regnaud de Saint-Jean-d'Angély (le maréchal comte).
Reveil
Richemont (le baron Paul de).
Rigault de Genouilly (l'amiral,.
Rouland.
Sainte-Beuve.
Salignac-Fénelon (le comte de).
Saulcy (de).
Silvestre de Sacy.
Suin.
Tascher de la Pagerie (le duc de).
Thierry (Amédée).
Thiry (le général).
Tréhouart (le vice-amiral).
Trévise (le duc de).
Troplong (le premier président).
Vaillant (le maréchal).
Vicence (le duc de).
Vinoy (le général).
Waldner de Freundstein (le général comte).
Walewski (le comte).

ONT VOTÉ CONTRE :

MM.
Boinvilliers.
Bonnechose (le cardinal comte de).
Bouët-Villaumez (le vice-amiral comte).
Bourqueney (le comte de).
Brenier (le baron).
Butenval (le baron de).
Chabrier (de)
Charner (l'amiral).
Chevalier (Michel).
Clary (le comte François).
Darboy (Mgr).
Dariste.
Devienne (le premier président.)
Donnet (le cardinal).
Dupin (le baron).

MM.
Grange (marquis de La).
Hubert-Delisle.
Lacaze.
La Guéronnière (le vicomte de).
Le Play.
Le Verrier.
Mathieu (le cardinal).
Mentque (de).
Monier de la Sizeranne (le comte).
Padoue (le duc de).
Roguet (le général comte).
Ségur-d'Aguesseau (le comte de),
Siméon (le comte).
Tourangin.
Vincent (le baron de).
Vuillefroy (de).

SCRUTIN

Sur la partie des conclusions signalant les tendances maté-
rialistes de l'enseignement de la Faculté de médecine de
Paris, etc.

(Rapporteur : M. Chaix d'Est-Ange.)

ONT VOTÉ POUR L'ORDRE DU JOUR :

MM.

Baroche.
Barral (le vicomte de).
Barrot (Adolphe).
Barrot (Ferdinand).
Béhic.
Blondel.
Boittelle.
-Bonjean (le président).
Boudet.
Boulay de la Meurthe (le comte).
Brenier (le baron).
Butenval (le baron de).
Cambacérès (le duc de).
Casabianca (le procureur général
    comte de).
Cécille (le vice-amiral comte).
Chabannes (le vice-amiral vicomte
    de)
Chaix d'Est-Ange.
Charner (l'amiral).
Charon (le général baron).
Chasseloup-Laubat (le marquis de).
Chassiron (le baron de).
Chevallier (Michel).
Conneau.
Corta.
Delamarre (le comte Achille).
Delangle (le procureur général).
Drouyn de Lhuys.
Dumas.
Élie de Beaumont.
Espeuilles (le marquis d').
Fleury (le général).
Godelle.

MM.

Grange (le marquis de La).
Grossolles-Flamarens (le comte
    de).
Hubert-Delisle.
Ladmirault (le général de).
La Force (le duc de).
La Guéronnière (le vicomte de).
Laplace (le général marquis de).
Larabit.
Lavalette (le marquis de).
Lebrun.
Lesseps (le comte de).
Le Verrier.
Lisle de Siry (le marquis de).
Magne.
Mallet.
Mellinet (le général).
Mentque (de).
Mérimée.
Mesonan (de).
Montebello (le général comte de).
Moskowa (le général prince de la).
Niel (le maréchal).
Nisard.
Persigny (le duc de).
Poniatowski (le prince).
Quentin Bauchart.
Regnaud de Saint-Jean-d'Angély
    (le maréchal comte).
Renaud (le général baron).
Reveil.
Rigault de Genouilly (l'amiral).
Rouland.
Royer (le premier président de).

MM.
Sainte-Beuve.
Salignac-Fénelon (le comte de).
Saulcy (de).
Schramm (le général comte de).
Sylvestre de Sacy.
Suin.
Tascher de la Pagerie.
Thierry (Amédée).
Thiry (le général).

MM.
Tréhouart (le vice-amiral).
Troplong (le premier président).
Vaillant (le maréchal.)
Vicence (le duc de).
Vinoy (le général).
Waldner de Freundstein (le général comte).
Waleski (le comte).

ONT VOTÉ CONTRE :

MM.
Béarn (le comte de).
Belbeuf (le premier président marquis de).
Boinvilliers.
Bonnechose (le cardinal comte de).
Bouët-Willaumez (le vice-amiral comte).
Bourqueney (le comte de).
Carrelet (le général comte).
Chabrier (de).
Clary (le comte François)
Croix (le marquis de).
Darboy (Mgr).
Dariste.
Devienne (le premier président).
Donnet (le cardinal).
Dupin (le baron).
Girardin (le marquis Ernest de).
Goulhot de Saint-Germain (de).
Gricourt (le marquis de).
Gudin (le général comte).
Lacaze.
Ladoucette (le baron de).

MM.
La Hitte (le général vicomte de).
La Ruë (le général comte de).
Lefebvre-Duruflé.
Le Marois (le comte).
Le Roy de Saint-Arnaud.
Le Play.
Marnas (de).
Mathieu (le cardinal.)
Maupas (de).
Monier de la Sizeranne (le comte).
Montebello (le duc de).
Montréal (le général de).
Randon (le maréchal comte).
Richemont (le baron Paul de).
Roguet (le général comte).
Ségur-d'Aguesseau (le comte de).
Siméon (le comte.)
Thayer (Amédée).
Tourangin.
Trévise (le duc de).
Vincent (le baron de).
Vuillefroy (de)

PIÈCES A L'APPUI

Dans son second discours, S. Ém. Mgr le cardinal comte de Bonnechose, archevêque de Rouen, avait prononcé les paroles suivantes :

« Permettez-moi de mettre sous vos yeux, Messieurs, un fait qui se passait à l'École de médecine, il y a deux jours, pendant que j'étais à cette tribune et que M. le ministre m'interrompait pour me dire que le matérialisme n'était pas professé à l'École.

« C'était mercredi ; M. Sée faisait sa leçon et parlait d'une thèse qui, je crois, était anglaise, ayant pour sujet l'alcool et dont il combattait les conclusions. Il a été amené à citer la phrase suivante prise dans la thèse :

« On voit à regret, depuis plusieurs années, un très-
« grand nombre de savants en Europe creuser des ornières
« dans le terrain de l'âme. »

« Reprenant la parole et accentuant son débit le professeur a ajouté ensuite, de son chef :

« Je me félicite d'être au nombre de ceux qui ont creusé

« des orniéres dans ce terrain-là, et mon désir serait d'a-
« voir réussi à le creuser assez profond pour que l'âme y
« disparût, qu'il n'en fût plus question, et qu'il ne restât
« plus en Europe un seul savant, un seul médecin fantai-
« siste. »

« Voici des témoins que je puis citer à l'appui.

« Beaucoup des faits que j'ai précédemment cités ont été
révoqués en doute parce qu'on n'apportait pas de noms.
Pourquoi? C'est que l'on a craint les conséquences qui
pourraient résulter de pareilles révélations pour l'avenir
des jeunes gens.

« Ici je vais nommer les témoins qui m'ont affirmé le
fait de vive voix, et je les mets sous la sauvegarde du
Sénat.

« Étaient présents, ont entendu les paroles et me les
ont rapportées :

« MM. le docteur Machelard, médecin du bureau de
bienfaisance du VIᵉ arrondissement, demeurant rue Servandoni, nᵒ 20;

« Le docteur Bricheteau, rédacteur en chef du *Bulletin
de thérapeutique*, ancien chef de clinique de la Faculté.

« Voici un troisième témoin, mais je ne suis pas aussi
certain de sa présence, c'est M. Ollivier, bibliothécaire de
la Faculté. »

Ce passage du discours de S. Ém. Mgr le cardinal comte
de Bonnechose, archevêque de Rouen, a donné lieu à la
publication des lettres suivantes :

LETTRE DE MONSEIGNEUR DE BONNECHOSE
A M. LE PRÉSIDENT DU SÉNAT

« Paris, le 24 mai.

« Monsieur le Président,

« Un incident s'est élevé hier au Sénat, relativement à des paroles qu'aurait prononcées dans son cours un professeur de l'École de médecine deux jours auparavant. Le docteur Machelard, médecin du bureau de bienfaisance du VI° arrondissement, m'avait affirmé avant-hier, avoir entendu de la bouche de M. Sée, le mot *âme* dans une phrase à laquelle ce mot donnait un caractère matérialiste. Ce témoin m'a dit que M. Bricheteau était présent, qu'il devait avoir entendu les mêmes paroles et pourrait rendre le même témoignage. Il me parla aussi de la présence de M. Ollivier, mais d'une manière moins affirmative. Voilà pourquoi j'ai cité moi-même son nom d'une manière dubitative.

« On prétend que M. Machelard s'était trompé, et qu'au lieu de l'*âme*, c'était de l'*art* qu'avait parlé M. Sée. En présence de la dénégation de ce professeur, je ne puis contester l'erreur qui aurait été commise. Mais ce que je ne comprends pas, c'est comment, en corrigeant les épreuves du *Moniteur*, j'ai laissé passer ces lignes où il est dit : « Je vais nommer les témoins qui m'ont affirmé le fait de vive voix. »

« Il est évident que cette locution est inexacte, et que si je me suis appuyé sur deux témoins, un seul m'avait parlé.

« J'ai l'honneur d'adresser ces observations à Votre Excellence dans l'intérêt de la vérité.

« Veuillez agréer. etc.

« † H. card. DE BONNECHOSE,
« Archevêque de Rouen. »

LETTRE DE M. MACHELARD A M. GIRAUD

« Paris, le 25 mai 1868.

« Monsieur le rédacteur,

« Vous avez inséré, dans votre numéro du 23 mai, un article dont je vous avais fourni les éléments, les livrant bien plus à l'appréciation de l'auteur d'une pétition célèbre qu'à celle du journaliste. En vous communiquant le récit d'un épisode d'une leçon récente de M. Sée, j'étais entraîné par le sentiment d'un devoir à accomplir, et je me bornais à obéir à l'impulsion d'une inspiration exclusivement personnelle.

« Mieux éclairé aujourd'hui, je n'hésite pas à m'acquitter d'un autre devoir, pénible sans doute, mais en présence duquel ma conscience ne me permet pas de reculer un seul instant.

« Je reconnais donc que j'ai commis une erreur qui excite mes plus vifs regrets, mais je m'empresse d'ajouter, et j'espère que ceux qui connaissent mes modestes antécédents en croiront ma parole : le sens de l'ouïe, sans doute encore péniblement impressionné par quelques passages de précédentes leçons, a été au fond seul coupable, et il n'y a eu de ma part aucune manœuvre perfidement méditée. Certes le résultat prouve assez que ma conduite n'a pas été exempte d'une certaine légèreté, qui trouvera, en partie au moins, son excuse dans l'émotion causée par une discussion solennelle; mais j'aime à me persuader que ma moralité sortira de cette pénible épreuve sans subir une véritable atteinte. Dans tous les cas, je suis de ceux qui se résignent aux conséquences de leurs actes, et qui savent les accepter dans toute leur étendue.

« Veuillez agréer, monsieur le rédacteur, avec l'expression de mes remercîments pour l'insertion de ma lettre, l'assurance de mes sentiments distingués.

« MACHELARD. »

LETTRE DE M. LE DOCTEUR OLLIVIER A M. LE PRÉSIDENT
DU SÉNAT

« Paris, le 26 mai.

« Monsieur le Président,

« Dans le discours qu'il a prononcé au Sénat, à propos de la liberté de l'enseignement supérieur, M. le cardinal de Bonnechose, citant un passage du cours de M le professeur Sée, dont le texte et le sens avaient été altérés par ceux qui le lui ont personnellement rapporté, joignait mon nom aux noms de ces messieurs, tout en voulant bien déclarer qu'il n'était pas sûr de ma présence au cours.

« Je ne connais rien aux restrictions mentales, et je me plais à déclarer que j'étais présent au cours de M. Sée, dont j'ai l'honneur d'être l'élève et l'ami dévoué : j'ai pour son caractère, pour son enseignement et pour ses doctrines la sympathie et l'estime les plus grandes.

« Quant à M. le cardinal de Bonnechose, je ne l'ai jamais vu, et je regrette beaucoup de ne pas le connaître ; mais je regrette surtout, pour lui, la mystification dont il a été victime, et, pour moi, la nécessité où je me trouve de vous écrire cette lettre, et d'occuper, pour si peu que ce soit, le public de mon humble personne.

« Veuillez agréer, etc.

« A. OLLIVIER. »

LETTRE DE M. LE DOCTEUR BRICHETEAU, CHEF DE CLINIQUE A LA FACULTÉ DE MÉDECINE, A M. LE PRÉSIDENT DU SÉNAT.

« Paris, le 28 mai.

« Monsieur le Président,

« Une absence de plusieurs jours, pendant lesquels je n'ai pu lire un seul journal, m'a empêché de me joindre à la protestation du docteur Ollivier.

« Je déclare sur l'honneur que, pas plus que lui, je n'ai jamais vu ni M. le cardinal de Bonnechose ni le docteur Machelard.

« Je n'ai donc pu leur attester l'authenticité de la phrase attribuée à M. Sée. J'étais au cours, que je suis régulièrement, et je puis, au contraire, affirmer qu'elle a été prononcée telle que le professeur la rectifie.

« Dr BRICHETEAU,
« Rue du Dragon 10. »

SYLLABUS CATERINI ·

*Lettre de S. E. le Cardinal-Préfet de la sainte Congréga-
tion du Concile à NN. SS. les Évêques* (1).

Illustrissime et révérendissime Seigneur.

Notre Très-Saint-Père le Pape Pie IX a été donné de
Dieu à la maison d'Israël et placé au faîte du ministère
apostolique pour veiller à tout ce qui la regarde. C'est
pourquoi, dès qu'une occasion opportune se présente de

(1)   Perillustris ac Rme Domine,

Quum sanctissimus Dominus Noster Pius PP. IX in supremo aposto-
lici ministerii fastigio speculator a Deo datus sit domui Israel, ideo si
ulla sese offert opportuna occasio, qua veram populi christiani felicita-
tem promovere vel mala eidem jam illata ac etiam tantummodo forsan
impendentia agnoscere queat, eam nulla interposita mora arripit et am-
plectitur, ut providentiæ et auctoritatis suæ studium impense collocet
aut aptiora remedia alacriter adhibeat.

Jam vero in hac tanta temporum rerumque acerbitate nonnisi singulari ·
Dei beneficio sibi datum judicans, quod in proxima festiva celebritate
centenariæ memoriæ de glorioso Sanctorum Apostolorum Petri et Pauli
martyrio, et canonisationis tot Christianæ religionis heroum, amplissi-
mam pulcherrimamque solio suo coronam faciant nedum S. R. E. Car-
dinales, sed etiam et Rmi Episcopi ex omnibus terrarum partibus pro-
fecti, perjucunda eorumdem præsentia et operâ sapienter sibi utendum
statuit mandavitque Episcopis in Urbe præsentibus quasdam proponi
quæstiones circa graviora ecclesiasticæ disciplinæ capita, ut, de vero
illarum statu certior factus, id suo tempore decernere valeat quod in Domino expedire judicaverit.

Quæ sint hujusmodi disciplinæ capita, super quibus sex mandato Sancti-
tatis Suæ hæc sacra concilii Congregatio ab Amplitudine tua relationem
et sententiam, quantum ad tuam diœcesim pertinet, nunc exquirit, lucu-
lenter prostant in *Syllabo* quæstionum quem hic adnectimus. Si quid vero
aliud forte sit quod abusum sapiat aut gravem in urgenda Sacrorum Ca-
nonum executione difficultatem involvat, tibi exponere et declarare inte-
grum erit : Apostolica namque Sedes, re mature perpensa, succurrere et
providere, prout rerum ac temporum ratio postulaverit procul dubio
non remorabitur.

Ne autem ad hanc relationem cumulate perficiendam Dominationi tuæ
congrua temporis commoditas desit, trium vel quatuor, si opus fuerit,

travailler à la vraie félicité du peuple chrétien ou de constater soit les maux dont il subit déjà les atteintes, soit ceux dont il h'est encore que menacé, le Saint-Père s'empresse de la saisir, afin de pourvoir à tout avec zèle et dévouement par sa prévoyance et son autorité, et d'appliquer avec ardeur les remèdes les plus efficaces.

Jugeant que dans les temps si durs où nous vivons, c'est par une grâce particulière de Dieu qu'il lui est donné, à l'occasion de la prochaine solennité du Centenaire célébré en mémoire du glorieux martyre des saints Apôtres Pierre et Paul, et accompagné de la canonisation d'un si grand grand nombre de héros de la Religion chrétienne, de voir réunis autour de son Trône, non-seulement les Cardinaux de la sainte Église romaine, mais encore tant de Révérendissimes Évêques venus de toutes les parties de la terre, le Saint-Père a résolu, dans sa sagesse, de mettre à profit leur présence, qui lui est si douce, et leur coopération. En conséquence, il a ordonné que certaines questions relatives à des points plus particulièrement graves de la discipline ecclésiastique fussent proposées aux Évêques présents à Rome, afin qu'une fois informé avec certitude du véritable état des choses en ce qui touche ces questions, il puisse prendre en temps opportun les mesures qu'il jugera convenables selon Dieu.

Les points de discipline sur lesquels par ordre de Sa Sainteté cette Sacrée Congrégation du Concile demande à

---

mensium spatium a die præsentium litterarum conceditur. Cæterum eamdem relationem mittendam curabis, ad ipsam Sanctitatem Suam, vel ad hanc S. Congregationem.

Interim impensa animi mei sensa ex corde profiteor Amplitudini tuæ, cui fausta quæque ac salutaria adprecor a Domino.

Amplitudinis Tuæ,

Datum Romæ ex S. C. Concilii, die 6 junii 1867.

Uti frater
P. Card. CATERINI, præf.

Votre Grandeur un rapport et un avis en ce qui touche votre diocèse, sont clairement exposés dans le *Syllabus* que nous joignons à cette lettre.

S'il y avait encore quelque autre chose qui ressente l'abus ou qui amène de graves difficultés dans l'exécution rigoureuse des sacrés canons, vous serez entièrement libre de l'exposer et de le déclarer, car sans aucun doute le Saint-Siége, après un mûr examen, s'empressera d'y pourvoir autant que le permettront la nature des choses et les circonstances des temps.

Pour que Votre Grandeur ait tout le temps nécessaire pour faire ce rapport avec soin et d'une manière complète, il vous est accordé trois et même quatre mois, s'il est nécessaire, à partir de la date de cette lettre. Vous aurez soin, d'ailleurs, d'envoyer ce rapport ou à Sa Sainteté elle-même ou à cette Sacrée Congrégation.

En attendant, j'exprime du fond du cœur à Votre Grandeur mes sentiments dévoués, et demande pour elle au Seigneur tout ce qu'elle peut souhaiter d'heureux et de salutaire.

De Votre Grandeur, etc.

Donné à Rome, à la Sacrée Congrégation du Concile, le 6 juin 1867.

P. CARD. CATERINI, *préfet*.

Questions proposées aux Évêques par le Siége apostolique (1).

1. — Les prescriptions canoniques qui interdisent absolument d'admettre des hérétiques ou des schismatiques à remplir la fonction de parrain dans l'administration du baptême sont-elles observées soigneusement?

2. — Dans quelle forme et par quelles garanties est prouvée la liberté d'état pour contracter mariage? Le jugement touchant la liberté d'état de chaque contractant est-il réservé à l'Évêque ou à sa cour épiscopale? Enfin que conviendrait-il de prescrire encore sur ce point en se remettant sous les yeux l'instruction du 21 août 1670 promulguée par l'autorité de Clément X, de sainte mémoire?

3. — Quels remèdes peuvent être appliqués pour empêcher les maux provenant de ce qu'on appelle le mariage civil?

4. — Dans plusieurs lieux où les hérésies se propagent

---

(1) Voici le texte de cette pièce :

QUÆSTIONES
QUÆ AB APOSTOLICA SEDE
Episcopis proponuntur.

1. — Utrum accurate serventur canonicæ præscriptiones quibus omnino interdicitur, quominus hæretici vel schismatici, in administratione baptismi, patrini munere fungantur?

2. — Quanam forma et quibusnam cautelis probetur libertas status pro contrahendis matrimoniis; et utrum ipsimet Episcopo vel ejus curiæ episcopali reservetur judicium super status cujusque contrahentis libertate? Quidnam tandem ac super re denuo sancire expediret præ oculis habita instructione die 21 augusti 1670 S. M. Clementis X auctoritate edita?

3. — Quænam adhiberi possent remedia ad impedienda mala ex civili quod appellant matrimonio provenientia?

4. — Pluribus in locis, ubi hæreses impune grassantur, mixta connubia

impunément, les mariages mixtes sont permis parfois en
vertu de dispenses du Souverain Pontife, mais sous la condition expresse que les garanties nécessaires et oppor-
tunes, celles surtout qui sont requises pour de telles unions
par le droit naturel et divin seront préalablement données.
Il n'est pas permis de douter que les ordinaires des lieux
ne détournent et ne dissuadent les fidèles de contracter de
telles unions, et qu'en appliquant, s'il y a de graves motifs, la permission apostolique de donner dispense de l'em-
pêchement de religion mixte, ils ne veillent avec le plus
grand soin et toute sollicitude à ce que les conditions
qu'elle impose soient, comme il est juste, sûrement garanties; mais cependant, après qu'elles ont été promises, sont-
elles habituellement remplies saintement et soigneusement, et quels remèdes pourrait-on prendre pour que
personne ne s'affranchisse témérairement de l'accomplissement des promesses faites?

5. — Comment arriver à ce que dans la prédication de
la parole de Dieu les discours sacrés aient toujours une
telle gravité qu'ils se gardent purs de tout esprit de vanité
et de nouveauté; et encore, à ce que tout enseignement
donné aux fidèles soit en réalité contenu dans la parole de

ex summi Pontificis dispensatione quandoque permittuntur, sub expressa
tamen conditione de præmittendis necessariis opportunisque cautionibus,
iis præsertim quæ naturali ac divino jure in hisce connubiis requiruntur.
Minime dubitari fas est, quin locorum ordinarii ab hujusmodi contrahendis nuptiis fideles avertant ac deterreant, et tandem, si graves adsint
rationes, in exsequenda apostolica facultate dispensandi super mixtæ
religionis impedimento, omni cura studioque advigilent, ut dictæ condi-
tiones, sicuti par est, in tuto ponantur. At enimvero postquam pro-
missæ fuerint, sanctene diligenterque adimpleri solent, et quibusnam
mediis posset præcaveri ne quis a datis cautionibus servandis temere se
subducat?

5. — Quomodo enitendum, ut in prædicatione verbi Dei sacræ con-
ciones ea gravitate semper habeantur ut ab omni vanitatis et novitatis
spiritu præserventur immunes, itemque omnis doctrinæ ratio, quæ tradi-

Dieu, et, par conséquent, tiré comme il convient de l'Écriture et de la tradition?

6. — Il est souverainement regrettable que les écoles populaires, ouvertes à tous les enfants de toutes classes du peuple, ainsi que les institutions publiques destinées à l'enseignement plus élevé des lettres et des sciences et à l'éducation de la jeunesse soient généralement soustraites, en beaucoup de lieux, à l'autorité modératrice de l'Église, à son action et à son influence, qu'elles demeurent absolument soumises à l'arbitraire de l'autorité civile et politique, au bon plaisir de ceux qui gouvernent, et que tout s'y règle d'après les opinions communément reçues de nos jours. Que pourrait-on faire pour apporter un remède convenable à un si grand mal et assurer aux fidèles du Christ le secours d'une instruction et d'une éducation catholique?

7. — Il est très-important que les jeunes clercs soient instruits convenablement dans les lettres et les sciences. Que pourrait-on prescrire pour développer de plus en plus l'instruction du Clergé, et surtout pour que l'étude des lettres latines, d'une philosophie rationnelle exempte de tout péril d'erreur, de la sainte théologie et du droit ca-

---

tur fidelibus, in verbo Dei reipsa contineatur, ideoque ex scriptura et traditionibus, sicut decet, hauriatur?

6. — Dolendum summopere est, ut populares scholæ quæ patent omnibus cujusque populo classis pueris, ac publica universim instituta, quæ litteris severioribusque disciplinis tradendis et educationi juventutis curandæ sunt destinata, eximantur pluribus in locis ab Ecclesiæ auctoritate moderatrice, vi et influxu, plenoque civilis ac politicæ auctoritatis arbitrio subjiciantur, ad imperantium placita et ad communium ætatis opinionum amussim : quidnam itaque effici posset quo congruum tanto malo remedium afferatur et Christi fidelibus suppetat catholicæ instructionis et educationis adjumentum?

7. — Maxime interest, ut adolescentes clerici humanioribus litteris severioribusque disciplinis recte imbuantur. Quid igitur præscribi posset ad clerici institutionem magis ac magis fovendam, accommodatum, præsertim et latinarum litterarum, rationalis philosophiæ ab omni erroris periculo

non devienne de plus en plus florissante, surtout dans les séminaires diocésains?

8. — Par quels moyens pourrait-on exciter les clercs, surtout ceux qui sont déjà prêtres, à ne pas cesser de s'appliquer avec soin, leurs études scolaires terminées, à l'étude de la théologie et du droit canon? Que faudrait-il d'ailleurs faire statuer pour que ceux qui ont déjà été promus aux Ordres sacrés et qui, doués de plus de moyens, se sont le plus distingués dans le cours de leurs études philosophiques et théologiques, pussent être plus profondément instruits dans toutes les sciences divines et sacrées, et principalement dans celle des divines Écritures, des saints Pères, de l'histoire ecclésiastique et du droit sacré?

9. — Conformément à ce qui est prescrit par le Concile de Trente (c. X., sess. 23, *de reform.*), quiconque est ordonné doit être fixé à l'église ou au lieu pieux pour les besoins ou l'utilité desquels il est destiné, et y remplir ses fonctions de telle sorte qu'on ne le voie pas courir à l'aventure d'un endroit à un autre; et, s'il abandonne sans l'avis de l'Évêque le lieu qui lui est assigné, l'exercice des fonctions sacrées lui est interdit. Mais ces prescriptions ne sont pas pleinement ni partout observées. Comment les

intaminatæ, sanæque theologiæ jurisque canonici studium in seminariis potissimum diœcesanis floreat?

8. — Quibusnam mediis excitandi essent clerici qui præsertim sacerdotio, sunt initiati ut emenso scholarum curriculo, studiis theologicis et canonicis impensius vacare non desistant? Præterea quid statuendum efficiendumque, ut qui ad sacros ordines jam promoti, excellentiori ingenio præditi, in decurrendis philosophiæ ac theologiæ studiis præstantiores habiti sunt possint in divinis sacrisque omnibus disciplinis et nominatim in divinarum scripturarum, sanctorum patrum, ecclesiaticæ historiæ sacrique juris scientia penitus excoli?

9. Juxta ea quæ a Concilio Tridentino, c. 10, sess. 23, *de Reform.* præscribuntur, quicumque ordinatur illi Ecclesiæ aut pio loco pro cujus necessitate aut utilitate assumitur adscribi debet, ubi suis fungatur muneribus nec incertis vagetur sedibus; quod si locum inconsulto Episcopo deseruerit, ei sacrorum exercitium interdicitur. Hæ præscriptiones nec

compléter, et que pourrait-on statuer pour que les clercs
ne cessent jamais de faire leur service dans leur propre
diocèse et de rendre à leur propre prélat le respect et l'o-
'béissance qu'ils lui doivent?

10. — Il s'est formé et il se forme tous les jours un
grand nombre de congrégations et d'instituts d'hommes et
de femmes qui, liés par des vœux simples, s'adonnent à la
pratique de diverses œuvres pieuses. Vaut-il mieux que les
congrégations approuvées par le Siége Apostolique s'aug-
mentent et s'étendent, plutôt que de voir s'en former ainsi
et s'en constituer de nouvelles qui ont à peu près le même
but?

11. — Le siége épiscopal venant à vaquer par la mort,
la démission ou la translation de l'Évêque, le chapitre de
l'église cathédrale jouit-il d'une éntière liberté pour le
choix du vicaire capitulaire?

12. — En quelle forme est indiqué et se fait le concours
qui doit avoir lieu pour la provision des églises parois-
siales, conformément au décret du Concile de Trente
(sess. 24, *de reform.*, ch. XVIII), et à la Constitution de
Benoît XIV, de sainte mémoire, du 14 décembre 1742,
commençant par ces mots : *Cum illud?*

plene ubique servantur. Quomodo ergo his præscriptionibus supplendum
et quid statui posset ut clerici propriæ diœcesi servitium et suo præsuli
reverentiam et obedientiam continuo præstent ?

10. — Plures prodierunt et in dies prodeunt Congregationes et instituta virorum et mulierum, qui votis simplicibus obstricti piis muneribus obeundis se addicunt. Expeditne ut potius Congregationes ab
Apostolica Sede probatæ augeantur, latius crescant, quam ut novæ
eamdem prope finem habentes constituantur et efformentur ?

11. — Utrum sede episcopali ob mortem, vel renunciationem vel
translationem Episcopi vacante, capitulum Ecclesiæ cathedralis in vicario
capitulari eligendo plena libertate fruatur ?

12. — Quanam forma indicatur et fiat concursus, qui in provisione
ecclesiarum parochialium peragi debet juxta decretum Concilii Triden-
tini, sess. 24, *de Reform* , c. 18, et constitutionem S. M. Bendicti XIV,
quæ die 14 decembris 1742 data, incipit *Cum illud?*

13. — Conviendrait-il d'augmenter le nombre des causes pour lesquelles les curés peuvent être, conformément au droit, privés de leurs églises? De quelle manière faudrait-il le faire, et quelle forme plus large de procédure pourrait-on établir pour arriver à rendre ces mesures plus faciles, sans blesser la justice?

14. — Comment dans la pratique est exécuté ce que le Concile de Trente a décrété sur les suspenses, appelées *ex informata conscientia* (c. I, sess. 14, *de reform.*), et y a-t-il quelque chose à décider sur le sens et l'application de ce décret?

15. — Comment les Évêques exercent-ils le pouvoir judiciaire dont ils sont revêtus en ce qui concerne les causes ecclésiastiques, surtout les causes matrimoniales; et quelle marche suivent-ils, soit dans ces causes, soit pour les appels?

16. — Quels maux proviennent du service que remplissent dans certaines familles catholiques, en qualité de domestiques, des personnes appartenant soit à des associations condamnées, soit à l'hérésie, ou même des personnes non baptisées, et quel remède efficace pourrait-on apporter à ces maux?

13. — Utrum et quomodo expediret, numerum causarum augere quibus parochi ecclesiis suis jure privari possunt; nec non et procedendi formam laxius præstituere, qua ad hujusmodi privationes facilius, salva justitia, possit deveniri?

14. — Quomodo executioni traditur quod de suspensionibus *ex informata conscientia* vulgo dictis decernitur a concilio Tridentino, c. 1, sess. 14, *de Reformat.* Et circa hujus decreti sensum et applicationem est ne aliquid animadvertendum?

15. — Quonam modo Episcopi judiciariam qua pollent potestatem in cognoscendis causis ecclesiasticis, potissimum matrimonialibus, exerceant, et quanam procedendi atque appellationes interponendi methodo utantur?

16. — Quænam mala proveniant ex domestico famulatu, quem familiis catholicis præstant personæ vel sectis proscriptis vel hæresi addictæ vel etiam non baptizatæ; et quonam hisce malis posset opportune remedium afferri?

17, — Qu'y a-t-il à remarquer touchant les cimetières sacrés? quels abus se sont introduits en cette matière et comment pourrait-on les faire disparaître?

17. — Quidnam circa sacra cœmeteria adnotandum sit; quinam hac de re abusus irrepserint et quomodo tolli possent ?

FIN

TABLE

DÉLIBÉRATIONS

SÉANCE DU 19 MAI 1868

SÉANCE DU 20 MAI 1868

SÉANCE DU 22 MAI 1868

FIN DE LA TABLE

Paris — Imprimerie L. Poupart-Davyl, rue du Bac, 30.

BIBLIOTHÈQUE NOUVELLE

D'ÉDUCATION

ET DE

RÉCRÉATION

A L'USAGE

DES ENFANTS, DES JEUNES FILLES ET DES JEUNES GENS

BEAUX ET BONS LIVRES

Adoptés dans un grand nombre de Colléges & de Pensionnats

POUR LES

DISTRIBUTIONS DE PRIX

PAR LES SAVANTS ET LES ÉCRIVAINS LES PLUS ILLUSTRES
DE LA FRANCE ET DE L'ÉTRANGER

RELIURES TOUTES FAITES OU SUR COMMANDE

A DES PRIX MODÉRÉS

J. HETZEL, ÉDITEUR

LIBRAIRIE D'ÉDUCATION ET DE RÉCRÉATION

18, RUE JACOB — PARIS

AVIS

AUX PROVISEURS, PROFESSEURS, INSTITUTRICES ET AUX MÈRES DE FAMILLE

Notre *Bibliothèque d'Éducation & de Récréation*, annexe & complément de notre *Magasin d'Éducation* (seul recueil à l'usage de la jeunesse qui ait été couronné par l'Académie), a pour but de donner aux professeurs, aux institutrices, aux mères, dans le collége, dans la pension & dans la famille, les livres complémentaires de l'instruction purement scolaire. Elle doit venir en aide au professeur, à l'institutrice, à la mère & à l'élève pour suppléer aux lacunes inévitables de leur enseignement. Bon nombre de nos livres sont rapidement devenus classiques, la plupart sont excellents & nous avons la ferme conviction qu'ils peuvent aider à renouveler le pro-gramme des livres un peu surannés & très-dépassés qu'on met depuis trop·longtemps aux mains de la jeunesse. Leur succès auprès des directeurs de l'enseignement public & des parents a dû nous confirmer dans l'idée que nous avons de leur utilité.

J. HETZEL.

EN PRÉPARATION

VINGT CINQ MILLE LIEUES SOUS L'OCÉAN, par JULES VERNE.

HISTOIRE DU CIEL, par FLAMMARION.

HISTOIRE DE LA LANGUE FRANÇAISE, par GASTON PARIS. 1 vol. Prix : 3 fr.

HISTOIRE D'UN RUISSEAU, par ÉLYSÉE RECLUS. 1 vol. Prix : 6 fr.

HISTOIRE INTIME DE LA VIE VÉGÉTALE (la goutte de séve), par GRIMARD. 1 vol. Prix 1 3 fr.

HISTOIRE DE LA LITTÉRATURE FRANÇAISE, par ORDINAIRE, professeur de l'Université. 1 vol. Prix : 3 fr.

HISTOIRE DU TRAVAIL, par F. FOUGOU.

LES GLACIERS DE TYNDALL, traduits par F. FOUGOU. 2 vol. Prix : 3 fr.

SCÈNES DE LA VIE DES ENFANTS EN AMÉRIQUE.

ÉDUCATION

(Presque tous ces ouvrages sont agréés pour les bibliothèques scolaires et pour les prix dans les institutions et les lycées)

FORMAT IN-18

	brooh.	reliés.
BERTRAND (ALEXANDRE). — Lettres sur les Révolutions du Globe	3 50	5 50
BERTRAND (J.), Membre de l'Institut. — Les Fondateurs de l'Astronomie moderne	3 »	5 »
BRACHET (A.) Grammaire historique de la langue française. 1 vol.	3 »	5 »
CLÉMENT (CHARLES). — Michel-Ange, Raphaël, Léonard de Vinci.	3 »	5 »
DURAND (HIPPOLYTE). — Les Grands Prosateurs. 1 vol.	3 »	5 »
Les Grands Poëtes. 1 vol.	3 »	5 »
ESQUIROS (ALPHONSE). — L'Angleterre & la Vie anglaise. 4 vol., chacun à .	3 »	5 »
FARADAY annoté par HENRI SAINTE-CLAIRE DEVILLE (de l'Institut). — Histoire d'une Chandelle.	3 50	5 50
FRANKLIN (JONATHAN). — La Vie des Animaux, histoire naturelle anecdotique & biographique des animaux, ouvrage entièrement inédit, recueilli, mis en ordre, revu & traduit par ALPHONSE ESQUIROS. 6 vol., chacun à	3 50	5 50

    Mammifères . . . .   2 vol.
    Oiseaux . . . .   1 —
    Reptiles . . . .   1 —
    Le Monde des Eaux. . . . .   1 —
    Le Monde des Métamorphoses,   1 —

	broch.	reliés.
GRATIOLET (P.). — De la Physionomie & des Mouvements d'Expression. .	3 50	5 50
GRIMARD. — La Plante, botanique simplifiée. 2 vol.; le vol. à.	5 »	7 »
LAVALLÉE (Théophile). — Les Frontières de la France. (*Ouvrage couronné deux fois par l'Académie française*). . . .	3 »	5 »
LEFÈVRE (André). — Les Bucoliques de Virgile.	3 »	5 »
LEGOUVÉ (E.), de l'Académie. — Les Pères & les Enfants au xixᵉ siècle. . .	3 »	5 »
MACAULAY. — Histoire & Critique. .	3 »	5 »
MACÉ (Jean). — Histoire d'une Bouchée de pain	3 »	5 »
—— Les Serviteurs de l'Estomac (suite de l'Histoire d'une Bouchée de pain).	3 »	5 »
—— L'Arithmétique du Grand-Papa . . .	3 »	5 »
Le même livre, édition populaire. .	1 »	» »
MAURY (le commandant). — Géographie physique, traduite par Zurcher et Margollé.	3 »	5 »
ORDINAIRE (professeur de l'Université). Dictionnaire de Mythologie.	3 »	5 »
—— Rhétorique Nouvelle.	3 »	5 »
ROULIN (membre de l'Institut). Histoire naturelle & Souvenirs de voyage.	3 »	5 »
ROZAN. — Petites Ignorances de la Conversation.	3 »	5 »
SAYOUS (A.). — Conseils à une Mère sur l'Éducation littéraire de ses Enfants. . . .	3 »	5 »
SAYOUS (A.). Principes de Littérature. .	3 »	5 »

	broch.	reliés.
SOUVIRON (A.). Dictionnaire des termes techniques.	6 »	8 »
SIMONIN (L.). — Histoire de la Terre.	3 »	5 »
THIERS. — Histoire de Law.	3 »	5 »
ZURCHER et MARGOLLÉ. — Les Tempêtes	3 »	5 »
—— Histoire de la Navigation.	3 »	5 »

RÉCRÉATION

FOMAT IN-18

	broch.	reliés.
BRÉHAT (A. DE). — Les Aventures d'un Petit Parisien.	3 »	5. »
CARLEN (ÉMILIE). — Un Brillant Mariage	3 »	5 »
CHENNEVIÈRES (DE). — Aventures du Petit Roi saint Louis devant Bellesme.	5 »	7 »
ERCKMANN-CHATRIAN. — L'Invasion ou le Fou Yégof	3 »	5 »
HUGO (VICTOR). — Les Enfants (le Livre des Mères).	3 »	5 »
MACÉ (JEAN). — Les Contes du Petit Château.	3 »	5 »
—— Le Théâtre du Petit Château.	2 »	4 »
MAYNE-REID. — Aventures de Terre & de Mer, illustrées par RIOU.	3 50	5 50
—— Les Jeunes Esclaves, illustrés par RIOU	3 50	5 50
—— Le Désert d'Eau, illustré par BENETT.	3 50	5 50
NODIER (CHARLES). — Contes choisis. 2 vol. illustrés par TONY JOHANNOT. Chacun à.	3 50	5 50

*

	broch.	reliés.
RATISBONNE (Louis). — La Comédie Enfantine. (Les 2 séries réunies).	3 »	5 »
SILVA (de). — Le Livre de Maurice. .	3 »	5 »
STAHL (P.-J.) Morale familière, contes, récits & leçons.	3 »	5 »
STAHL et MULLER. — Le Nouveau Robinson Suisse, remis au courant de la science.	3 »	5 »
VERNE (Jules). — Cinq Semaines en Ballon.	3 »	5 »
—— Voyage au centre de la Terre	3 »	5 »
—— De la Terre à la Lune	3 »	5 »
—— Les Aventures du Capitaine Hatteras : Les Anglais au Pôle Nord	3 »	5 »
Le Désert de Glace	3 »	5 »
—— Les Enfants du Capitaine Grant. — (Voyage autour du Monde, en trois parties). L'Amérique du Sud . .	3 »	5 »
L'Australie.	3 »	5 »
L'Océan Pacifique	3 »	»

ÉDITIONS ILLUSTRÉES

PREMIER AGE

(Bibliothèque de Mlle Lili et de son Cousin Lucien.)

	cartonnés	reliés avec luxe.
ALPHABET DE Mlle LILI, 24 dessins par Froelich, imprimé en rouge & noir par Silbermann. Album cartonné.	3 »	5 »

	cartonnés	reliés avec luxe.
PIERROT A L'ÉCOLE, illustré de 32 desssins de G. Fath.	3 »	5 »
L'HISTOIRE DU GRAND ROI COCOMBRINOS, silhouettes enfantines de Mick Noel. Album cartonné.	3 »	» »
LES MÉSAVENTURES DU PETIT PAUL, silhouettes enfantines de Mick Noel. Album cartonné.	2 »	» »
LE PETIT MONDE, fabulettes par Charles Marelle, 150 dessins. In-8° broché. 6 fr.	8 »	10 »
LES BÉBÉS, par le Cte F. de Gramont, dessins de Ludwig Richter. In-8° broché. 6 fr	8 »	10 »
LES BONS PETITS ENFANTS, par le Cte F. de Gramont, dessins d'Oscar Pletsch. In-8° broché. 6 fr. . . .	8 »	10 »
RÉCITS ENFANTINS, par E. Muller, 10 eaux-fortes de Flameng. In-8° broché. 6 fr.	8 »	10 »

PREMIER ET SECOND AGE

LA COMÉDIE ENFANTINE (*ouvrage couronné par l'Académie*), par L. Ratisbonne, illust. par Froment & Gobert. 2 séries réunies en 1 vol. in-8° à 6 fr. . . .	8 »	10 »
HISTOIRE D'UNE BOUCHÉE DE PAIN, par Jean Macé, illustrée par Froelich. In-8° broché. 6 fr.	8 »	10 »

	cartonnés	reliés avec luxe.
AVENTURES SURPRENANTES DE TROIS VIEUX MARINS, par JAMES GREENWOOD, dessins par ERNEST GRISET,. Album in-4° cartonné.	6 »	9 »
AVENTURES DE JEAN-PAUL CHOPPART, par LOUIS DESNOYERS. Nouvelle édition, illustrée par GIACOMELLI. In-8° broché. 6 fr.	8 »	10 »

SECOND AGE

	cartonnés.	reliés.
LE NOUVEAU ROBINSON SUISSE, revu & mis au courant de la science par P.-J. STAHL & EUGÈNE MULLER, 150 dessins de YAN'DARGENT. In-8°. 6 fr. .	8 »	10 »
LES AVENTURES D'UN PETIT PARISIEN, par ALFRED DE BRÉHAT, dessins de MORIN. In-8° br. 6 fr.	8 »	10 »
LES CONTES DU PETIT CHATEAU, par J. MACÉ, illustrés par BERTALL. In-8° broché. 6 fr.	8 »	10 »
LE THÉATRE DU PETIT CHATEAU, par J. MACÉ, illustré par FROMENT. In-8° broché. 6 fr.	8 »	10 »
L'ARITHMÉTIQUE DU GRAND-PAPA, par JEAN MACÉ, illustré par YAN'DARGENT. In-8° broché. 6 fr. . .	8 »	10 »

JEUNES FILLES ET JEUNES GENS

HISTOIRE D'UN TROP BON CHIEN, par le Mis DE CHERVILLE. Illustrée par ANDRIEUX. In-8° br. 6 fr.	8 »	10 »

	cartonnés.	reliés.
LES FÉES DE LA FAMILLE, par LOCKROY, dessins de DONCKER. In-8°.	8 »	10 »
LA BELLE PETITE PRINCESSE ILSÉE, conte allemand, par P.-J. STAHL, dessins de FROMENT. In-8° cartonné . .	5 »	7 »
CONTES CÉLÈBRES DE LA LITTÉRATURE ANGLAISE, arrangés & traduits de l'anglais, par DE WAILLY & P.-J. STAHL, illustrés par FATH. In-8° broché. 6 fr.	8 »	10 »
LA JEUNESSE DES HOMMES CÉLÈBRES, par EUGÈNE MULLER, illustrée par BAYARD. In-8° broché. 6 fr.. .	8 »	10 »
FABLES, par le Cte ANATOLE DE SÉGUR, dessins de FROELICH. In-8° br. 6 fr.	8 »	10 »
BOTANIQUE DE MA FILLE, par JULES NÉRAUD & JEAN MACÉ, dessins de LALLEMAND. In-8° broché. 6 fr.	8 »	10 »
LA TASSE A THÉ, par KAEMPFEN, illustrée par WORMS. In-8° broché. 6 fr.	8 »	10 »
LES VOYAGES EXTRAORDINAIRES, par J. VERNE: *Aventures du Capitaine Hatteras.* 240 dessins de RIOU. In-8° broché. 6 fr.	8 »	10 »
Cinq semaines en Ballon & Voyage au centre de la Terre réunis, illustrations par RIOU. In-8° brochés en un vol. 6 fr. . .	8 »	10 »
CINQ SEMAINES EN BALLON, par JULES VERNE, illustrées par RIOU. In-8° broché. 3 fr. 50.	5 50	» »

	cartonnés.	reliés.
VOYAGE AU CENTRE DE LA TERRE, par JULES VERNE, illustré par RIOU, broché. 3 fr.	5 »	» »
PICCIOLA, par X.-B. SAINTINE, 10 eaux-fortes de FLAMENG. Br. 6 fr.	8 »	10 »
LE VICAIRE DE WAKEFIELD, traduction de CH. NODIER, 10 dessins de TONY JOHANNOT. Broché. 6 fr. . . .	8 »	10 »
HISTOIRE D'UN AQUARIUM ET DE SES HABITANTS, par ERNEST VAN BRUYSSEL, dessins imprimés en douze couleurs. Cartonné.	6 »	8 »
LA PETITE BOHÉMIENNE, par ÉLIE SAUVAGE, illustré par FROELICH. In-8° broché. 6 fr.	8 »	10 »

TOUS LES AGES

	cartonnés.	reliés.
CONTES DE PERRAULT, illustrés de 40 grandes planches par GUSTAVE DORÉ, préface par STAHL. Magnifique édition, reliée à l'anglaise.	25 »	30 »
LA VIE DES FLEURS, par EUGÈNE NOEL, illustrée par YAN' DARGENT. In-8° broché. 6 fr.	8 »	10 »
LES ENFANTS (le Livre des Mères), par VICTOR HUGO, préface par STAHL, dessins de FROMENT. In-8° br. 10 fr. . .	13 »	15 »

LA GÉOGRAPHIE ILLUSTRÉE DE LA FRANCE ET DE SES COLONIES, par

JULES VERNE & THÉOPHILE LAVALLÉE. — Un fort vol. petit in-4°. — 100 grandes gravures inédites d'après CLERGET & RIOU. — 100 cartes inédites. — Broché, 10 fr.; cartonné, 13 fr.; relié doré. 15 fr. (Sera complète au 31 mai 1868.)

ÉTUDES D'APRÈS LES GRANDS MAITRES (dessins & lithographies), par A. COLIN, professeur de dessin à l'École polytechnique; ouvrage adopté par le ministère de l'Instruction publique, à l'usage des Lycées & des Écoles. Album in-folio, 20 planches.

Prix, cartonné : **20 fr.**

JOURNAL DE TOUTE LA FAMILLE

MAGASIN
D'ÉDUCATION ET DE RÉCRÉATION

PUBLIÉ SOUS LA DIRECTION DE

JEAN MACÉ, P.-J. STAHL ET JULES VERNE

Seul recueil pour la jeunesse qui ait été couronné par l'Académie

Ces 8 beaux volumes grand in-8° jésus, contenant 8 grands ouvrages, 300 contes & articles divers, 1,500 gravures de nos premiers artistes, forment à eux seuls une bibliothèque de la famille.

Prix de chaque volume, broché : 6 fr. ensemble : 48 fr. — Chaque volume séparé, relié à l'anglaise, doré : 8 fr.; ensemble : 64 fr.

ABONNEMENT A L'ANNÉE : 12 fr.

DÉPARTEMENTS : 14 fr.

Un numéro le 5 et le 20 de chaque mois.

PARIS. — IMP. L. POUPART-DAVYL, RUE DU BAC, 30.

Lightning Source UK Ltd.
Milton Keynes UK
UKHW020105220219
337759UK00010B/1121/P